全新版

留住人才

徐芳 ◎ 编著

薪酬与股权激励技巧

中国铁道出版社有限公司

CHINA RAILWAY PUBLISHING HOUSE CO., LTD.

内 容 简 介

　　本书是一本专门介绍薪酬激励与股权激励的综合性书籍，书中针对中小型公司薪酬与股权激励介绍了大量实用的妙招。

　　本书采用图文结合的方式进行全方位的讲解，并选取了各个行业的典型案例与书中知识相结合，涉及的内容包括薪酬激励、绩效考核、福利、层级激励和股权激励的设计、布局、风险控制以及拓展等多方面。

　　本书适合于大众创业者、企业经营者、企业管理者以及希望学习企业管理知识的社会人士。

图书在版编目（CIP）数据

留住人才：薪酬与股权激励技巧：全新版 / 徐芳编著 . —2 版 . —北京：中国铁道出版社有限公司，2019.6

　　ISBN 978-7-113-25538-1

　　Ⅰ . ①留… Ⅱ . ①徐… Ⅲ . ①企业管理－工资管理－研究②企业－股权激励－研究 Ⅳ . ① F272.92

　　中国版本图书馆 CIP 数据核字（2019）第 035209 号

书　　名：**留住人才：薪酬与股权激励技巧（全新版）**
作　　者：徐 芳 编著

责任编辑：张亚慧	读者热线电话：010-63560056
责任印制：赵星辰	封面设计：MXK DESIGN STUDIO

出版发行：中国铁道出版社有限公司（100054，北京市西城区右安门西街 8 号）
印　　刷：北京铭成印刷有限公司
版　　次：2018 年 3 月第 1 版　　2019 年 6 月第 2 版　　2019 年 6 月第 1 次印刷
开　　本：700mm×1000mm　1/16　印张：19　字数：282 千
书　　号：ISBN 978-7-113-25538-1
定　　价：55.00 元

前 言

PREFACE

近年来，许多企业管理者都陷入了人力资源短缺的困境中。尽管花费了大量的招聘成本，也招聘到了优秀人才，但是人才的离职率始终居高不下。为了发展，企业不得不花钱重复招聘工作，导致企业处于一年四季都在招聘，但是岗位却又始终不足的尴尬局面。

为了解决这一困扰和制约企业发展的难题，帮助企业留住内部的骨干人才，吸引外部的优秀人才，提升生产力，企业可以考虑实施薪酬激励和股权激励。首先，薪酬激励是一种非常简单、实用的激励制度，比较适合于初创型企业和成长期企业；其次，股权激励作为一种创新型的激励机制，可供企业选择的激励工具较多，企业可根据自身的情况来实施股权激励计划。

所以，本书在这样的市场环境下和经济形势下编写，旨在助力广大的中小型企业管理者轻松地管理企业，激励员工的工作积极性和创造性，提升企业的内生成动力和竞争实力，轻松实现创业梦想。

本书包括四个部分分为 10 章，具体章节的内容如下。

◎ 第一部分：1 ～ 2 章

　　本部分主要介绍了薪酬激励的基础知识，包括薪酬激励的规章制度，薪酬激励前、中、后期的准备工作以及薪酬激励的成本控制等内容，让读者快速认识薪酬激励。

◎ 第二部分：3 ～ 4 章

　　本部分主要介绍了薪酬激励的考核方式，包括薪酬绩效考核、六种实用的绩效考核方法、福利激励以及层级激励等内容，重点讲解了薪酬绩效考核方案的设计。

◎ 第三部分：5 ～ 7 章

　　本部分讲解了股权激励的基础知识，包括股权激励实施的必要性、股权激励坚持的原则以及股权激励方案的设计流程等内容。股权激励方案设计流程是重中之重。

◎ 第四部分：8 ～ 10 章

　　本部分讲述了股权激励计划的布局、风控和拓展，重点介绍了不同时期的股权激励方案、股权激励陷阱的解决方法和充分挖掘股权激励的作用，放大股权激励的效果。

　　本书语言严谨，以深入浅出的讲解方式全面地介绍了薪酬激励和股权激励的绝招，采用理论知识与案例操作相结合的学习方式，帮助读者更好地理解薪酬激励和股权激励，避免陷入理论与实操相脱离的尴尬局面。本书采用丰富的图示，让读者更加清晰地掌握不同激励方法的设计原理和流程。同时，书中也使用了小贴士作为补充说明，拓展读者的阅读层面，帮助读者了解更多的知识。

　　本书的读者群体定位于创业者、企业经营者和管理者、行业专业人士以及想要学习更多关于薪酬激励和股权激励的人士。

编　者

2019 年 3 月

目 录

C O N T E N T S

第二章　全方位管理，确保薪酬激励有依有据

企业开展薪酬激励机制，应该做好对整个流程的控制，包括激励前的基础准备工作；激励过程中，企业管理者运用加薪技巧留住员工、管理好团队以及严控负面因素；激励结束后也需要进行管理。

第三章 绩效考核，让薪酬激励更加科学化

薪酬激励的实施离不开科学的绩效考核，企业管理者通过将薪酬激励与绩效考核挂钩，有利于清晰地量化员工的工作量，进而保证薪酬激励方案的公平性。

薪酬绩效考核实施的困扰　/82

第四章　福利，薪酬的另一种发放形式

企业福利，是企业给员工提供的用以改善本人和家庭生活质量的补贴，以非货币工资或延期支付形式为主的各种补充性报酬和服务，作为薪酬的另一种发放形式，体现企业的薪酬激励制度是否人性化，也是企业能够留住和吸引人才的关键。

企业薪酬福利普遍存在的问题　/90

全方位的福利环绕让员工感受到温暖　/95

其他形式的福利激励 /111

第五章　层级激励，提升企业的整体战斗力

薪酬激励的最终目的是提升企业的整体水平，而企业整体水平的提升又与各个层级员工的水平紧密相关，所以企业通过层级激励来提升各个层级员工的水平，最终能顺利地实现整体水平的提升。尽管这种方法比较烦琐，但却非常实用有效。本章将讲解如何通过层级激励实现整体水平的提升。

企业内部的薪酬激励 /118

企业团队的薪酬激励方案设计要点 /123

第六章　股权激励，企业创新型的薪酬激励机制

股权激励是一种长期激励方法，也是一种薪酬激励机制。员工以股东身份参与企业决策、分享利润和承担风险，使企业管理更容易，也更能调动员工的积极性。不过，在使用股权激励之前需要掌握股权激励方案的设计原则、实施方法等。

第七章　股权设计，四部曲彰显威力

股权激励本身是一种较为复杂的激励方式，要让其发挥更好的效果，让吸引人才、留住人才和激励人才的威力更大，首先需要将股权激励的方式设计完善。本章将介绍一种四部曲的设计方法。

第八章 股权布局，不同时期的股权激励

股权激励计划是一种非常实用的激励工具，但并不意味着是一成不变的。随着企业的发展，股权激励计划也会随之发生变化，在不同发展阶段，企业需要采用不同的股权激励计划。

第九章　股权风控，避免企业陷入股权激励陷阱

股权激励作为一种实用的激励工具，对提升员工的工作效率起到了明显的促进作用。但股权激励计划在实施过程中，也可能会遇到一定的风险，企业必须进行风险控制，避免进入股权激励的陷阱。

第十章　股权拓展，组合工具彰显激励效果

由于各个企业的特性存在差异，即使同一种股权激励工具在不同企业中也会显示出不同的特色。为了更加充分地发挥股权激励的功效，企业会对股权激励工具进行拓展和组合，以更加新颖的形式来吸引员工的参与热情，进而保证股权激励的效果。

第一章 ○ 薪酬激励，企业最简单实用的激励法

作为中小企业的管理者，在企业的管理工作中，核心目的就是调动员工的工作积极性，进而提升企业的生产力。在众多激励方法中，薪酬激励是简单而实用的激励工具，能够灵活地将员工的薪酬与业绩紧密联系在一起，对于员工的激励作用更加明显。

薪酬激励，从"薪"开始

企业通过实施薪酬激励机制，能够调动员工的工作积极性，将其潜力充分挖掘出来，让员工的人力资源价值得到最大化的发展：首先，让在职员工看到希望，达到留下人才的目的；其次，让外部的优秀人才资源加入到企业中，为企业发展储备人才；最终，差异化的薪酬激励制度能够直接体现出员工的价值，有助于企业的人力资源管理。

将"薪"比心，留住人心

自古兵家有言："凡伐国之道，攻心为上，攻城为下；心胜为上，兵胜为下。"同理，在市场竞争日益激烈的今天，企业人力资源日趋紧张，在"攻薪"之余，还要"攻心"，唯有"攻心"，才可制胜。

企业留住优秀人才的最高境界就是留住人心，不然只会造成"身在曹营心在汉"的局面，而薪酬激励恰恰是留住人心最有效的一个办法。企业要想通过合理化、科学化和人性化的薪酬激励制度来留住人才，首先需要进行员工的薪酬需求分析，明白员工当前阶段的薪酬需求，如图1-1所示为马斯洛需求金字塔。

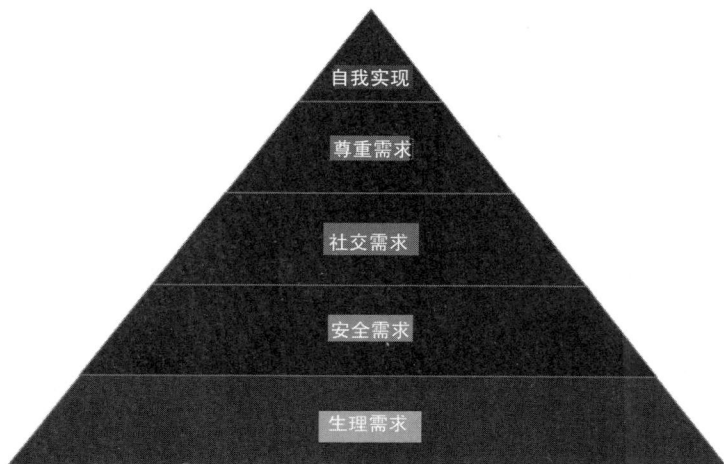

图 1-1　马斯洛需求金字塔

企业管理者需要以马斯洛需求理论为依据来制定薪酬激励制度，充分把握不同员工的薪酬需求，让薪酬激励发挥最大化的作用。

案例陈述

某服装企业为了更好地把握员工的薪酬需求，人力资源部在制定薪酬激励之前先对员工的薪酬需求进行了充分的调研，并且将员工的需求大致分为以下 3 类。

第一类：基础薪酬需求

这类员工大部分是刚毕业不久的应届毕业生，他们对于薪酬的要求较低，只要能够满足基本的日常开销即可。据统计，这部分员工人数约占 30%，是实现企业持续发展的后续力量，但是却是整个企业中离职率最高的群体。

第二类：中级薪酬需求

这类员工大部分是已婚或者是准备结婚的人士，他们大多都背负着房贷、车贷、教育小孩和赡养父母的压力，对于薪酬的要求较高，希望通过自己的努力来换取更高的薪酬。据统计，这部分员工人数约占 60%，员工岗位的离职率非常低，是实现企业健康发展的中坚力量。

第三类：高级薪酬需求

这类员工主要是企业的高管人员、核心技术人员或者是企业外聘高级技术人员。他们掌握着管理方法、商业机密或者是关键性技术，成为各大企业争夺的"宠儿"。他们对于薪酬要求大致相同，都希望高薪来体现自身的价值。据统计，这部分员工人数约占10%，岗位的离职率不确定，是推动企业创新发展的重要力量。

人力资源部门根据调研结果制定了相应的薪酬激励制度，具体内容如表1-1所示。

表1-1　××企业员工薪酬激励方案

薪酬激励分类	员工岗位	员工工龄（年）	薪酬激励方案
初级薪酬激励	基础岗位	工龄＜3	1. 实行"底薪＋提成"的薪酬激励机制 2. 根据转正前3个月的工作表现确定底薪 3. 提成薪酬视个人工作能力而定
中级薪酬激励	技术岗位 营销岗位 管理岗位 售后岗位	3≤工龄＜5	1. 实行"底薪＋提成＋绩效"的薪酬激励机制 2. 绩效薪酬视个人工作能力而定 3. 入职超过3年的优秀员工可享受住房补贴、交通补贴、生活补贴和教育津贴 4. 企业内部管理岗位由内部的优秀员工中晋升
高级薪酬激励	核心技术岗位 高管岗位 外聘技术岗位	——	1. 实行"底薪＋绩效＋提成＋服务薪酬"的薪酬激励机制 2. 除基本津贴外，还享受企业内部的出国旅游、学习深造以及其他特殊津贴 3. 企业高管和核心技术员工享受年终分红 4. 优秀的员工可参与股权分红

该企业人力资源部经过详细的市场调研后，制定了符合不同员工需求的薪酬激励机制，员工的工作热情得到了极大提高，企业生产力大幅提升，超额完成了年度销售目标。

从案例看出，该企业的薪酬激励机制是为不同薪酬需求阶段的员工量身打造的。初级薪酬激励机制为应届生定制，满足其基础的物质需求；中级薪酬机制为压力较大的员工定制，挖掘员工的工作潜能，缓解其压力；高级薪酬机制是为高级员工定制的，满足其实现自身价值的愿望。

企业在实施薪酬激励过程中始终要遵循马斯洛需求理论，否则就不能精准地把握员工需求。因为员工在满足了一定的需求之后，他们自然会将目光放到更高层次。如果企业始终以物质需求为基础来展开薪酬激励，则无法满足员工的需求，进而让员工萌发离职的念头。

薪资差异体现员工的价值

王充在《论衡·效力篇》中提到："六国之时，贤才为之臣，入楚楚重，出齐齐轻，为赵赵完，畔魏魏伤。"其大意为：在群雄争霸时期，贤能之士到了楚国，楚国就强大了，他们离开齐国后，齐国立马变得弱小了，当他们一心为赵国效力时，赵国的一切变得很完善，而当他们不想为魏国出力时，魏国就会元气大伤。这充分说明了人才对于一个国家的重要性；同理，优秀人才对于企业也是同样的作用。

在当今市场经济环境下，企业间的竞争正如战国群雄争霸，对人才的需求和重视已经到了"白热化"的地步。各大企业不惜成本，卑辞厚币的聘请精英加入，尤其是管理人才和技术型人才。

但是高薪却没有带来预期的效果，人力资源成本不断攀升，高管的离职率居高不下，外部优秀人才又无法引进。归根究底，造成这样的局面主要就是因为薪酬激励没有形成差异化，无法让员工感受自身的价值。企业管理者可以采取以下措施来解决这一问题。

◆ **提供有竞争力的薪酬制度**：企业为员工提供有竞争力的薪酬，使其珍惜工作，竭尽全力把自己的本领都使出来，进而留住优秀员工，淘汰能力较差的员工，降低企业的人力资源成本。

◆ **薪酬制度的细分**：薪酬也分为外在薪酬和内在薪酬。外在薪酬包括工资、津贴和晋升机会；而内在薪酬则是对员工的胜任感、成就感、责任感、重视度、影响力、个人成长以及高价值贡献等多方面的肯定和鼓励。企业通过细分外在薪酬和内在薪酬，减少员工对于固定薪资的依赖，减轻企业薪酬激励的财务压力。

◆ **实行基于能力值的薪酬激励**：企业根据员工的个人贡献值来划分薪酬层级，并按照层级确定员工工资。这种激励制度在调换岗位、引入新技术和留住核心人才等方面具有较大的灵活性，当员工证明自己能够胜任更高一级工作时，获得更高的报酬也理所当然。

◆ **增强管理者与员工沟通交流**：由于大部分企业的薪酬制度都采取不公开的原则，员工既看不到别人的报酬，也不了解自己对公司的贡献价值大小，这种封闭式制度会让员工认为薪酬激励不平等。因此，企业管理者需要加强与员工之间的交流，了解员工的想法和需求，建立透明的、公平的和科学的薪酬激励制度。

◆ **与适度的奖惩制度相搭配**：一个架构合理的薪酬激励制度必须包含奖惩制度，奖励制度用于激励员工，而惩罚制度则用于勉励和鞭策员工，从而确保薪酬激励作用的有效发挥。但是奖惩制度一定要适度，过轻达不到预期效果，过重则会打击员工积极性。

在强调了高薪留人的同时，企业管理者还需要注重薪酬的差异化，让不同岗位员工的价值都能得到体现，以确保薪酬激励的顺利开展。

让在职员工看到希望

薪酬是对员工过去工作能力的认可程度，也承载了员工对未来工作的期望。企业推行薪酬激励之后，能够让在职员工看到希望，激发其工作积极性，进而提升企业的整体水平，达到提升企业生产力的目的。那么，企业该如何制定薪酬激励让在职员工看到希望呢？

案例陈述

某大型企业为了提高市场占有率，决定在企业内部实行薪酬激励机制。2017 年，企业的年度销售额为 923 万元，净盈利 683 万元，其中设计部门创造了 9.79% 的利润，生产部门创造了 9.23% 的利润，销售部门创造了 21.26% 的利润。

企业管理者根据这 3 个部门的利润贡献值制定了薪酬激励方案，具体如表 1-2 所示。

表 1-2　××企业关于设计部、生产部和销售部的薪酬激励方案

部门	创造利润（百万元）	激励岗位	薪酬激励方案
设计部	66.865 7	设计总监	1. 享受带薪休假 10 天；2. 年终奖 10 万元；3. 参与企业年度分红；4. 底薪由 4 000 元提升至 5 000 元
		设计专员	1. 享受带薪休假 3 天；2. 年终奖 8 000 元；3. 底薪由 2 500 元提升至 3 000 元
生产部	63.040 9	生产部主任	1. 享受带薪休假 10 天；2. 年终奖 8 万元；3. 参与企业年度分红；4. 底薪由 3 500 元提升至 4 500 元
		生产专员	1. 享受带薪休假 5 天；2. 年终奖 6 000 元；3. 底薪由 2 000 元提升至 2 500 元
销售部	145.205 8	销售总监	1. 享受带薪休假 15 天；2. 年终奖 20 万元；3. 参与企业年度分红；4. 底薪由 4 000 元提升至 5 000 元
		销售骨干	1. 享受带薪休假 7 天；2. 年终奖 1 万元；3. 底薪由 2 000 元提升至 3 000 元

薪酬激励方案制定后，设计部、生产部和销售部的员工都得到了应有的报酬。在企业年度大会上，企业管理者也对 3 个部门进行了表彰，充分肯定了部门员工的工作，不仅调动了员工的工作积极性，也为企业其他部门树立了榜样。

从上述案例可以看出，企业对在职员工进行薪酬激励，其根本目的是让在职员工看到希望，愿意留下来与企业共同成长，进而促进企业的发展。此外，该企业的薪酬激励方案也值得其他企业借鉴。

首先，论功行赏是薪酬激励的前提。设计部、生产部和销售部 3 个部门完成的业绩不同，针对于不同部门的业绩来制定薪酬激励方案，可确保员工薪酬激励的公平性。

其次，以部门为单位进行薪酬激励，在一个部门中又细分为管理员工和普通员工，可避免出现"一刀切"的尴尬管理局面，进而更好地激发员工的工作积极性。

最后，企业的薪酬激励方案坚持了"三公原则"，即公开、公正和公平，面向全体员工，让其他员工来监督薪酬激励工作，可确保薪酬激励方案的公平性。同时，企业在制定薪酬激励方案时也需要秉持公正的态度，不夹带任何的主观情绪，以实打实的绩效作为衡量标准。

让外部人才加入企业

企业制定并实施了薪酬激励制度后，能够吸引优秀的外部人才加入企业，为企业发展储备人才。目前，各大互联网企业在薪酬激励方面做得非常出色，中小企业可以通过借鉴大公司的薪酬激励制度来制定符合自身实际情况的薪酬激励方案。例如，BAT 三巨头之一的腾讯公司，人均年终奖在 4 万元以上，人才济济的游戏研发部门，最高年终奖相当于 48 个月的工资；京东商城在年会中直接拿出 100 万元现金，其中 50 万元在年会现场抽奖进行发放，剩下的 50 万元发给没有来现场的在公司加班的人；而电子商务帝国阿里巴巴的薪酬体系也是非常具有诱惑力的，具体如表 1-3 所示。

表 1-3　阿里巴巴的薪酬激励体系

级别	岗位定义	对应级别	年薪范畴（万元）	股权激励（股）
P1/P2	一般空缺岗位，岗位等级较低	—	—	—
P3	助理	—	—	—
P4	初级技术专员	—	—	—
P5	高级工程师	—	15 ～ 25	—
P6	资深工程师	M1 主管	20 ～ 35	—
P7	技术专家	M2 经理	30 ～ 50	2 400
P8	高级专家	M3 高级经理	45 ～ 80	6 400
P9	资深专家	M4 核心总监	80 ～ 100	16 000
P10	研究员	M5 高级总监	100 以上	16 000 以上

注：P 级别是指技术岗位，M 级别是指管理岗位。

从阿里巴巴的薪酬体系来看，其非管理岗分为 10 级，其中 P6、P7 和 P8 需求量最大，是阿里巴巴岗位中占比最大的级别。

阿里巴巴的薪酬结构为 12+1+3=16 薪酬制度，其中 12 个月是基础工资，1+3 分别是绩效考核工资。年终奖为 0 ～ 6 个月薪资，大部分员工能拿到 3 个月左右的年终奖。而关于管理岗位的股权激励，主要用于培养员工的忠诚度，降低管理岗人员的离职率。

因此，中小企业管理者可以从大型企业中借鉴和学习优秀之处，通过不断完善自己的薪酬激励制度，达到留住内部骨干人才、吸引外部优秀人才的目的。

薪酬激励，从章法开始

制定薪酬激励方案必须遵循基础的章法，以科学、合理和公平的章法来指导和监督薪酬激励方案的设计、实施以及反馈。章法包含的内容很多，企业管理者需要先弄清楚最容易混淆的章法。例如，如何理性地看待薪酬的盈亏，薪酬是否等于工资，如何设计薪酬发放的形式，薪资的升降是否有章程为基准，如何设置员工的底薪和绩效才最科学？当企业管理者透彻地了解这些问题后，才能够确保薪酬激励有章可循，有据可依。

薪酬计算不能只看盈亏

薪酬总额是指企业在一定时期内直接支付给职工的劳动报酬总额，包括企业所有员工的工资、奖金、加班费、职务补贴、退职退休金、福利、交通补贴费、劳动保险费以及培训经费等费用。由于薪酬对大多数企业来说是一种相当重要的成本支出，为了避免在计算薪酬时陷入"只看盈亏"的陷阱中，企业需要对于薪酬进行预算。

薪酬预算是指企业在薪酬管理过程中进行的一系列成本开支方面的权衡和取舍，其作用如图 1-2 所示。

1 薪酬预算是薪酬控制的重要环节，准确的预算可以保证企业在未来一段时间内的薪酬支付受到一定程度的协调和控制。

2 薪酬预算是组织规划过程的一部分，可确保企业在未来财政支出的可调整性和可控制性。

3 薪酬调整机制是联系员工与企业共同发展的纽带。薪酬预算能够有效地控制员工的流动性，降低企业的人力资源成本。

图 1-2　薪酬预算的作用

薪酬预算要求管理者在进行薪酬决策时，要综合考虑企业的内外部环境因素，确保企业的薪酬成本不超出企业的承受能力，具体的分析如下。

（1）企业内部环境因素

企业内部环境分析是指对企业内部因素分析，主要包括支付能力、人力资源战略以及薪酬结构等方面。

◆ **企业支付能力**：支付能力包括劳动分配率、薪酬费用率和薪酬利润率 3 项指标，衡量企业的支付能力一般选用同行业平均水平或标杆企业同指标进行比较。

◆ **薪酬激励策略**：企业管理者分析薪酬的类型，首先是薪酬水平策略，是领先型还是跟随型，或者是滞后型；其次是薪酬激励策略，明确薪酬激励方式、群体、力度、时间和范畴。

◆ **薪酬结构**：薪酬结构包括薪酬层级、层级之间的差距、薪酬构成以及薪酬构成占比。

◆ **人力资源流动情况**：企业管理者需要审查人力资源的流动情况，即预估在未来的一定时间内，有多少员工会离开公司，有多少员工会加入企业。

◆ **招聘计划**：招聘计划会产生招聘费用，严格制定企业的招聘计划，即公司准备招聘多少新员工，是应届毕业生还是有经验者，学历有什么特殊要求。

◆ **晋升计划**：晋升计划会增加薪酬支出，包括公司准备提拔多少员工，提拔到哪个等级，给他们什么样的薪酬待遇。

（2）企业外部环境因素

对企业外部环境分析，主要包括市场情况、市场薪酬水平以及市场薪酬变化趋势等方面。

◆ **市场情况**：市场的宏观情况会影响企业的薪酬成本，如宏观经济的增长或下降、劳动力市场薪酬变化、社会生活成本以及国家政策法规的变化等。

◆ **市场薪酬水平**：市场薪酬水平相当于基准线，企业以该指标为参照可以制定出合理的薪酬激励方案。市场薪酬水平包括职位的平均薪酬、职位的最高水平和最低水平以及职位薪酬的构成比例。

◆ **标杆企业或竞争对手的薪酬支付水平**：企业管理者通过参考其他企业的支付标准来确定自身的支付标准，其考核指标包括同行薪酬支付水平、薪酬总额和关键岗位的薪酬水平等。

企业通过开展薪酬预算能够合理控制员工流动率，降低企业劳动力成本，薪酬预算能够找到边际劳动力成本和边际劳动力收益的均衡点，以实现劳动力成本和企业收益之间的平衡，保证企业的效益最大化。

薪酬不仅仅是工资

很多企业管理者对于薪酬激励存在着一定的误解，单纯地认为薪酬等于工资。实则不然，工资只是薪酬的一部分。企业要想利用薪酬激励来吸引优秀人才，还需要丰富薪酬激励的内容。

案例陈述

甲、乙两家公司属于高新技术产业企业，两家公司都需要招聘两名数据分析师，并且在同一大型招聘网站上发布了招聘信息。

招聘信息发布一周后，甲公司收到了 300 多位求职者投递的简历，但是乙公司收到的简历却寥寥无几。尽管两家公司薪资范围都是 8 000 ~ 10 000 元，但是经过分析对比，其原因在于招聘信息中的薪酬说明与描述。

甲公司的招聘信息如下：

一、岗位职责

1. 负责用户行为数据、业务运营、产品转化率模型搭建、流量统计分析、建立分析模型和撰写分析报告。

2. 通过数据分析，及时、准确和完整地披露整体各数据情况，形成转化率提高的可行性优化解决方案。

3. 对平台运营、业务数据进行深入挖掘，建立运营数据分析模型，为运营和业务及产品提供数据支撑。

4. 完成各项数据分析需求内容。

二、岗位要求

1. 本科以上学历，具备 2 年以上游戏行业工作经验。

2. 2 年以上的数据分析相关工作经验。

3. 熟练地掌握各种数据分析工具。

4. 沟通执行能力强，文档及写作能力强，熟悉 Excel/PPT/Word/Visiot 等的使用。

三、薪酬结构及福利体系

×× 科技为您提供业内具有竞争力的全面薪酬结构及福利体系。

1. 薪酬：向员工提供丰厚的薪酬，底薪 8 000 元＋绩效＋全勤奖＋交通补贴＋餐补＋年终奖。

2. 分成：根据部门业务收入，提供有竞争力的奖金分成。

3. 期权：为与公司长期共同发展的员工发放期权。

4. 户口：为应届生户口的迁移提供便利途径。

5. 社保：为员工购买养老、医疗、工伤、失业和生育、医疗保险。

6. 公积金：为每一位员工购买住房公积金。

7. 带薪年假：为工作满 1 年的员工提供带薪年休假。

8. 活动基金：员工入职后可按月享受活动基金，供部门或团队活动之用。

9. 年度体检：每年度公司统一安排员工体检。

10. 其他福利：提供下午茶、点心和水果以及晚餐。

11. 文体活动：每周定期组织羽毛球、篮球和乒乓球等体育活动。

12. 生日会：每月举办员工生日会。

乙公司的招聘信息如下：

一、岗位职责

1. 进行行业数据搜集、整理和分析，并依据数据做出行业研究、评估和预测。

2. 熟悉相应行业的业务和关注重点，并切合网络安全和信息安全进行数据分析。

3. 不断学习和提高数据挖掘算法，运用软件进行建模，并不断进行模型演练和优化，为产品提供高质量的分析结果。

二、岗位要求

1. 本科及以上学历，统计学、应用数学以及计算机等相关专业。

2. 熟练掌握多种统计和挖掘方法，熟练使用常见的数据分析相关软件。

3. 具有较强的数据敏感度、逻辑分析能力和文档写作能力。

4. 有责任心、良好的沟通能力和组织管理能力以及心理承受能力，勇于接受挑战。

5. 有游戏开发相关行业经验者优先。

三、薪酬结构及福利体系

1. 薪资福利：××企业为您提供在行业内具有竞争性的薪酬待遇，年底提供对应绩效成绩的年终奖金。

2. 社会保险：自员工入职后，公司为每一位员工购买基本社会保险。

3. 住房公积金：自员工入职后，公司为每一位员工购买住房公积金。

从两家公司发布的招聘信息来看，两家公司都是招聘游戏类数据分析师，其底薪范围均是 8 000 ~ 10 000 元，但是甲公司详细地地说明了薪酬结构和福利体系，具有诱惑力的薪酬结构和各种各样的福利条件很容易吸引到求职者；而乙公司只是很笼统地介绍了一下薪酬结构，而福利体系也仅仅是社会保险和住房公积金，相对于甲公司的薪酬结构和福利体系明显没有吸引力，很难让求职者投递简历。

因此，企业管理者一定要明白这个概念：薪酬≠工资，工资仅仅是薪酬的一部分，要想完善薪酬激励制度，企业还需要做好以下 3 个方面。

◆ **合理地分配保障性因素和激励因素的比例**：根据赫茨伯格的双因素理论，影响员工对薪酬的满意度有两种因素，即保障性因素和激励性因素。企业合理分配这两种因素的占比，能够充分调动员工的工作热情。

◆ **拓展保障性因素**：保障性因素是指基本工资、社会强制性福利（社保、住房公积金）以及企业内部的保障因素，如生活费津贴、交通费津贴、高温补贴以及子女教育经费津贴。

◆ **增加激励性因素**：除了最基本的工资激励外，企业还可以增加其他的激励性因素，如部门表彰优秀员工、优秀员工参与管理层竞选以及优秀员工享受双倍年终奖等。激励性因素尤其是针对于那些年长的员工、技术人员和管理层。

薪酬发放形式也要多元化

企业发放薪资的形式要多元化，以能够满足不同员工对于薪资发放的需求。按照支付方式的形式发放薪资比较简单，通常情况下，企业发放薪资的形式主要分为以下 3 种。

（1）工资流水

工资流水是指企业将员工的工资直接打到工资卡（借记卡）上。由于每月打一次工资，因此将工资账目全部打出来就是工资流水。一般而言，标准的工资流水单有如下四大特征。

- ◆ 实际到账资金为代扣代缴社保及个税后的金额，即税后工资。
- ◆ 打印的工资流水单或交易流水单在摘要科目中的标注为"工资"、"薪金"以及"代发"等字样。
- ◆ 薪资发放时间具有规律性，例如每月 10 号或者是 15 号发放上一个月的工资。
- ◆ 薪资发放的金额具有相对稳定性，薪资的数额变化幅度不大（销售岗位除外），如某企业的技术员工 9 ~ 11 月的工资分别是 5 330.25 元、5 681.57 元和 5 529.63 元。

（2）工资现金

工资现金是指企业以现金的形式发放员工工资，而不是通过银行打卡的方式。这种薪资发放形式非常简单，比较适合于小型企业或者是初创型企业。因为这类公司的规模较小，公司的组织架构不完善，没有人事部，一般都是企业老板代发工资。

但现金发放工资的形式也存在一定的风险。为了避免以后出现不必要的薪资纠纷，一般需要企业人事部门出具发放半年以上的工资总明细表并盖章，作为员工的薪资收入佐证。

（3）工资转账

工资转账是指企业将员工的工资转到员工的工资卡上，其实质就是打卡工资，其发放流程如图 1-3 所示。

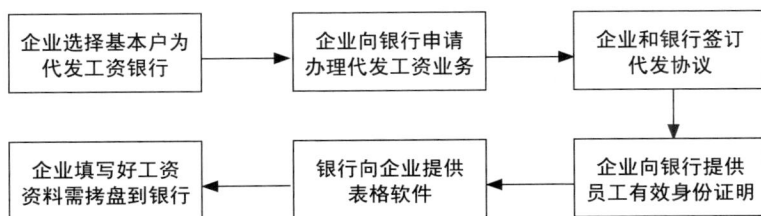

图 1-3　企业代发工资的流程

关于企业在代发工资流程的第 5 个环节需要进行特别说明，银行向企业提供一定格式的表格软件，供企业每月填写具体的工资资料。一般情况下，企业在发薪日前 1 ～ 2 天复制送银行，同时一并开好支票及相关的其他资料送银行。由于各银行的要求不同，企业需要根据申请代发工资银行的具体规定来进行。

企业需要根据员工的需求确定工资发放的形式，例如，企业中大部分员工都有贷款购房的需求，而向银行申请房贷必须提供个人的工资流水。银行要求提供工资流水单是为了考核借款人是否有正常的固定收入，同时也考查借款人是否拥有稳定的还款来源和负债能力。因此，企业可以采取工资流水的形式来发放工资。

综上所述就是企业发放薪资的 3 种形式，基于这 3 种形式的对比如表 1-4 所示。

表 1-4　薪资的 3 种发放形式对比

发放形式	规律性	银行流水账单摘要差异	银行认可程度	是否扣除社保
工资流水	强	工资	高	是
工资现金	取决于企业具体情况	存入或者现金存入	低	否
工资转账	强	转账或网页转账	中	否

薪资升降严格按照公司章程

薪酬激励机制的出发点和落脚点都在于"薪"，并且薪酬激励还牵涉薪资的上升和下降问题，由于这一问题可能会引起员工与企业之间的误会和矛盾，因此员工薪资的升降需要严格按照公司章程来进行。

案例陈述

某纺织企业为了给薪酬激励提供一个良好的实施环境，对内公布了《薪酬管理章程》，具体内容如下。

第一章 总则

第一条 为了合理确定公司员工薪资，完善公司激励机制，充分调动员工的工作积极性和创造性，引导员工在本职工作中为公司整体目标的实现，特制定本制度。

......

第二章 管理办法

第四条 采用月给制，当月薪资于次月 10 日发放；新员工于报到日起薪，10 日以后到职者，当月薪资于次月发放。

第五条 新员工工作不满三日离职者，不发薪资。

第六条 新员工在考查期间认定不胜任的，根据实际情况降级发放薪资。

......

第三章 薪资内容

第十条 基本工资由以下部分构成：

基本工资＝技能工资＋职务工资＋工龄工资＋学历工资＋全勤奖＋住行津贴。

1. 根据员工不同的学历、职务、职称（技能）和岗位职责等因素分为若干个级别。

（1）技能工资：依《员工技能等级评价标准》评定员工技能等级，并按其规定的给付范围核定发放工资。

（2）职务工资：根据不同职务设立，分技术员／储备干部、工程师／班长、主管、副经理和经理6个级别。

（3）工龄工资：指在本公司服务年限，不满半年不计，超过半年按1年算。

......

第十一条 奖金

1. 年终奖金：为激励员工切实立足于公司的根本利益，积极谋求个人与公司共同发展，特设立年终奖金。

（1）公司年度利润的30%作为年终奖金发放的总金额。

（2）发放金额的计算标准为：

发放基准＝发放总金额×（员工个人年度工资收入总额÷公司年度工资支出总额）

（3）根据员工的实际考核情况，对年度考核平均分值为A等者，可酌情加发；对年度考核平均分值为D等者，减发15%奖金。

（4）年终奖金的发放时间及标准为：春节放假前1周内发放70%；春节后1个月内发剩余30%，春节后没办理离职手续而离职的员工则不发。

......

从上述案例可以看出，该企业的薪酬管理制度看似"死板"，实则非常符合企业的发展。因为该纺织企业属于传统的劳动密集型企业，员工的文化素质相对较低，且岗位的流动性较强。若企业不采取"强制性"的管理措施，员工的随意离职很容易造成岗位无人的情况，最终严重影响企业的正常运营。

因此，对于中小企业管理者而言，可以灵活地利用薪酬管理制度来管理员工，避免出现员工与企业之间的纠纷，其具体措施如下：

◆ 在薪酬管理总则中说明该章程的实施目的、适用的对象、时间、实施范围以及修改办法。

◆ 关于企业的薪酬构成需要进行明确说明，让员工明白自身的优势，例如技术型企业可以将职业资格认证作为薪酬的组成。

◆ 企业的薪酬管理制度不能忽视新员工的薪酬方案，由于新员工具有不稳定性，通过合理的薪酬管理制度可以让新员工对企业产生好感，迅速适应新环境，降低新员工离职率。

◆ 薪酬制度中最容易产生纠纷的环节就是扣工资，一方面，企业为了正常化管理而必须制定奖惩制度；另一方面，任何员工被扣工资都会不高兴。因此，为避免因扣工资而发生纠纷，企业管理者在每一个员工入职之前应进行薪酬管理制度培训。

员工底薪不要太低

大型企业经历了长期发展，实力较为雄厚，资金周转能力较强，员工的薪酬福利较高，更加容易留住企业老员工和吸引外部人才。

相对于大型企业而言，中小企业的规模相对较小，实力较为薄弱，员工的薪酬福利相对较低。一部分中小企业为了控制人力资源成本，将员工的底薪设置得非常低，这也严重打击了员工的工作积极性。而新员工看到这样低的底薪，也会望而却步，最终造成企业人员流失率较高但又招不到新人的尴尬局面。因此，企业管理者在设置员工的底薪时需要遵循一定的原则，具体内容如下。

◆ **结合到当前的生活水平：**底薪的设置必须结合当前的生活水平，如果底薪完全不能满足基础的物质需求（住房、交通和生活费），这样的底薪不能够吸引人才。

◆ **结合员工的实际需求：**根据员工的具体需求来制定薪酬激励方案，

例如，刚毕业的应届生只要求基本的物质保障；而已经购房的员工背负着房贷的压力，则需要更高的薪资来还房贷。

◆ **适当地增加员工的补贴**：如果员工的底薪较低，企业可以适当地增加员工其他方面的补贴，如生活费补贴、交通补贴、通信补贴以及生日福利等。

所以，员工底薪要根据当前的生活水平、员工的需求以及其他的客观性因素（政策、法规和行业趋势）来制定。针对于销售行业而言，员工的薪资大部分来自于提成，底薪相对较低，为了保证员工的基本生活需求，企业可以适当地增加员工的补贴。

例如，北京某房地产销售企业的薪酬结构很简单，即"底薪＋提成＋绩效"的模式，无责任底薪是2 500元。由于企业中有一部分应届生，为了在最大程度上保证其日常生活需求，专门针对应届生提供了200元餐补、200元交通补贴和100元通信补贴，相当于应届生的底薪为3 000元。这样能够稍微缓解应届生在北京的生活压力，同时也能够降低企业的新员工离职率。

如果应届生新员工在连续在3个考核期内未达标，企业则停止发放对于应届生新员工的餐补、交通补贴和通信补贴，这种弹性化的薪酬补贴制度也能够刺激新员工的工作斗志。

员工绩效不设上限

在薪酬结构中，绩效占据了很大比例，尤其是销售行业。为了激励员工的工作积极性，建议员工的绩效不设上限。如表1-5所示为某销售企业的员工绩效考核表。

表1-5 ××企业销售人员绩效考核表

考核项目	考核指标	权重	评价指标	得分
工作业绩	销售完成率	30%	实际完成销售额 ÷ 计划完成销售额 ×100%	
	销售增长率	15%	与上月度销售业绩相比，增加1%加1分 出现负增长不扣分	
	销售回款率	20%	当月回款视为一档（3分） 第2月至第3月回款视为二挡（1分） 超过3月不加分	
	新客户开发	20%	每开发1个新客户（2分） 在当月没达到规定要求（−1分）	
	收集信息	15%	在规定时间内完成市场信息收集（1分） 若没完成任务则（−1分）	
工作能力	专业知识	30%	对于公司产品的了解度（2分） 对于行业的了解度（1分） 熟练掌握本岗位的专业知识（2分） 掌握其他知识（0.5分）	
	分析能力	40%	能分析复杂问题，并做出正确判断（3分） 能分析复杂问题，但不能灵活运用（2分） 能进行简单的问题分析（1分） 不能及时地分析问题或做出判断（0分）	
	沟通能力	30%	能灵活运用多种谈话技巧与客户沟通（3分） 能有效化解矛盾（2分） 客户投诉（−2分）	

　　从表1-5中可以看出，该企业以工作业绩和工作能力两个核心指标为维度进行员工的绩效考核，比较全面，且能够精准反映员工的实际工作能力。此外，该企业对于员工绩效激励的上限都比较高，这样能够有效地调动员工的工作热情。

薪酬激励，从竞争开始

薪酬激励需要营造出一种竞争氛围。因为在一个充满竞争的氛围中，可以让员工感受到工作来之不易，不努力工作就可能会面临着被淘汰的危险，让优秀的员工脱颖而出。企业通过设置极具诱惑力的薪酬激励方案，就能够让员工化心动为行动，从个体员工的竞争上升到团体竞争，进而增强企业的整体水平。但是企业管理者在营造竞争氛围的同时也应该注意其风险，避免出现良性竞争演变成恶性竞争的局面。

竞争营造出危机感

《周易·系辞下传》中提到："君子安而不忘危，存而不忘亡，治而不忘乱，是以身安而国家可保也。"其大意为：君子安定的时候不忘记可能出现的危险，生存的时候不忘记可能灭亡，国家大治的时候不忘记可能出现的祸乱。所以就能够使人民安宁，国家也得以保全了。尽管这是兴国安邦之道，但是同样适用于企业管理。

在现代市场中，企业面临的竞争越来越激烈，但是企业中一小部分员工却丝毫没有感受到外部的竞争压力，仍沉浸在企业为其提供的"避风港"中，毫无危机意识。因此，企业管理者通过薪酬激励制度来创造出危机感，激发员工的内在动力是非常有必要的。企业管理者可以通过以下方法来提升员工的危机感。

◆ **培养危机意识**：企业通过定期进行员工培训，给员工灌输一种危机意识，让他们更加珍惜工作。尤其是企业中人员较为充足的岗位，适当地增加危机意识才能够让员工更加努力工作，进而为企业培养出优秀的人才。

◆ **凸显出薪酬的差异**：薪酬激励方案的制定原则之一就是差异化的薪酬，管理者、核心员工以及技术员工的薪资较高，而普通员工的薪资相对较低，差异化的薪酬也能够增加员工的危机感。

◆ **优胜劣汰的竞争法则**：打破"大锅饭"这种平均主义的错误做法，让企业每位员工都参与到竞争中，将员工业绩与薪酬挂钩，业绩越差的员工越容易被淘汰。

◆ **定岗定人的制度**：企业将目标和责任落实到具体的员工身上，做到员工有目标、工作有方向、竞争有实质和超越有对象。若员工业绩完成良好，企业管理者也更容易进行薪酬激励；若员工业绩出现问题，企业管理者问责也有明确的目标。

◆ **始终以企业发展为大局**：企业将企业目标责任、岗位目标责任和个人目标责任有机结合起来，在薪酬激励中注重员工的业绩实效、贡献值以及发展潜力，增强企业的自身活力，推动企业的发展。

◆ **约束机制不可少**：企业为了营造出良好的竞争环境，除了基础的奖励机制外，还需要制定惩罚措施的约束机制，员工通过一定努力达到考核指标，则享受薪酬激励机制；若未完成考核任务，则会受到相应的惩罚。

竞争让员工化"心动"为"行动"

企业间的竞争能够让员工化"心动"为"行动"，简而言之，薪酬激励产生的竞争效果就是：员工的心理产生了质变，从被动到主动，从领导要求我做到自己愿意做。这样能够提升员工的工作效率，降低企业的管理成本。

例如，某服装企业为了改变 7 ~ 8 月销售淡季中员工"昏昏欲睡"的销售局面，企业管理者基于"鲶鱼效应"原理，在原来的销售队伍中引入了几名营销精英。此外，企业管理者还改变了薪酬结构，底薪由原来的 2 800 元降到 2 000 元，提成激励却相应地提升了，具体如表 1-6 所示。

表 1-6 ××企业销售人员提成考核表

提成等级	月度销售业绩（万元）	提成比例	其他激励
A1	1 ≤销售业绩＜ 3	15%	—
A2	3 ≤销售业绩＜ 5	20%	年终奖提升 0.5%
A3	5 ≤销售业绩＜ 8	30%	1. 年终奖提升 1% 2. 享受额外带薪休假 3 天
A4	销售业绩≥ 8	40%	1. 年终奖提升 2% 2. 享受额外带薪休假 7 天 3. 提名销售经理竞选名单

该企业改变了销售激励方案后，在引入的数名销售精英的带领下，销售员工的战斗力明显提升，一改之前"昏昏欲睡"的局面，许多员工都超额完成了销售任务，企业也顺利改变了淡季惨淡经营的局面。

公平的竞争造就人才

企业之所以要倡导竞争，最主要的原因在于公平的竞争能够为企业培养人才。随着市场经济的发展，人才的培养成本越来越高，如果企业只依赖于从外部引进人才，可能无法提升自身的"造血"能力；而通过内部的公平竞争，可以为企业输送大量的优秀的人才。那么，企业管理者该如何利用薪酬激励来培养人才呢？

（1）用高薪凝聚人才

高薪凝聚人才，人才成就事业，这是相辅相成的关系，正所谓"人才者，求之则愈出，置之则愈匮"。而现实也表明，人才流失的原因不外乎就以下两种：有的是为了自己更好的发展；但是更多的人是为了谋求薪水更高的工作。由此可见，企业利用高薪留住管理岗位和核心技术员工，并为其安排最适合的岗位，能够确保企业的发展后劲十足。

（2）用竞争历练人才

实践出真知，历练出人才。温室中长不出参天大树，企业让人才在岗位中接受挑战、锻炼和磨砺，可增强员工的抗压能力和紧急情况的处理能力，为企业培养出高素质的人才。

例如，某企业招聘了20位销售人员，为了选拔优秀人才，企业对这20位销售人员进行了为期两个月的"魔鬼训练"，包括10天的军训、20天的电话销售和30天的市场跑业务销售。考核完成后，企业管理者根据20位销售人员的成绩综合排名，从中选出了5名安排到企业销售精英组，并成为储备经理的候选人。

（3）用机制筛选人才

薪酬激励作为一种实用的激励机制，能够将人才从不合理的激励体制中解放出来，充分释放其实干能量。好的激励机制能够培养人才，真正做到"人尽其才，物尽其用"。此外，用机制筛选人才还应该明确相应的筛选标准，如学历、工作经验、团队合作能力、项目执行效率、紧急问题处理能力以及实际工作能力等。

小贴士

尽管企业薪酬激励的对象是从个人开始的，但是随着激励效果的显现，企业内部很容易养成见贤思齐的良好氛围，员工不用鞭策就能自发工作；同时，竞争的范围也会从个人竞争升华到团体竞争。

薪酬激励，误区知多少

当企业在面临员工离职风潮、留不住人才和找不到人才的时候，一般都会通过薪酬激励的手段来解决问题。但是，在真正实施的过程中，却又经常感叹：为什么即使高薪也会导致激励失效？最终面临的几乎还是一样的困惑。

造成这种现象的原因，通常都是企业走入了薪酬激励的误区。在本章最后就来分享一些薪酬激励的误区，供读者参考。

误区一：薪酬未能支撑战略

"薪酬"自古有之，然而直到今天，仍为诸多企业所困惑？其根源之一就是企业的薪酬激励并未能支撑企业的战略，而是将其作为一项独立的职能来看待。企业往往将目光集中在如何发挥薪酬的保障激励功能上，而没有站在企业角度进行系统化地思考，这就大大局限了薪酬激励的战略性作用。

那么，薪酬和战略之间到底有什么关系呢？

战略是方向，薪酬是手段，前者决定企业的方向、目标和路径问题，后者是对达成前者的支撑点，简单来说即是：战略的方向和目标在哪里，企业的薪酬激励策略就导向哪里。

所以，离开战略的薪酬激励策略犹如失去导航的帆船，在茫茫的大海上随风飘荡，因此最终导致激励失败。

误区二：缺乏系统化薪酬体系构建

部分人认为"有钱能使鬼推磨"，因此薪酬激励是留住人才唯一最有效的激励方式。

阿里巴巴集团董事局主席马云说：员工的离职原因很多，总结起来只有两点最真实，一是钱没给到位，二是心委屈了，归根到底就一条"干得不爽"……事实上"钱"给到位只是其中一条，员工的需求是多层次、多元化的，如果员工感觉做得不爽，也不会起到应有激励效果。

因此，薪酬激励中，不能过于重视薪酬激励而轻视非物质激励。健全、系统化的薪酬体系构造，一定是物质激励和非物质激励（即精神激励）相结合的。

此外，很多企业也往往会出现加薪容易降薪难的局面，因为降薪会造成核心人才的流失，尤其对于公司的核心骨干人员，企业更是不敢轻易实施降薪。

造成这种问题的根源也是因为缺乏科学地薪酬可升可降的体系，没有建立有效的薪酬协议和规则，并且让员工发自内心拥护和认可。

要解决这些问题，归根结底，还是要企业建立科学的绩效考核机制，实现薪酬和绩效结果挂钩，让薪酬升降成为企业内部公平的一种体现。

误区三：以职行赏式的激励缺乏公平性

奖励作为激励的一种方法，应有一定的公平公正性。但是，许多企业将薪酬的平等当成公平。

"爵以授功，职以授能"，商鞅在秦国实行变法，奖励军臣，按功劳大小定官爵高下，职务被赋予了荣誉性。长此以往，在人们的观念上逐渐形成了"功力未见于国者，则不可授予禄"，"业绩辉煌，而名位随之"。这种观念影响是很深的。

一般说来，奖励与工作环境好坏无多大的关系，工作条件恶劣，我们可以用津贴来补偿，未必非用奖励来表彰。而职务的高低与奖励更无内在的联系，同时也不应有联系。

但是，现在许多企业主张通过建立最细致的薪酬职级来规范企业的内部薪酬公平，同岗必须同薪。表面上来看这种薪酬非常平等，同一职级内部差距很小，有可能减少员工的不满，但事实上这种理念指导下企业设计的薪酬往往带来许多不利的影响。

影响岗位薪酬的要素是多元的，例如人才供求、工作要求。即使同岗，根据工作难度要求不同，所需人才的水平也是不一样的。如果企业还采取同样的薪酬职级可能会导致那些对能力素质要求较高的岗位上工作人员反而感到不公平。

企业需要明确的关键概念是"薪酬平等"往往并不代表"薪酬公平"，应该以职位价值来衡量薪酬的回报，使得按同一职级那些承担难度更大工作、具有更强能力和更强外部稀缺性的职位工作人员获得更高的薪酬水平，这样才是真正的公平。

除了上述的误区以外，导致薪酬激励失败的误区还有很多，下面再简单列举两条。

◆ **薪酬只是人力资源部的事情**：事实上，在薪酬体系框架内，员工的薪酬涉及绩效考核、考勤管理、培训和任职资格等诸多环节。这些过程的监控和评价，需要用人部门亲自参与其中，因此，绝非人力资源部一个部门能搞定的。

◆ **缺乏长期运行机制**：部分企业只重视短期效应，以解决眼前问题为考量，采取"亡羊补牢"、"打补丁"策略，缺乏对薪酬管理长期持续运行的系统化思考，最终导致薪酬管理系统运行不畅。

……

既然薪酬激励这么重要，而如今企业中又存在这么多的管理误区，如何才能帮助企业走出这些误区，让薪酬激励真正起到作用呢？在本书接下来的内容中将针对这些问题进行详细讲解。

第二章 ○ 全方位管理，确保薪酬激励有依有据

企业实行薪酬激励机制，应该做好对整个流程的控制。激励前的基础准备工作，包括员工参加薪酬培训会议、员工进行职业规划以及分解任务；激励过程中，企业管理者运用加薪技巧留住员工、管理好团队以及严控负面因素；激励结束后也需要进行管理，包括了解员工意见、总结经验以及准备下一轮激励方案。此外，薪酬激励的成本控制也是管理的重点内容。

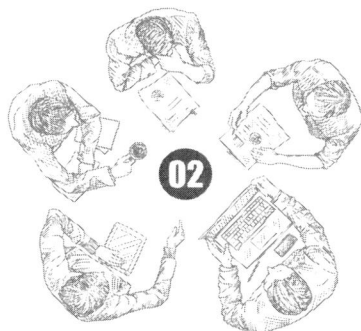

激励前，
管理者需要准备的事情

企业在进行薪酬激励前，需要做好基础准备工作。例如，集中员工进行薪酬激励制度的培训，确保员工了解薪酬制度的内容，提升员工对薪酬激励的认可程度；协助员工制定职业规划，让员工明确自己的工作目标，配合薪酬激励机制，能够发挥出薪酬激励的最大功效。当然，薪酬激励前的准备工作不只包括这些，下面将通过本节的学习，全面了解薪酬激励的准备工作。

让员工熟悉基本薪酬制度

企业让员工熟悉基本薪酬激励制度是非常必要的，因为每个员工对薪酬激励制度的期望值和需求不同，所以员工可能会对薪酬激励机制存在一定的适应期。

例如，企业薪酬激励方案与某位员工的预期出入较大，该员工希望薪酬激励方案在某些方面加以改进和完善，并通过合理渠道向企业管理层反馈了消息。企业修改薪酬激励方案会需要一段时间，当新的薪酬激励方案正式生效后，可能又会和其他员工产生"分歧"。

这样反复地修改企业薪酬激励方案的行为，会严重影响企业对薪酬激励制度的管理。

因此为了避免这种现象发生，企业应统一对员工进行培训。一般而言，企业可以通过以下方法来让员工熟悉企业薪酬激励制度。

◆ **开展入职培训**：对于新员工而言，企业应该对其进行 1 ~ 2 天的系统培训，其中薪酬激励机制是培训的重点内容，让新员工了解企业的基本薪酬制度，做到心中有数。

◆ **新老员工的交流**：加强新老员工的交流，通过老员工向新员工讲解企业的薪酬激励机制，让新员工更加容易理解薪酬激励机制，这样也能够减轻企业培训的负担。

◆ **发放薪酬激励机制资料**：企业可以将内部的薪酬激励机制资料发放给员工，让其更加清楚地了解企业的薪酬激励机制。

帮助员工制定职业规划

企业帮助员工制定职业发展规划是促进企业发展的前提，也是薪酬激励实施前的必要条件。那么，企业到底如何帮助员工制定职业生涯规划呢？请看下面的案例。

案例陈述

惠普是一家全球性的资讯科技公司，专注于打印机、数码影像、软件、计算机与资讯服务等业务，是世界最大的信息科技（IT）公司。

在惠普公司中汇集着大量素质优秀、训练有素的科技人才，他们是企业发展竞争的主要力量，被公司认为是最宝贵的财富。

惠普之所以能吸引并留住这些高级人才，不仅靠丰厚的薪酬待遇，更重要的是给这些员工提供了良好的提高、成长和发展的机会。其中"向日葵计划"就是惠普比较有名的系统培训方案，并且已成为惠普培训高层管理人员的摇篮。

"向日葵计划"是一个超常规发展计划，帮助较高层的经理人员从全局把握职位要求，改善工作方式，其具体的培训流程如下。

第一步：为员工打造一份职业规划

当求职者通过内部招聘成为一线经理，就开始正式加入到企业管理工作中。在该阶段，公司会根据工作需求，给入职员工量身打造制定一份培训计划。企业内部与人力资源部协调之后，确立每门课程的内容并开始实施。

该阶段的课程主要包括沟通、谈判以及基本的管理培训。如果员工出任部门的总经理，就会由他本人参照人力资源部门的培训计划，结合在线培训课程等方面的安排，为自己制定新的培训方案。

第二步：不断深化管理者的培训过程

员工的培训方案制定完成后，便是一个由"硬"到"软"不断深化的培训过程，提供从技术业务知识到沟通技巧再到文化、思维的全方位和多元化的课程安排。

该阶段培训的核心课程包括向经理层过渡、当好中层经理、战略领导研讨会、高级管理人员项目以及全球领导人项目等，这些课程旨在满足领导者在个人职业生涯中各个时期的教育需要。

第三步：员工从"招进来"到"走出去"

当员工完成这些核心课程的培训后，需要实现从"招进来"到"走出去"的过渡。所谓"走出去"就是指员工离开自己熟悉的工作岗位，承担起与以往不同、更具挑战性的新岗位。

在惠普公司中存在着 5 个事业转折点：第一次担任管理职务；第一次准备担任中层管理职务；第一次准备担任高层管理职务；第一次担任高级管理职位的初期；第一次迎接作为全球领导人的挑战。在不同时期公司都会为员工安排不同的课程。

此外，惠普公司还将培训和考核进行有机结合，促进公司的可持续发展。每年 3 月，20 多位心理学家会为经理人进行为期 1 周的领导特质全方位考察。

开始几天参加培训的经理人还会收到两份图表，图表中包括客户评价、同事评价、团队协作能力以及工作能力等方面的信息。

这些图表体现了经理人与他人打交道方面的行为一致性，也清楚地展现了他们的弱点。

当公司对未来需要的预测结果与某员工所定的职业发展目标相符时，部门经理可据此帮助该员工制定他们的晋升规划，标明每一次晋升前应接受的培训或应增加的经历。

从上述案例可以看出惠普公司未来培养和储备优秀人才的规则，当员工入职后，便制定了"向日葵计划"三部曲，为员工量身打造职业规划。通过一对一的绩效访谈，确定绩效目标和培训发展目标，进而让每一位员工了解自己的工作职责与绩效，让员工明白自己对团队、部门以及公司的经营发展所起的作用，更有一种荣誉和责任感。

为了能有效地帮助员工制定个人职业规划，企业管理者可以在职业规划认知、职业通道管理、职业生涯设计以及能力开发等方面给予员工支持与引导。

此外，企业管理者也应该花时间对员工的职业规划进行指导、监督及收集反馈信息，采用灵活的处理方式，为员工提供资源支持及协调统筹，帮助员工达成高业绩的绩效。

分解目标，让员工感受到自己的进步

企业在实施薪酬激励前，应将企业的整体战略和目标告诉员工，并将整体目标分解成小目标，层层落实到各个部门、岗位和员工身上。做到各个员工各司其职，确保企业的正常化管理。通常情况下，企业管理者可以按照以下 3 个步骤来分解战略目标。

（1）确定企业战略

第一步就是对企业的绩效管理或者是目标管理，基于一个企业的战略，首先要明确本公司的战略。

企业战略目标是企业使命和宗旨的具体化和定量化，是企业的奋斗纲领，也是衡量企业一切工作的标准，更是企业经营战略的核心，反映了企业在一定时期内经营活动的方向和所要达到的水平。企业战略目标一般包括以下内容。

◆ **整体目标**：在战略目标中应该明确企业在规定期限中需要完成的市场占有率、竞争中达到的地位、企业经济增长值以及消费者满意程度等指标和任务。

◆ **内部改革目标**：企业在研发新产品时，应充分衡量自身能够提供的设计理念、生产技术、实施方案、服务内容以及售后技术支持，确保企业始终处于不断进步状态。

◆ **提高生产力目标**：随着原材料成本逐步攀升，企业需要提升自身的生产效率。充分利用原材料，最大限度地提高产品的数量和质量，做到保质保量保信誉。

◆ **物资目标**：企业内部的可利用物质资源是有限的，因此企业在"节流"的同时，还需要"开源"，即扩展企业获取物质资源的渠道，满足企业日益增长的物质生产需求。

◆ **融资目标**：企业在发展过程中可能会遇到资金短缺的窘境，为了保证正常的资金需求，企业可以对外申请融资，引入风险投资，完成企业的融资目标。

◆ **人力资源目标**：企业的发展离不开优秀人才，一方面，企业需要通过薪酬激励来留住老员工并吸引外部的优秀员工；另一方面，企业也可以通过内部培养优秀人才。

◆ **社会责任目标**：企业要想做到规模化，必须要承担一定的社会责任，让更多的消费者看到企业为社会做出的贡献。如提供就业岗位、成立爱心公益基金或者是关注环保等，树立正面的企业形象，赢得更多的市场。

（2）分解到企业各部门的目标

当企业整体战略目标确定后，就要把目标分解到各个部门，这就需要人事部、财务部、销售部、策划部、市场部以及售后部等部门全力配合。企业通过将各个部门的职能相结合，为其制定出相应的绩效考核指标，下面以人事部为例，讲解如何分解部门任务目标。

案例陈述

某机械企业为了更好地执行薪酬激励机制，对行政人事部的岗位职责进行了明确规定，具体如下。

行政人事部工作目标责任书

为加强公司行政人事工作的计划性和行政制度的刚性执行，以20××年工作情况为基础，制定出行政人事部20××年工作目标。

一、根据企业实际，完善公司组织架构

1. 行政人事部对公司组织架构进行完善，确定部门的权责，使每个员工清楚自己的岗位责任、工作内容、工作权限和必备的岗位技能，真正做到组织架构的科学适用。

2. 在 20×× 年 2 月底前完成公司组织架构设计草案并征求各部门意见，报请总经办审阅修改，审阅完成正式开始实施。

……

二、对公司各岗位做工作分析，完善岗位说明书

1. 工作描述需要与各部门经理协作共同分析并商定，建议按照以下程序来进行：

（1）明确分析的重点，工作分析的重点是了解各个岗位的工作内容、工作职责及任职资格；

（2）收集意见和建议，将同一岗位的不同意见进行商议，以取得统一意见；

……

三、人力资源招聘与配置

为了保证公司招聘工作的及时性和有效性，行政人事部可以采取以下招聘方式。

（1）现场招聘会：这种方式可以与求职者面对面交流，效率比较高，可以快速淘汰不合格人员，控制面试人员数量。

（2）企业内部招聘：这种招聘费用极少，由于申请者对公司相当了解，能较快进入工作状态。这种方式主要适用于管理干部的选拔。

（3）员工推荐：应聘人员与现有员工存在一定的关联性，基本素质较为可靠。

……

从上述案例可以看出，该企业针对行政人事部制定了完善的岗位目标，能够保证部门明确自己的目标，并朝着该目标努力。这样以部门为单位的薪酬绩效考核，有利于培养部门的团队合作精神，减少企业管理者的负担。

（3）分解到员工个人的目标

部门主管将部门目标分解到每个员工身上，让每个员工都清楚自己的具体工作目标，即企业管理者经常运用到的"七定原则"，具体如下。

- ◆ **定岗**：确定岗位职责与岗位工作内容。
- ◆ **定编**：根据岗位工作内容来确定岗位的编制数。
- ◆ **定责**：根据岗位的要求来确定岗位责任。
- ◆ **定权**：根据岗位的责任对该岗位进行授权管理。
- ◆ **定能**：明确岗位的内容、责任和权限就能确定岗位能力素质模型。
- ◆ **定薪**：在确定能力素质模型的基础上确定岗位的薪酬及福利。
- ◆ **定考**：根据岗位的内容、责任和权力确定考核内容，以保证从事该岗位的员工能力与岗位相匹配。

不能忽视团队能力而盲目加薪

任何一个目标都需要将员工团结起来，增强员工对团队的认可，进而保证项目的顺利执行。薪酬激励是为了提升团队的整体能力，所以企业管理者不能忽视团体的实际能力而盲目加薪。

美国行为学家吉格勒认为"设定一个高目标就等于达到了目标的一部分"，可见给员工设置一个具有挑战性的目标是非常必要的。适当地提高目标，可以激发员工的工作热情，增强其抗压能力，而且当工作目标完成时，会更加具有成就感。用公式表示为：

$$团队的贡献值 = 团队的激励力度 \times 能实现目标的概率$$

根据上式可知，团队的贡献值随能实现目标的概率的变化而变化，当目标较低时，实现概率为无限接近于 1。

也就是说，在 B 点之前，团队的贡献值呈现出上升趋势；到 B 点时，团队的贡献值达到最大；当团队的激励力度继续提高，超过 B 点时，团队的贡献值又逐降低，二者的变化关系如图 2-1 所示。

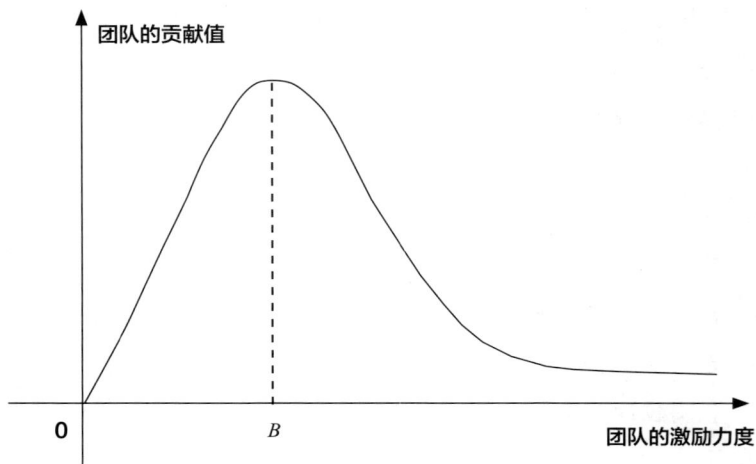

图 2-1　团队的激励力度与团队的贡献值的关系

根据岗位特殊性实施弹性薪酬制

基于岗位的特殊性，为了留住企业所需要的核心员工，企业可以实施岗位业绩的弹性薪酬制。

在企业中的众多岗位，其岗位贡献值对激励的弹性曲线呈现出很大的差异。有些岗位的弹性很大，而一些岗位的弹性则很小。以此为基点，综合考虑激励效果评价，企业管理者可以按照以下两点进行薪酬激励。

◆ **高激励弹性岗位**：应加大激励程度，薪酬结构策略上采用高弹性薪酬模式。

◆ **低激励弹性岗位**：只需进行基本的激励，在薪酬结构策略上采用高稳定性薪酬模式。

因此，通过对不同激励弹性岗位特征的进一步分析，企业管理者可以根据薪酬结构策略设计时进行岗位分类，也就是个人工作的努力、认真程度对岗位业绩的影响。岗位业绩的努力弹性与岗位的激励弹性呈正比，努力弹性大的岗位激励弹性也较大，反之亦然，如图 2-2 所示。

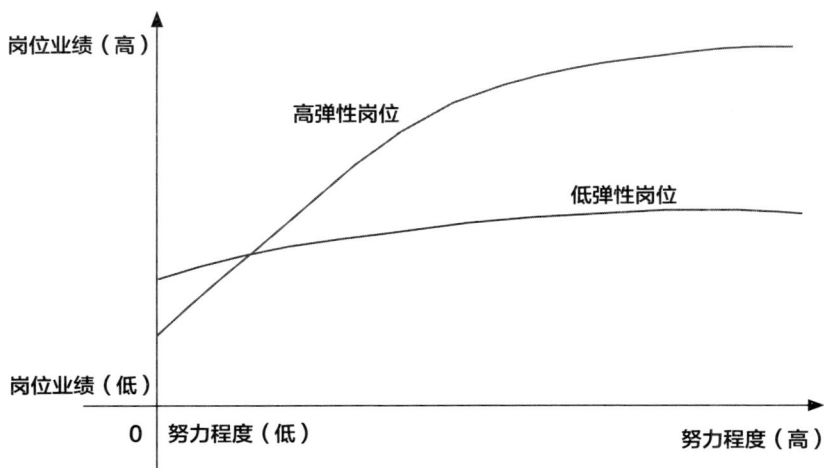

图 2-2　岗位业绩与努力程度的关系

激励中，
管理者需要做好的事情

当薪酬激励方案通过审核后，即可开始正式实施。在该阶段，企业需要做好一系列的工作，例如，利用加薪的技巧留住核心员工；管理好团队，确保薪酬激励正常开展；加强与员工的沟通，了解员工对于薪酬激励方案的意见和建议；在营造积极的薪酬激励氛围的同时也要严加控制其负面因素。总而言之，薪酬激励的实施过程需要花费大量的精力，由于实施过程中可能会牵涉各种可变因素，因此为了保证薪酬激励的正常开展，企业管理者需要严加管控。

巧用加薪绝招留住核心人才

薪酬激励，归根结底就是在原有薪资的基础上加薪，满足员工对薪资增长的需求，进而为企业发展储备人才。对于一部分核心人才，其对企业的贡献较大，企业更是需要利用高薪来留住他们。下面将介绍比较实用的加薪绝招。

（1）基础式加薪

基础式加薪即根据员工的底薪来适当加薪。一般而言，员工的底薪都是有额度的，底薪的调整数额有多少，基本工资的增长幅度就有多少。为了公平起见，企业同一岗位的底薪增加数额应是等值的，没有差距。

例如，某大型印染企业为了安抚"军心"，对内实行基础式加薪，具体内容如表2-1所示。

表2-1　××企业基础薪资增加一览表

员工级别	基础薪资（元）	一次性增加幅度	增加金额（元）
A1	1 500	20%	1 800
A2	1 800	18%	2 124
A3	2 200	15%	2 530
A4	3 000	10%	3 300
A5	3 500	8%	3 780

从该企业的底薪增长方案来看，企业是以员工级别为维度来制定加薪方案。不同级别员工的底薪不同，员工级别越低，其底薪越低，但是一次性增加幅度较大；员工级别越高，其底薪越高，但是一次性增加幅度相对较低。

这样在很大程度上保证了加薪方案的公平性，对于基层员工而言，提升了其工作积极性；对于管理层而言，控制底薪，可引导管理者更加重视业绩的提成。

（2）工龄式加薪

工龄式加薪即按照员工的在职时间来加薪。如果员工的稳定性强，工龄薪酬就高，反之则低。此外，企业实施工龄式加薪也体现了企业对老员工的重视，可以降低老员工的离职率。

例如，某企业为了留住老员工而推出工龄式加薪方案，方案规定："在公司工作满1年，工龄为一级，每月工龄工资为10元；工作满2年，工龄为二级，每月工龄工资为20元；以此类推，每年满1年，工龄增长一级，每月工龄工资增长 10 元，上不封顶。每年 5 月份开始计算工龄并调整工龄工资，必须以年满 12 个月及其以上。"

某员工 2015 年 10 月 1 日入职，那么，该员工于 2017 年 5 月进行工龄工资调整，工龄级别为一级，可获得的工龄工资为 20×10=200 元；如果该员工继续留住公司，2018 年 5 月的工龄就升为二级，可获得的工龄工资为 20×10+4×10+8×20=400 元。

（3）升职式加薪

升职式加薪即员工在升职之后的薪资调整。一般情况下，升职都会牵涉到薪资的调整，为了保证升职员工能够承担起应有的责任，企业正确的做法如下。

首先，对升职员工设置一定的考核期，1～3 月都可以，具体期限视企业内部而定。

其次，在考核期对员工设置多项考核指标，被考核员工在考查期间要进行书面小结，还需要做部门内上下级、平行部门、本人以及客户 360 度的评价。

最后，如果员工的考核结果优异，则可给予加薪，如果考核结果不达标，则不进行加薪。

综上所述是常见的加薪方式，当然，企业也可以设置特殊加薪方案。特殊加薪一般是做出了比较突出的贡献，例如，研发新技术提升生产力、采用新型的管理方法或者是公关化解危机等。特殊加薪往往针对一小部分员工，但是却能够给其他员工树立比较正面的形象。

软硬兼施才能管理好团队

薪酬激励过程中，团队管理也是非常重要的环节。现实中，部分企业管理者对于约束机制运用得非常苛刻，尽管起到了严格管理员工的作用，但是也给员工留下了"毫无人性"的糟糕印象。

实际上，企业管理者要想管理好团队，应该做到软硬兼施，既有约束机制的"硬性管理"，又有宽松人性化的"软性管理"，如图2-3所示为软硬兼施的具体应用。

1 企业管理者管理团队的过程中，既要注重团队管理的科学性，又要讲究管理的艺术性，在员工心目中树立良好的领导形象。

2 既要加强"硬件"投入，如薪资激励、培训以及福利激励，又要加强"软件"投入，如企业文化、价值观、尊重以及信任等。

3 团队的管理既要合理保持制度的刚性，又要妥善把握操作的灵活性和管理的差异化。

4 企业管理者对员工成长的支持，既包括轮岗上阵、赋予职权以及提供资源等"硬性支持"，也包括指导、辅佐以及改进等"软性支持"。

5 除了看重学历、专业技能的"硬件"外，同时也看重员工的"软件"性能，包括团队合作能力、沟通能力、逻辑思维和分析能力等。

6 企业管理者在抓好发展的同时，要更加注重管理的实效性，强化管理，打牢基础，提高管理能力和管理水平，实现团队的管理到位。

图 2-3　软硬兼施管理的具体应用

软硬兼施管理的企业才有可能成为智力资本型企业，依托于创新、创造，保证企业的可持续发展。具有智慧的管理者是软硬兼施的管理者，关注企业和员工的共同成长，不断激发员工的创造力，这样才能使薪酬激励的价值得到最大化体现。

加强管理者与员工的沟通

企业要想通过薪酬激励机制来提升企业的生产力，管理者就必须通过发挥各种管理功能，充分调动员工的积极性，提高管理的效能，实现企业共同目标。

同时在激励方案的实施过程中，企业管理者也需要加强与员工的沟通，具体如下。

◆ **对员工的沟通行为及时做出反馈**：沟通的最大障碍在于员工误解或对管理者意见理解得不准确。为克服这种障碍，在薪酬激励方案实施过程中，管理者在向员工下达一项任务后，应通过直接或间接的询问"测试"下属，以确认其是否完全理解任务。如果员工所理解的内容与管理者意见一致，说明沟通是有效的；如果员工对管理者的意见理解出现偏差，就需要及时进行纠正。

◆ **对不同的员工使用不同"语言"**：不同的员工，由于年龄、教育和文化背景不同，可能对相同的话产生不同的理解。管理者和员工沟通时必须根据具体情况使用不同的"语言"，语言应尽量通俗易懂，尽量少用专业术语，以便接收者能确切理解所收到的信息。

◆ **主动倾听员工的发言**：擅长倾听的管理者通过倾听从下属那里获得信息，倾听信息的精准度将直接影响管理者的决策水平、激励效果以及公司业绩。管理者应将自己置于员工的角色上，以便于正确理解员工的意图，避免进入"和自己说话"的陷阱。

◆ **注意保持理性，避免情绪化行为**：管理者和员工交流薪酬激励方案时，管理者个人主观情绪可能会影响到交流的效果，因为主观情绪能使管理者无法进行客观理性的思维活动，取而代之的是情绪化的判断。因此，管理者在与员工进行沟通时，应该尽量保持理性，如果情绪出现失控，则应暂停进一步沟通，直至恢复平静。

营造积极的薪酬激励氛围

积极的企业氛围是指整个企业内部团结、融洽，员工之间互相尊重、互相信任，上下级真诚相待。积极的工作氛围能极大地调动员工的工作积极性，使每位员工都能积极贡献自己的力量，朝着共同的目标努力，从而提高企业整体的工作效率，而薪酬激励就需要这样积极的氛围。

那么，企业管理者该如何营造积极的薪酬激励氛围呢？

（1）帮助员工树立远景目标

远景目标是公司不断前进的动力，能激发员工的事业心和责任感，激励员工为实现这个共同的远景目标而不断努力。企业远景目标实现的同时也能够体现出员工的自身价值。

企业的远景目标统领着全局方向，也是员工心中奋斗的航标。有了统一目标，才能使全体员工凝聚成一股力量，才能充分发挥员工的才能，才能有一个充满生机的企业，才能有奋发向上的工作氛围。

（2）营造公平和自由的企业氛围

公平的工作环境对员工而言非常重要。有公平作为前提，员工才能安心做好自己的工作，踏实地为企业服务。公平体现在很多方面，如绩效考核、晋升机会、竞聘上岗以及薪酬分配等，这些方面都需要有公平的氛围，因为只有在公平的工作环境中，企业才不会有勾心斗角、暗箭伤人等事件发生。

企业里的每一位员工不仅希望有公平的工作氛围，同时也希望有一个自由开放的工作环境。企业给予员工一定自由度，放手让员工自主完成任务，让员工有充分发挥能力的空间，以自我实现为目标来工作，能极大地触发员工对工作的热情。

（3）提倡人性化管理

企业人性化管理有利于营造出积极的工作氛围，管理者可以从以下3方面入手。

◆ 理解员工

作为企业管理者，任何时候、任何情况下都不能只站在个人的立场上，凭主观臆断看人看事，而要客观地了解员工的需求、愿望，尽量设身处地多为员工着想，以实事求是的态度寻找问题的症结，有针对性地解决员工的思想问题和实际问题。

◆ 尊重员工

对企业而言，尊重员工是人性化的必然要求。相互尊重、相互信任的良好人际关系，对调动员工的各方面积极性都有决定性作用。尊重员工，就要尊重员工的价值、尊严和应有的各种权利。

首先，对于员工的优点和进步，要给予肯定和鼓励；其次，对于员工的缺点，要友善地批评指正；对于少数员工反复犯错的情况，企业管理者需要适当地改善自身的沟通方式，让员工感受到企业对他的尊重。员工只有受到尊重，才会真正感到被重视、被激励，做事才会真正发自内心。

◆ 爱护员工

企业员工由于职业、年龄、文化、经历以及兴趣爱好等不同，彼此的观点、看法、主张、要求也不尽一致。这就需要企业管理者去关心、了解员工的共性和特性，想员工之所想、急员工之所急，切实解决员工在工作、生活和学习上的困难和细节问题，为其营造一个舒适又融洽的工作环境。

例如，企业为员工提供带薪休假、病假激励、带薪培训和绩效奖励，提供健身器材、组织旅游和开展丰富多彩的业余文化活动，让员工感受到企业的用心。只有这样，员工在企业里才能感到有奔头，才能心甘情愿为企业奉献自己的青春，贡献自身的力量。

激励后，
管理者需要改善的事情

一轮薪酬激励方案执行结束后，并不意味着薪酬激励已经圆满完成了，企业管理者还需要对薪酬激励方案进行总结，包括了解员工的心声、总结工作的得失，集中力量来解决重大问题以及做好下一轮薪酬激励的准备工作。因此，薪酬激励是一种周而复始的激励机制，在不断的实践中总结出经验，为企业的发展提供源源不断的动力。

放下身段，了解员工的心声

薪酬激励的对象是员工，企业管理者要想保证薪酬激励的效果，必须放下领导身段，深入了解员工的心声。换而言之，企业管理者需要加强与员工之间的沟通，了解员工对薪酬激励方案的意见和建议，经过归纳总结，采纳一部分可行性较强的意见，适当地对于薪酬激励方案进行修改。

首先，管理者要明白，单纯依靠一张张的公文和财务报表无法真正了解到员工的心声，也很难维系管理者和下属之间的信赖关系。所以企业管理者要想接纳各种声音和意见，还需要做好以下几方面工作。

◆ **站在员工角度思考问题**：当薪酬激励方案执行后，管理者需要设身处地站在员工的位置去思考问题，让下属知道管理者对他们的切身利益十分关心，管理者愿意分享他们在工作中的收获。

◆ **精简沟通的层级**：管理者在与员工进行沟通时，应尽量减少沟通的层级，这样能够确保管理者所收集到的员工信息真实可信，通常情况下，越是高级的领导者越应该注意与员工直接沟通。

◆ **调整交流的方式**：管理者最好用真实的感情、诚心诚意的方式和下属建立长远的关系。要做到这一点，管理者必须改变枯坐在办公椅上的方式，开始"走动管理"，经常和下属直接接触面谈，这样才能够保证管理者了解员工的真实想法。

◆ **改变沟通的模式**：管理者要想取得良好的沟通效果，就需要变"单向沟通"为"双向沟通"。管理者下达命令后，员工开始执行；员工在执行完认为后，也要向管理者汇报工作，形成双向的反馈交流机制。

◆ **注重沟通的技巧**：在沟通过程中，管理者不仅应注重与员工沟通的次数，更应该注重沟通的质量，讲究沟通技巧，运用适当的沟通技巧，才能到达良好的效果。

综上所述，管理者在股权激励后了解员工心声的做法，就是以员工为中心，了解他们对薪酬激励方案的看法，找到影响薪酬激励的负面因素，尤其是影响员工工作积极性的负面因素。

通过不断改进薪酬激励方案中的不足，让其更加适应企业的发展，在提升员工工作热情的同时也保证了企业的高效生产力。

召开会议，总结工作的得失

企业管理者深入员工内部了解员工的想法固然有效，但是需要耗费大量的时间，为了提高工作效率并规范薪酬激励方案的反馈流程，企业管理者可以通过召开会议来总结工作中的得失。

一般而言，总结会议都是以部门为单位开展的，其会议总结的要点如图2-4所示。

1 深刻总结和分析薪酬激励方案实施过程的"得与失"。其中"得"包括经验、优势、实用性以及取得的进步；而"失"则侧重于薪酬激励方案的缺点、失误和存在的问题。

2 奖励先进，鞭策落后。薪酬激励总结会通过表彰和鞭策的形式，起到激励的作用，促进整个团队积极向上、努力进取。

3 管理者应该指明企业未来发展方向。管理者需要对下一轮薪酬激励作全盘规划，并且要明确、清晰和长远的目标和方向，让团队成员看到希望，且愿意为之奋斗。

4 大家共同充电提高。在薪酬激励总结会议上，针对员工需要的知识和技能，再次进行提炼、研讨、培训，通过"充电"实现，成员工和管理者共同"提高"。

5 管理者营造轻松、愉悦的会议氛围。经过薪酬激励考核后，员工在身心上都会有疲惫感，通过营造出温馨的会议氛围，让员工感受到企业的人性化管理，增强员工对于企业文化的认可度。

图 2-4　薪酬激励会议的工作要点

尽管是薪酬激励的总结会议，但是这对于企业的管理和发展具有举足轻重的意义，不能疏漏任何一方面的细节，一次成功的总结会议通常还要遵守一些基本原则。

首先，薪酬激励总结会议必须照顾到所有人。管理者决不能将业绩好的员工或者是部门捧上天，让其他人都当"绿叶"，需要照顾到所有员工的感受，让所有员工都参与进来，各抒已见。这样有利于管理者了解所有员工的想法，针对于薪酬激励的不足之处进行改进。

其次是注重成本与效益之间的比例。一部分企业好大喜功，为了将薪酬激励会议开得别开生面而投入了大量金钱，忽视了薪酬激励总结大会的重点在于肯定成绩、找出不足以及制定改进方案。如果一味地追求效果化，最终也只能是金玉其外，败絮其中。

小贴士

在薪酬激励总结会议中，企业管理者也可以设定特殊化的目标。例如，管理者可以将现阶段的任务完成度与预期对比，看是否已经完成了目标；也可以将下一阶段的任务目标进行分解，让员工提前了解下一阶段的任务，这样也可以适当地减轻管理者的工作负担。

未雨绸缪，将问题扼杀在摇篮

在企业管理过程中，风险预防比风险补救更重要，已经成为企业发展不可或缺的工作之一。对于薪酬激励计划的实施来说，未雨绸缪更是一门非常重要的课程。

案例陈述

美国宝洁公司创立于1837年，是全球最大的日用消费品公司，其风险预防和监控管理也是广大企业学习的典范。

在20世纪70～80年代，中国的日用品消费市场被几大国产品牌垄断，如白猫、金鱼和蜂花等。同时，也有一些进口日用品在高档的商城、百货大楼和免税店出售，但由于品牌的影响力较弱，且价格昂贵，销售额非常低。

尽管宝洁已经是一个非常庞大的日用品帝国，但是每走一步仍然非常小心谨慎。宝洁来到中国之前，花费大价钱聘请专家对于中国市场进行了实地调研。消费者为什么喜欢白猫洗衣粉，哪个价格层的日用品更受消费者青睐，消费者最喜欢在哪里购买日用品，商店是批发多还是零售多？

当宝洁正式进入中国市场后，仍然能够保持未雨绸缪。由于当时市场日用品的竞争已经处于白热化状态，各大企业都拼命加大生产量，却忽视了产品的质量。但是宝洁管理者预测到在未来的市场中，唯有质量上乘的产品才能存活到最后。因此，宝洁始终坚持"质量第一"的原则，狠抓日用品的生产质量，其产品质量往往都超出同行的产品。

宝洁进入中国市场时，中国日用品市场呈现百花齐放的局面；宝洁成功地"扎根"中国市场时，中国日用品市场已经呈残花枯叶的现象，唯独几家日用品苦苦挣扎。宝洁之所以成为最后的赢家，最主要的原因就是其未雨绸缪，预测到了企业未来可能会遇到的风险，从而减轻了风险对企业发展的冲击。

从上述案例可以看出，宝洁的未雨绸缪主要体现在对于"用质量赢得市场"的远见。当同行企业都在加大生产力抢占市场时，宝洁却狠抓生产质量，向市场提供质量上乘的产品。最后，宝洁未雨绸缪的风险预防使得自己从众多的竞争中突围，进而为企业的发展打下了良好的基础。

因此，对于企业的管理而言，薪酬激励计划需要拟定中长期规划，制定明确的目标，也必须为实现目标提早做好相应准备，包括人力资源、物力资源以及内、外部环境的支持。对于风险管理方面，更是需要有提前预知的意识，即应具备"防范于未然"的思想意识，需要提前采取风险规避措施。

成本控制，让数据管理薪酬

在薪酬激励实施过程中，有的企业可能会遇到这样尴尬的问题——老板忧心忡忡："我花了那么多钱，能不能达到预期的效果？"员工腹诽："老板太小家子气，公司销售额增加几百万元，工资才涨几百块，再干几个月还不涨工资就辞职。"财务部的烦恼："薪酬激励费用逐年上涨，企业的净盈利完全跟不上，该怎么协调薪酬激励方案和员工的需求？"由此可见，成本也是薪酬激励计划中一门重要的课程，只有当管理者控制好成本，才能保证薪酬激励的效果。

根据薪酬费用比率推算出薪酬费用总额

薪酬费用比率是一种用来推算合理薪酬费用总额的人工成本控制方法。管理者根据企业过去的经营业绩，可以大致地推断出企业的薪酬费用比率，并以此为依据计算出薪酬费用总额。

薪酬费用总额的计算公式如下：

薪酬费用总额 ＝ 薪酬费用比率 × 销售额

例如，某企业的销售团队共有 15 人，2017 年的平均月薪为 6 000 元，薪酬费用比率为 11%。2018 年的销售业绩比 2017 年增加了 18%，同时，薪酬费用比率也上升了 2 个百分点。那么，2018 年的薪酬费用总额、销售总额、和员工平均月薪分别是多少？其薪酬费用总额上升幅度为多少？

2017 年薪酬费用总额为：6 000 × 15 × 12 = 108 万元

2017 年销售总额为：6 000 × 15 × 12 ÷ 11% ≈ 981.82 万元

2018 年销售总额为：981.82 × （1+18%）≈ 1 158.55 万元

2018 年薪酬费用总额为：1 158.55 × 13% ≈ 150.61 万元

2018 年员工平均月薪为：150.61 ÷ 15 ÷ 12 ≈ 8 367.22 元

2018 年薪酬费用总额上升幅度为：（150.61−108）÷ 108 × 100% ≈ 39.45%

从以上数据可以看出，该企业对销售部门的激励力度较大，但是激励的前提是销售部门为企业带来了巨大利润，进而确保员工和企业都能够享受到薪酬激励的红利。

根据薪酬费用比率计算薪酬费用总额是企业薪酬预算方法中最简单、最基本的方法。对于经营业绩稳定且适度的企业，可使用本企业过去的经营业绩推导出适合的薪酬费用比率；若企业经营水平不佳，则应参考行业一般水平，在实际运用中具有较大的灵活性。

根据盈亏平衡点推算出薪酬费用比率

根据盈亏点来推算薪酬费用比率需要明确 3 个概念：盈亏平衡点、边际盈利点和安全盈利点。

（1）盈亏平衡点

盈亏平衡点是指在该点处企业销售产品和服务所获得的收益恰好能够弥补其总成本（包括固定成本和变动成本）而没有额外的盈利。简而言之，就是企业处于不盈不亏但尚可维持的状态。其计算公式如下：

$$盈亏平衡点 = 固定成本处 ÷（1- 变动成本比率）$$

（2）边际盈利点

边际盈利点是指销售产品所带来的收益不仅能够支付全部成本，还能够适当地支付股东股息。其计算公式如下：

$$边际盈利点 =（固定成本 + 股息分配）÷（1- 变动成本比率）$$

（3）安全盈利点

安全盈利点是指除了确保股息后，企业还能够得到足以应付未来可能发生风险的盈余。其计算公式如下：

$$安全盈利点 =$$
$$（固定成本 + 股息分配 + 企业盈利保留）÷（1- 变动成本比率）$$

例如，某企业的固定成本为 3 000 万元（含薪酬成本 1 300 万元），其变动成本比率为 50%，那么，企业在实现盈亏经营时，则：

盈亏平衡点为：3 000 ÷（1-50%）=600 万元

最高薪酬费用比率为：1 300 ÷ 600 ≈ 21.67%

企业在实现边际盈利后，企业希望实现 1 000 万元的盈利，则：

边际盈利点为：（3 000+1 000）÷（1-50%）=8 000 万元

可能薪酬费用比率为：1 300 ÷ 8 000=16.25%

假设企业除了有适当的盈余分配 1 000 万元外，还想要为企业发展保留 800 万元的盈余，则：

安全盈利点为：（3 000+1 000+800）÷（1-50%）=9 600 万元

安全薪酬费用比率为：1 300 ÷ 9 600 ≈ 13.54%

经过以上计算，企业管理者可以大致估算出比较合适的薪酬费用比率应该为 21.67%、16.25% 和 13.54%，若企业的薪酬费用比率超过该范围，则说明企业运营出现了一定问题，需要进行及时调整，这样才能保证企业薪酬激励的合理性。

盈亏平衡点推算法有助于企业将薪酬费用比率较为准确地限定在安全薪酬费用比率和最高薪酬费用比率之间，但具体薪酬费用比率还需企业根据经营状况自行确定。确定薪酬费用比率后，结合推算法最终推算出薪酬费用总额。总体来说，该法非常实用，其给企业划定了安全的薪酬成本底限。

根据劳动分配率推算出薪酬费用总额

劳动分配率是指企业在一定时期内新创造的价值中有多少比例用于支付人工成本，其反映了分配关系和人工成本要素之间的投入产出关系。而附加价值是指企业本身创造的价值，是从生产价值中扣除从外部购买原材料的费用之后附加在企业中的价值，附加价值是企业劳动力和资本分配的基础。

企业管理者可以根据劳动分配率推算出大致的薪酬费用总额，其计算公式如下：

$$劳动分配率 = 薪酬费用总额 \div 附加价值$$

$$附加价值比率 = 附加价值 \div 销售额$$

例如，某企业的目标销售总额为 800 万元，劳动分配率为 40%，附加价值比率为 30%，那么，企业的薪酬费用总额为多少？假如企业要想使薪酬费用总额上涨到 150 万元，则企业必须实现的销售总额为多少？

企业薪酬费用总额为：800 × 40% × 30%=96 万元

若企业要想使薪酬费用总额达到 150 万元，企业必须实现的销售额为：150 ÷ 40% ÷ 30%=1 250 万元

从该案例中可以看出，企业的劳动分配率是衡量薪酬激励的重要指标，

劳动分配率越高，则表示企业用于薪酬激励的数额越多，反之则越少。

若企业想要提升薪酬费用总额，也需要提升企业的销售总额。由此可见，在薪酬激励的成本控制中，薪酬费用总额和销售总额成正相关关系。企业管理者需要运用合理的数据指标来控制薪酬费用总和，薪酬费用过高，企业入不敷出，会给企业财务带来压力；薪酬费用过低，则难以达到薪酬激励的效果。

例如，某企业 2017 年的薪酬费用总额为 1 300 万元，其附加价值为 3 000 万元。该企业在 2018 年第一季度的薪酬总额费用为 500 万元，附加值为 900 万元。为了配合企业的薪酬激励方案，从 2018 年第二季度开始调整薪酬，预计第二季度的月均附加值为 350 万元。假如你是该企业薪酬激励计划的负责人，该如何进行调整才能确保薪酬激励的科学性？

2017 年劳动分配率为：$1\ 300 \div 3\ 000 \times 100\% \approx 43.33\%$

2018 年第一季度劳动分配率为：$500 \div 900 \times 100\% \approx 55.56\%$

假设 2018 年第二季度的劳动分配率与第一季度相同，都为 55.56%，那么，第二季度月平均目标薪酬费用总额为：$350 \times 55.56\% \approx 194.46$ 万元

企业 2018 年第一节度平均月薪为：$500 \div 3 \approx 166.67$ 万元

企业 2018 年 4 月份平均薪酬可调整幅度为：

$（194.46-166.67） \div 166.67 \times 100\% \approx 17.87\%$

由此可见，根据劳动分配率确定薪酬费用比率的实质是确定净产值在资本和人力资源之间的分配比率，其优点在于薪酬成本控制能与企业的净产值挂钩，充分考虑了企业的支付能力和盈利能力。

第三章 ○ 绩效考核，让薪酬激励更加科学化

薪酬激励机制的实施离不开科学的绩效考核。企业管理者通过将薪酬激励与绩效考核挂钩，有利于清晰地量化员工的工作量，进而保证薪酬激励方案的公平性。此外，企业管理者还需要掌握一定的绩效考核方法，如 KPI 绩效考核法、目标管理法和平衡计分卡法等。

绩效考核与薪酬挂钩

企业的薪酬激励方案应该以绩效考核为标准，因为绩效考核是对薪酬激励方案实施过程的一种控制，其核心管理目标是通过评估员工及团队组织的绩效，将精准的考核结果反馈给管理者。管理者通过分析绩效差距来实现员工绩效的提升，进而改善企业管理水平和业绩。除了对员工进行绩效考核外，绩效考核还应该涵盖对管理层的考核，激励管理层带领着团队不断进步。

建立人性化的薪酬体系

在实际的薪酬激励方案实施过程中，为了保证薪酬激励的公平和公正，应该采取绩效考核。但是很多企业对绩效考核的定位存在着一定的误区，认为绩效考核是各个层级的员工利益分配的工具。

从理论上来讲，这样确实能够起到激励的作用，但是"不近人情"的考核又可能会使得薪酬激励变成一把"双刃剑"。因此，企业建立人性化的薪酬体系势在必行。下面将讲解如何来建立人性化的薪酬体系。

（1）有效的激励考核制度是前提

绩效管理的目标不是为考核而考核，其核心在于引导员工行为，帮助员工提高工作效率，向更有益于实现企业的目标方向而努力。行之有效的绩效评估制度可以激活整个组织，提升绩效，否则只会加大员工心理压力，反而有悖初衷。

通常情况下，薪酬绩效考核是一个循环圈的闭环，其具体操作流程如图 3-1 所示。

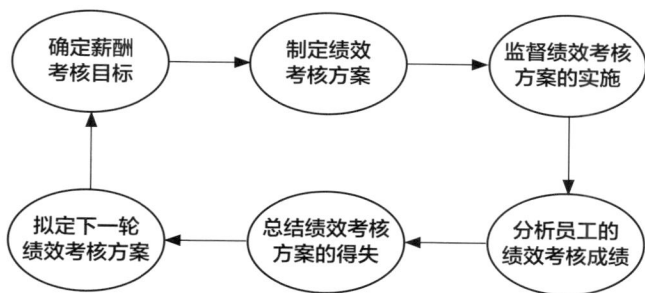

图 3-1　薪酬绩效考核的流程

所以，企业管理者应努力通过确定薪酬考核目标、制定绩效考核方案、分析绩效考核成绩和新绩效目标的确定，形成一个完整的持续沟通、授权和辅导的循环系统，达到绩效提升的目的，实现有效激励的绩效管理体系，即形成完善的激励与约束机制。

（2）客观地评价和补充现有的薪酬制度

就目前来看，薪酬已不再是单一的月薪。从企业的薪酬激励制度角度来讲，可以将薪酬分为两方面：

◆　一方面是员工内在激励，如岗位贡献、个人晋升、学习培训以及接受挑战性工作等。

◆　另一方面是企业外在激励，如工作环境、岗位津贴、社会强制性福利以及节假日福利等。

通常情况下，企业对于薪酬体系的考核应该综合这两方面来考量。员工内在激励能够为员工提供较为良好的发展空间，有利于帮助企业留住较多的人才；而企业外在激励是最基础的，如果外在激励达不到员工的期望值，可能会使员工失去安全感，出现士气下降、人员流失以及管理层不稳定等情况。

因此，企业建立人性化的薪酬体系就是综合内在激励和外在激励而建立薪酬激励方案，向员工提供高薪和多福利的薪酬体系，进而达到吸引人才和留下人才的目的。

各个层级员工的考核有侧重点

所谓"术业有专攻，闻道有先后"，为了保证企业的协调发展而将岗位进行细分，如总经办、人事部、销售部、采购部和客服部等，不同部门的工作不同。那么，该如何考核不同岗位的薪酬绩效呢？

为了确保绩效考核的公平性，企业需要针对于各个层级员工制定相应的绩效考核方案，切忌采取这种"一把抓、一刀切"错误的做法。

案例陈述

某科技公司对内实施薪酬激励方案，为保证薪酬激励的公平性，企业针对不同岗位制定了相应的考核方案，具体内容如下。

×× 企业薪酬绩效考核方案（草案）

一、薪酬绩效的考核目的

本方案旨在向员工提供公平的待遇、均等的机会，促进公司及员工的发展与成长。

二、薪酬激励的适用范围

适用于本公司所有岗位的员工。

三、薪酬绩效的考核内容

1. 公司实行综合性工资制度，员工薪资与其岗位、能力及表现相挂钩。

2. 新进员工：公司根据其本人的学历、工作经验和工作能力等综合资历和所担任的职务，确定其薪级。

……

四、企业内部各岗位的薪酬绩效考核方案

销售部门管理层薪酬绩效考核方案

1. 薪资构成 = 基本工资 + 岗位工资 + 工龄工资

岗位	基本工资（元）	岗位工资（元）	工龄工资（元）
销售经理	2 500	2 000	工龄满1年每月100元
销售副经理		1 800	
销售组长	2 300	1 500	

2. 薪酬绩效考核内容

（1）销售经理管辖门店数标准为每人100家，根据门店距离及发展原因，销售经理可向公司申请调节区域门店，最高不超过200家。

（2）营业额目标任务

新开门店前2个月按门店保本点、月度销售占比测算任务，考核任务完成奖。开业满2个自然月起定目标任务并考核目标任务，任务完成率80%以上，按考核指标完成率同比比例结算，其中超过部分年度结算；任务完成率低于80%，则所有门店任务完成奖标准减半结算。

（3）标准化奖：奖励标准为100元／月，严格执行《××企业员工行为手册》，违反按《××企业员工行为管理规范》相应条款扣款，销售经理扣款标准为所辖经理标准的20%，扣完为止。

（4）绩效奖：5 000元／季度。绩效采用评分制度，超过80分，按同比例结算；低于80分，则绩效奖减半结算；低于60分，不以结算绩效奖。

......

电子商务部门管理层薪酬绩效考核方案

1. 薪资构成＝基本工资＋岗位工资＋工龄工资

岗位	基本工资（元）	岗位工资（元）	工龄工资（元）
电子商务主管	3 000	2 200	工龄满1年每月100元
电子商务副主管	2 800	2 000	
电子商务运营组长	2 600	1 800	

2. 薪酬绩效考核内容

完成率80%以上，按考核指标完成率同比比例结算，其中超基部分年度结算；任务完成率低于80%，则任务完成奖标准减半结算。全年的销售任务明细如下表所示。

1月	2月	3月	4月	5月	6月	7月	8月	9月	10月	11月	12月
9万	8万	12万	12万	13万	14万	15万	12万	10万	10万	8万	8万

3. 绩效奖：6 000元／季

绩效采用评分制度，超过80分，按同比例结算；低于80分，则绩效奖减半结算；低于60分，不以结算绩效奖。

......

美工部门管理层薪酬绩效考核方案

1. 薪资构成＝基本工资＋岗位工资＋工龄工资

岗位	基本工资（元）	岗位工资（元）	工龄工资（元）
美工主管	3 000	2 000	
平面设计师	2 900	1 800	工龄满 1 年每月 100 元
网页设计师	2 800	1 600	

2. 薪酬绩效考核内容

电子商务部门管理层的薪酬绩效考核指标如下表所示。

考核指标	指标说明	得分
执行力（30 分）	执行力极强，全力配合领导完成工作	30
	执行力一般，能配合领导完成工作	15
	执行力差，难以配合领导完成工作	0
团队合作（20 分）	积极主动，帮助协调同事完成工作	20
	工作协调能力一般，有团队合作精神	10
	仅在必要的时候与团队合作	0
工作效率（35 分）	工作效率高，产品通过率高	35
	工作效率一般，产品通过率位于平均水平	15
	工作效率低下，产品通过率低	0
工作态度（15 分）	工作态度认真、积极向上	15
	工作态度一般	5
	工作态度极为敷衍	0

3. 绩效奖：8 000 元 / 季。公司鼓励美工部积极针对电商线上活动进行提案，被公司采纳的方案，除了绩效激励外，一次性奖励 500 元。

......

从上述案例可以看出，该企业针对不同部门的岗位都设置了相应的薪酬绩效考核方案，

◆ 销售部门员工的考核重点是管理线下的门店，以门店的销售额为考核指标，完成规定的销售指标后才能够享受到薪酬激励。

◆ 电子商务部门员工的考核重点是线上营销，目标认读的完成度主要参考全年的销售明细表，而且设置薪酬奖激励员工。

◆ 美工部门考核则侧重于实际工作质量的考核，如执行力、团队合作、工作效率以及工作态度，为了鼓励员工策划线上活动而特意设置了额外激励奖，这样更能够刺激到员工的工作积极性。

所以，企业需要根据不同的岗位设置相应的薪酬绩效考核指标，确保各个层级员工都能够公平地参与到薪酬激励计划中来，只有当员工的工作积极性被激发后，企业的生产效率才能够得到提升。

考核指标要量化

在薪酬绩效考核过程中，应该对各个绩效考核指标进行量化处理，只有量化的考核指标才最直观、最容易让人理解、最好执行。量化指标就是指标能量化的尽量给予量化，不能量化的定性指标给予细化、行为化。下面将介绍几种最常见的考核指标量化方法。

（1）量化工作结果

量化工作结果是指按照任务完成后的状况，直接给出数字化的任务结果，如总产量、销售额、频率以及利润率等量化指标。这种量化指标方法能够直观地向员工呈现企业的薪酬激励制度，有利于激发员工斗志，减轻企业管理者的监管负担。

例如，某企业按照统计结果量化来对薪酬激励方案的指标进行细化，按照产品的投诉率进行量化统计，具体如表3-1所示。

表 3-1　××企业关于产品季度投诉率的量化

考核指标	考核标准	考核评分	薪酬绩效
产品投诉率	在一个季度中没有收到产品投诉	10 分	奖励 500 元
	1%≤季度产品投诉率＜3%	8 分	奖励 200 元
	3%≤季度产品投诉率＜5%	5 分	奖励 100 元
	季度产品投诉率≥5%	0 分	扣除 50 元

　　该企业对投诉率进行量化处理，可让员工清晰地知道：产品投诉率越低，自己能够获得薪酬激励就越多；反之，还会扣除薪酬激励。这样量化指标能够提升员工的工作专注程度，确保产品的质量。

小贴士

一般来说，这种具有奖惩性质的量化绩效考核方案比较适用于产品设计部门、质检部门、售后部门以及客服部门等岗位的考核。因为这些部门最容易被用户投诉，为了从源头降低产品投诉率，企业必须加大对这些部门的管理，以确保产品的质量，进而为企业树立良好的口碑。

　　（2）量化目标完成情况

　　量化目标完成情况是指将完成任务后的结果与事先期望的目标进行比较，目标完成情况的量化指标包括目标达成率、目标实现率以及落实率等。

　　例如，某企业为了激励销售部门的员工，将销售部门的业绩进行量化处理，按照销售目标达成率进行量化统计，如表 3-2 所示。

表 3-2　××企业关于销售目标达成率的量化

考核指标	考核标准	考核评分	薪酬绩效
销售目标达成率	销售目标达成率＜60%	0 分	无奖励
	60%≤销售目标达成率＜80%	5 分	奖励 800 元

续表

考核指标	考核标准	考核评分	薪酬绩效
销售目标达成率	80%≤销售目标达成率<100%	8分	奖励1 500元
	销售目标达成	10分	奖励3 000元

该企业对销售目标达成率进行量化处理，得到的数据结果能够清晰反映出员工的工作效率，既能够方便企业管理者实施薪酬激励计划，也能够激发员工追求更高薪酬的欲望，最后达到薪酬激励的目的。

（3）量化工作时间

量化工作时间是指企业从时间维度（时效性）实现考核指标量化。可量化的工作时间很多，如完成时间、批准时间、开始时间、最早/迟开始时间、最早/迟结束时间、期限天数、进度以及周期等。

例如，某企业新接手一个项目，需要多个部门共同配合完成，为了控制工作进度，企业对工作完成时间进行量化处理，如表3-3所示。

表3-3　××企业关于工作时间的量化

考核部门	考核标准	考核评分	薪酬绩效
设计部	完成时间<15天	10分	奖励3 000元
	15≤完成时间<30天	5分	奖励1 000元
	完成时间≥30天	0分	扣除300元
生产部	完成时间<60天	10分	奖励2 500元
	60≤完成时间<100天	5分	奖励1 000元
	完成时间≥100天	0分	扣除200元
物流部	完成时间<5天	10分	奖励2 000元
	5≤完成时间<7天	5分	奖励800元
	完成时间≥7天	0分	扣除200元

该企业对完成时间进行量化处理，能够促使员工积极工作，否则自己的薪酬绩效就会受到影响，这样能够保证在规定的时间向客户交货，维护企业的良好信誉。

但是企业在对工作时间进行量化的过程中也需要把握"度"，如果企业一味地追求生产速度而忽视了产品质量，最终生产了大量的"废品"，则得不偿失。

考核方法是实时变化的

在不同发展阶段、不同行业、不同性质以及不同背景情况下，绩效考核的方法各不相同；即使是同行业的不同企业，绩效考核的方法也是多种多样的。下面以不同发展阶段为例，讲解如何在各个发展阶段实施薪酬绩效考核方案。

（1）初创期的薪酬绩效考核方案粗放

当企业刚成立时，即"创业阶段"，企业面临的压力和风险都较大，此阶段最重要的任务就是建立合适的绩效考核方案。首先要将创业管理团队和普通员工团队区分开来，具体方法如下。

◆ **创业管理团队**：创业管理团队的薪酬绩效管理应该更偏向于企业家的契约精神。创业管理团队的忠诚度高，心甘情愿为企业付出大量精力，企业在市场中得到的回报就是创业管理团队的绩效考核结果。因此对于创业管理团队需要加大薪酬激励力度。

◆ **普通员工**：对于创业企业的普通员工来说，薪酬绩效管理更多是作为一种激励工具。薪酬绩效考核是对他们工作结果的客观检验，也是同事间工作优劣相对公平的衡量方法，即关系到员工相对报酬的比较。所以，企业需要建立合理的薪酬绩效方案，激发普通员工的工作热情和积极性。

（2）成长期的薪酬绩效考核方案关注重点目标

企业经历过创业期，逐步进入到高速成长期。在该时期，有的企业希望通过经营绩效来给员工加码，以期获得更高的销售业绩，并以此来作为对员工"去留生杀"的标准。

例如，一些销售型企业通过制定员工业绩排名来实现"优胜劣汰"，排名比较靠后的员工就会被淘汰。尽管这种方法有利于为企业留下优秀人才，但却是一把"双刃剑"，也有可能造成企业较大的人事变动。

所以，企业在成长期的正确做法是适当地调整薪酬激励方案。将薪酬绩效考核重点放在目标和过程上，让更多的员工能够参与到薪酬激励计划中来。当一轮绩效考核完成后，企业管理者通过分析并总结员工的工作效果，对于好的部分给予鼓励和支持；对于有待改善之处，及时指出并督促员工进行改进。

（3）成熟期的薪酬绩效考核方案重视细分

企业进入成熟期需要针对各个部门的规模进行细分管理。在该阶段也涉及管理层和普通员工两个层面，具体如下。

◆ **管理层薪酬绩效方案**：管理层的薪酬绩效评估在该阶段会发生转变，由创业初期按部门划分转变为将部门工作目标和目标达成率一起纳入薪酬绩效考核中。与此同时，管理层的绩效评估也比普通员工的周期更短，这有利于及时纠正偏差。

◆ **普通员工薪酬绩效方案**：企业可以为普通员工专门设计一套完整的通用薪酬绩效考核机制，考核内容包括员工在正常工作时间内各项工作的产出率、工作品质以及工作规范执行情况等，这些都能作为整个公司员工绩效考核管理的基础。

管理者必知的绩效考核方法

在薪酬绩效考核过程中，企业管理者可能会有这样的烦恼："该如何运用科学的考核方法更有效地进行员工的绩效考核评估"，所以根据企业的实际情况选择有效的绩效考核方法是企业人力资源主管十分关切的问题。

一般而言，大多数企业采用的绩效考核方法大致有 6 种，即 KPI 绩效指标法、目标管理法、平衡记分卡法、主管述职评价法、360° 反馈法和 PDCA 管理循环法，在本节中将讲解管理者必知的绩效考核方法。

提炼关键绩效指标——KPI 绩效考核法

KPI 绩效考核（Key Performance Indicator）也称为关键绩效考核，是企业最常用的绩效考核方法之一。KPI 绩效考核是通过对工作绩效特征的分析，提炼出最能代表工作绩效的关键指标体系，并以此为基础进行绩效考核的模式。

企业在利用 KPI 绩效考核时，需要遵循 SMART 原则，其具体的内容如下。

◆ S代表Specific（具体）：关键绩效考核的考核指标要切中"要害"，落到实处，不能笼统。

◆ **M 代表 Measurable（可度量）**：关键绩效考核应该是数量化或者行为化的，绩效指标的验证数据是可以获得的。

◆ **A 代表 Attainable（可实现）**：被激励对象在付出努力的情况下，可以实现薪酬激励的考核目标。

◆ **R 代表 Relevant（相关性）**：关键绩效考核目标的设定必须与企业各个部门及其岗位的职责紧密相关。

◆ **T 代表 Time-based（时间限制）**：薪酬绩效考核也需要设置考核期限，鞭策员工在规定的期限内达成目标。

企业确立 KPI 绩效考核的要点在于方案的流程性、计划性和系统性，其具体的操作流程如图 3-2 所示。

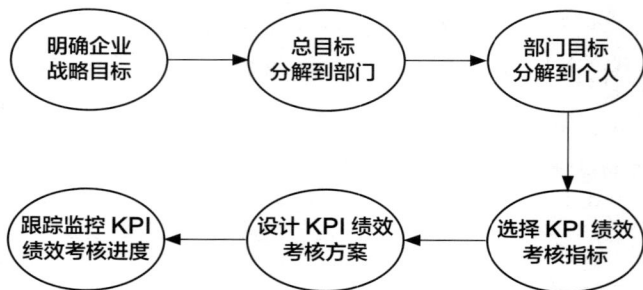

图 3-2　KPI 绩效考核的操作流程

第一步是明确企业的战略目标。通过企业内部会议，利用头脑风暴法找出企业的核心业务。在此基础上，再找出核心业务的关键业绩指标，即企业级 KPI。

第二步是分解总目标到各个部门。各部门主管需要依据企业级 KPI 建立部门级 KPI，并对相应部门的 KPI 进行分解，确定相关的要素目标，分析绩效驱动因素，如技术、组织以及员工，科学地评价指标体系。

第三步是分解部门 KPI 到个人。各部门员工再将部门级 KPI 进一步细分，分解为个人级 KPI，这些关键绩效考核指标就是对员工考核的要素和依据。这种 KPI 体系将带领着部门员工为实现战略目标而努力，也必将对各部门的薪酬激励管理工作起到很大的促进作用。

第四步是选择 KPI 绩效考核指标。企业结合各个部门的工作实际选择科学、合理的考核指标，例如，客服部的 KPI 考核指标是客户响应时间、客户投诉率和客户满意度；销售部的 KPI 考核指标是目标完成率、首款到账率、季度销售额和市场拓展度。

第五步是设计 KPI 绩效考核方案。结合企业级 KPI、部门级 KPI 和员工级 KPI 来设计 KPI 绩效考核指标，这样能够确保 KPI 绩效考核的完整性和公平性。

第六步是跟踪和监控 KPI 绩效考核方案的实施。企业管理者通过实时监督 KPI 绩效考核方案的实施情况，确保所获得的数据能够全面、客观和精准地反映员工的绩效；一旦方案出现任何问题，管理者也可以控制。

小贴士

实际上，KPI 绩效考核管理是管理双方就目标及如何实现目标达成共识的过程。管理者给员工设立工作目标的依据来自部门级 KPI，而部门级 KPI 又来自于企业级 KPI，在层层分解的逻辑关系下，才能保证每个岗位都在企业级 KPI 领导下工作。

考核任务完成情况——目标管理法

美国管理学家彼得·德鲁克在《管理的实践》一书中，首先提出了"目标管理和自我控制的主张"的观点。他认为目标管理能够让企业管理者和员工亲自参加工作目标的制定，在工作中实现自我控制，并努力完成工作目标。这即是目标管理法的雏形。

目标管理法（Management by Objectives，MBO）是指由企业管理者和员工共同决定具体的绩效目标，并且定期检查完成目标进展情况的一种管理方式。一般而言，目标管理法应遵循一定原则，具体如图 3-3 所示。

1 企业的目的和任务必须转化为目标，并且要由单一目标评价转变为多目标评价，这样才能够确保KPI绩效考核方案的可行性，进而激发员工的工作积极性。

2 在企业中必须为企业各部门、各部门主管以及员工设置相应的绩效考核目标。如果一项工作没有统一的目标，可能会导致部门内部分工不明确，一旦出现任何问题，大家就会推诿责任。

3 目标管理的基础是实现目标与考核标准一体化，即按实现目标的程度实施考核，并且根据最终的考核结果来实施奖惩制度，做到激励与鞭策同行。

4 充分发挥员工的创造性和积极性。每个员工都要积极参与目标的制定和实施。领导者应允许员工根据企业的总目标设立自己的目标，以满足员工的自我成就的需求。

5 若企业规模扩大并分成新的部门时，不同部门有可能片面追求各自目标而忽视企业目标。因此，企业管理者需要亲自协调企业总目标、部门目标和个人目标之间的关系，进而实现综合平衡的结果。

图 3-3　目标管理法遵循的原则

目标管理法的评价标准直接反映员工的工作内容，很少出现考核失误的情况，企业管理者可以结合考核结果对员工提出合理化的工作建议。因为目标管理的过程是管理者与员工共同参与的过程，所以目标管理既能够提高员工的工作责任心和事业拼搏心，又能够改进组织结构的职责分工。

但是目标管理法也存在着一定的缺点，例如，由于考核目标的授权划归一个部门，容易发现授权不足与职责不清等缺陷。另外，不同部门之间难以设立统一目标，无法实现不同部门之间工作绩效的横向比较。

多维度考核——平衡记分卡法

平衡记分卡法是从财务、客户、内部运营以及成长 4 个角度将组织的战略落实为可操作衡量的指标和目标值的一种新型绩效管理体系。设计平衡记分卡的目的就是要建立"实现战略制导"的绩效管理系统，从而保证企业战略得到有效执行。因此，平衡记分卡是加强企业战略执行力的最有效的战略管理工具。

（1）平衡记分卡的设计原则

平衡记分卡法打破了传统只注重财务指标的业绩管理方法，应从 4 个角度审视自身业绩：学习与成长、业务流程、顾客以及财务。具体设计原则如下。

◆ **财务指标和非财务指标的平衡**：企业考核的一般是财务指标，而对非财务指标（客户、内部流程、学习与成长）的考核很少；即使有对非财务指标的考核，也只是定性说明，缺乏量化的考核，缺乏系统性和全面性。

◆ **企业的长期目标和短期目标的平衡**：平衡记分卡是一套战略执行的管理系统，如果以系统的观点来看平衡记分卡的实施过程，则战略是输入，财务是输出。

◆ **结果性指标与动因性指标之间的平衡**：平衡记分卡以有效完成战略为动因，以可衡量的指标为目标管理的结果，寻求结果性指标与动因性指标之间的平衡。

◆ **企业组织内部群体与外部群体的平衡**：平衡记分卡中，股东与客户为外部群体，员工和内部业务流程为内部群体，平衡记分卡可以发挥在有效执行战略过程中平衡这些群体间利益的重要作用。

◆ **领先指标与滞后指标之间的平衡**：财务指标是一个滞后指标，其只能反映公司上一年度发生的情况，不能直接反映出企业如何改善业绩和可持续发展；而客户、内部流程和学习与成长 3 项指标属于领先指标，能预测到企业的发展趋势。

平衡记分卡反映了财务与非财务衡量方法之间的平衡、长期目标与短期目标之间的平衡、外部和内部的平衡、结果和过程平衡以及管理业绩和经营业绩的平衡等多个方面。

所以，平衡记分卡能反映组织综合经营状况，使业绩评价趋于平衡和完善，有利于企业的长期发展。

（2）平衡记分卡方案的设计

平衡记分卡是从 4 个方面对公司战略管理的绩效进行财务与非财务综合评价的评分卡片，其基本原理简述如图 3-4 所示。

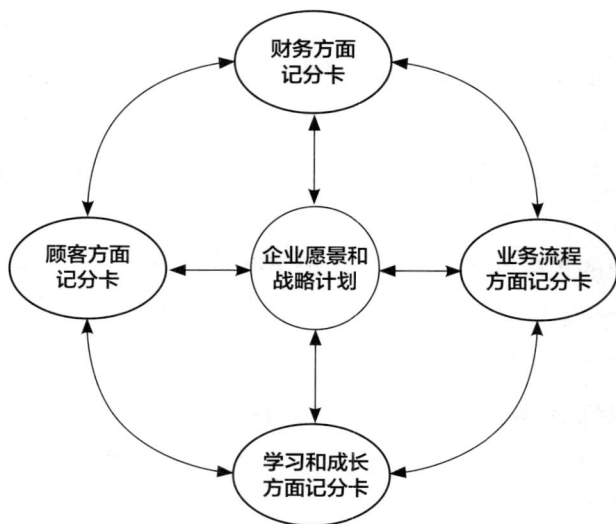

图 3-4　平衡记分卡方案设计基本原理

◆　第一层面是财务业绩指标

财务业绩指标可以显示企业战略及其实施和执行是否对企业盈利做出贡献。财务目标通常与盈利能力有关，其衡量指标包括营业收入、资本报酬率和经济增加值等。

◆　第二层面是业务流程层面

在业务流程层面中，管理者要确认组织擅长的关键内部流程，以帮助业务单位提供价值主张，吸引和留住目标细分市场的客户，并满足股东对财务回报的期望。

◆ 第三层面是客户层面

在客户层面，管理者确立了其业务单位将竞争的客户和市场以及业务单位的衡量指标。客户层面指标通常包括客户满意度、客户保持率、客户获得率、客户盈利率以及市场所占份额。

◆ 第四层面是学习与成长层面

学习与成长层面确立了企业要创造长期的成长和改善必须建立的基础框架。为了提升员工的整体素质和能力，企业应该加强对员工学习和成长的关注度，如员工满意度和员工培训和技能等。

平衡记分卡法可以克服传统财务评估方法的滞后性、偏重短期利益和内部利益以及忽视无形资产收益等诸多缺陷，进而形成集公司战略管理控制与战略管理的绩效评估于一体的科学管理系统。

专职考核人员监督——主管述职评价法

述职评价是由岗位人员作述职报告将自己的工作完成情况、知识和技能等反映在报告内的一种考核方法，这种考核方法主要针对企业中层管理岗和高层管理岗位的考核。

例如，某企业针对管理层实行主管述职评价的薪酬绩效考核，具体内容如表 3-4 所示。

表 3-4　××企业关于主管述职测评评分表

考核项目	考核标准描述	分值	评分
工作能力	1. 熟悉部门业务流程、业务职能 2. 做好部门全年工作计划和月度工作计划 3. 善于调动全员工作积极性和主动性 4. 工作思路清晰，工作方法灵活，工作安排有序 5. 工作检查到位，工作绩效突出	30 分	

续表

考核项目	考核标准描述	分值	评分
执行力	1. 积极参加公司各种会议 2. 有效执行各种会议，不折不扣地执行公司各项决策 3. 积极为领导提供工作建议，当好领导的助手	25 分	
工作责任心	1. 把工作当成自己的使命，在其位谋其政 2. 工作不敷衍了事，不避重就轻 3. 严格要求自己，勇于承担工作中的过失性责任 4. 主动地履行的岗位职责和所承担的管理职能 5. 言必行，行必果	15 分	
学习能力	1. 带头和自觉学习业务知识和管理知识 2. 善于营造学习氛围，鼓励和引导下属的学习能力，不断推动部门的学习力 3. 发展新技能，提高整体战斗力	10 分	
价值观	1. 具有正确的价值观、人生观和世界观 2. 热爱本职工作，对工作满腔热情 3. 有理想，有目标，有决心，有韧性 4. 自信自强，意志坚定，追求卓越工作成就感	10 分	
团队管理	1. 坚持抓好员工的思想教育和业务培训，任人唯贤，唯才是举，人尽其才，才尽其用 2. 合适的人放在合适的岗位，合适的工作交给合适的人，充分发挥骨干的作用 3. 团队建设有目标有措施，善于调动和发挥下属的主观能动性和下属的 潜力，形成团队合力 4. 团队意识强，团队协作好	10 分	

从表 3-4 可以看出，该企业从工作能力、执行力、工作责任心以及学习能力等多个维度对管理层进行考评，确保管理层员工的素质始终处于高水平，保证团队管理的质量。

一般而言，主管述职报告可以在总结企业、部门或者是团队的基础上进行，但重点是报告管理者本人履行岗位职责的情况，即该管理岗位在管理本企业、本部门完成各项任务中的个人行为，本岗位所发挥作用状况。

全方位的考核——360°反馈法

360°反馈也称"全视角反馈"，是被考核人的上级、同级、下属和服务的客户等对考核对象进行评价，通过汇总各方面的意见，清楚考核对象的长处和短处，进而达到员工薪酬绩效考核的目的。如图 3-5 所示为 360°反馈法的基本原理。

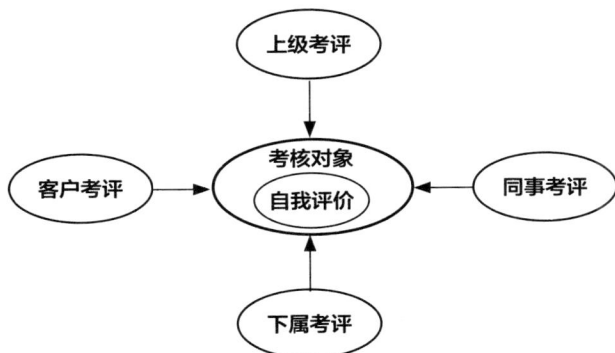

图 3-5　360°反馈法基本原理

360°反馈法具有全员参与管理、信息收集对称以及减轻管理者日常管理压力等特点，是广大企业主要考核管理办法之一。但是在具体实施过程中也出现了企业人际关系紧张、评估结果可信度低以及评估过程复杂等问题。为了解决这些问题，需要从考核目的、考核能力模型设计以及考评沟通 3 方面来考虑。

（1）考核目的

明确考核目的是实施薪酬绩效考核的出发点和落脚点。概括而言，考核的目的主要对被考核者工作能力、工作态度、执行力、心理素质以及岗位胜任能力等多方面的考核，而 360°反馈法正是最佳的考核方法。

尽管考核结果是 360°反馈评价中最关键的一个环节，但是考核结果能否改善员工业绩，在很大程度上取决于考核结果的反馈。考核结果反馈是一个双向的指标，一方面，考核人员应该就评价的准确性、公正性和客观性向管理者提供反馈，精准地记录员工在工作过程中突出的业绩以及不足之处，让管理者了解员工的实际工作能力；另一方面，考核人员也应该向员工提供反馈结果，以帮助员工提高能力水平和业绩水平。

（2）考核能力模型设计

360° 反馈法的实际效果与能力模型的有效性是分不开的。借鉴国外企业的能力模型设计，能力模型设计应主要包含以下 3 方面。

◆ **专业能力**：考核者保证工作质量必须具备的能力，如售后维修人员需具备专业维修技能、责任承担力以及沟通能力等。

◆ **附加能力**：考核者创造高附加值必须具备的能力，如公关人员需具备公关能力、丰富的人际关系资源以及处事不惊的沉稳力等。

◆ **分担能力**：考核者为主管分担工作的能力，如市场部人员需要具备决策能力、商机敏感度以及逻辑分析能力等。

（3）考核沟通

薪酬激励绩效的考核对象名单确定后，考核主管可与考核对象进行一对一或者是一对多的访谈，以了解他们的工作情况。

此外，还可与考核对象的下属进行座谈，了解他们对主管的看法，例如团队协调力、任务部署效率、沟通能力以及问题处理能力等。这样能够确保考核主管更加全面地了解考核对象的具体情况，以保证薪酬激励绩效考核的公平性。

闭环循环考核——PDCA 管理循环法

PDCA，即计划 (Plan)、实施 (Do)、检查 (Check) 和行动 (Action) 的首字母组合。PDCA 循环是能使任何一项活动有效进行的一种合乎逻辑的工作程序，特别是在质量管理中得到了广泛的应用。如图 3-6 所示为 PDCA 管理循环的基本原理。

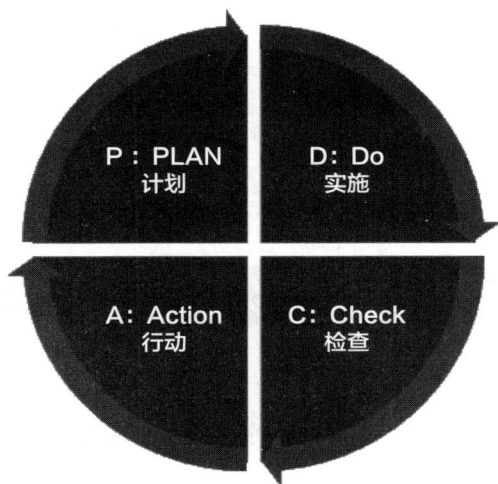

图 3-6　PDCA 管理循环的基本原理

首先是计划阶段。企业管理者通过员工的薪酬实际情况调查，了解员工对薪酬满意度、薪酬改进意见以及企业发展的期望，从而制定出符合企业当前阶段的薪酬激励方案。

其次是实施阶段。企业开始正式实施薪酬绩效激励方案，在该阶段的重点工作是实施、监督、指导和收集信息，为下一阶段工作做好准备。

接着是检查阶段。该阶段主要是在薪酬激励方案计划执行过程之中或执行之后检查薪酬激励方案执行情况，看薪酬激励方案是否符合计划的预期结果效果。

最后是行动阶段。该阶段主要是根据薪酬激励的检查结果，采取相应的措施。总结上一阶段中做得好的地方，并且将遗留问题转入下一个PDCA 循环去解决。

薪酬绩效考核实施的困扰

薪酬绩效考核方案仅仅是将实际运用的知识以书面形式呈现出来，但是在具体实施过程中，可能会受到一些主观因素的影响。例如，绩效考核者不能保证考核方案的公平性，考核者既制定规则又参与考核，甚至是考核者坐享其成。此外，薪酬绩效激励方案还可能受到一些客观因素的影响。例如，市场经济形势、同行竞争情况以及国家政策法律等。因此，为了保证薪酬绩效激励方案能够正常开展，企业管理者需要对这些方面问题有足够的认识，准备多套解决方案。

绩效考核缺失公平性打击员工积极性

绩效考核是一种良好的企业管理方法，但同时也是一把"双刃剑"，主要体现在公平性。

若绩效考核公正，则能激励员工，提升团队的协作水平，有利于企业做出正确的薪酬激励决策，降低人力成本，提高生产效率。

反之，若绩效考核有失公平，会挫伤员工积极性，不利于鼓励员工保质超量地做好工作，严重时还会误导企业用人决策，降低企业的生产效率。

但是由于考核制度不可能是十全十美的，终究会影响到考核结果的公平，企业管理者又不能因噎废食，摒弃薪酬绩效考核。因此，管理者需立足于公司现状，摸索出适合的考核制度，并不断地改进完善，充分发挥绩效考核的正面功效。通常情况下，薪酬绩效考核的公平性也需要遵循一定原则，其具体的内容如下。

◆ **统一经济指标、考核指标以及考核目标**：这样能够保证所有考核对象都拥有明确、共同的目标，在统一的考核指标指导下朝着共同目标前进。

◆ **建立涵盖职责分明的岗位责任制**：企业中各个岗位必须职责分明，岗位职责考核的可操作性强，并努力使岗位考核指标变得比较具体、量化以及易把握。

◆ **采取科学、严谨、多方位的考核方式**：首先，员工的工作业绩与素质相结合，督促员工提升自身德能；其次，建立多方位的考评模式，自评、下评、上评和横评相结合；最后，设计不同的评分标准，尽力消除评分中主观因素的影响。

◆ **组建具有权威性的考核小组**：因为员工的考核结果直接关系其薪酬和奖罚，因此如果考核者缺失公平性很容易使员工对薪酬绩效激励产生抵触情绪。而权威的考核小组熟悉各部门工作情况，具有公平公正的道德和很强的辨识能力，能够提高考核公平性。

◆ **树立员工的法治意识**：为了降低薪酬绩效考核的缺失公平性，企业还需要树立员工的法治意识，即通过科学严格的制度规范管理公司，若考核者触犯了相关的规章制度，会受到相应的惩罚。

但是需要明白的是，没有任何一件事是绝对公平的，即使再完美的薪酬绩效也会存在着一定的缺陷，薪酬绩效考核制度的条文不可能涵盖所有的工作内容，部分软性工作是无法定量考核的。

其次，考核制度要求按照统一标准评议，如果考核制度过分强化，就会束缚员工的个性和创新力，使员工仅仅为迎合考核而工作；最后，考核是由人执行的，难免无意中将个人喜好、主观倾向等带进工作，导致激励考核缺失公平性。

管理者是考核的制定者和参与者

有的企业会存在这样的情况，管理者既是薪酬激励考核的参与者，又是薪酬激励考核制度的制定者，很容易让管理者享受到额外的"照顾"，导致薪酬激励考核失去意义。为了解决这一现象，企业在制定薪酬激励制度时，可以采用以下做法。

（1）各司其职，两权分离

为保证薪酬绩效考核的公平性，企业必须使两权分离，即薪酬激励计划的考核者只执行考核任务，而薪酬激励方案由董事会共同完成，这样就能够确保薪酬绩效方案的制定者不参与到激励计划中。

例如，某大型园艺企业实施薪酬激励方案，为了保证薪酬激励绩效考核的公平性，该方案由人事部制定草案，提交给董事会和股东大会审核，当草案通过后，正式开始实施。由董事会带领人事部负责薪酬激励计划的考核，且考核者不参与薪酬激励计划。

尽管该企业的薪酬激励计划是由人事部负责拟定的，但是该计划需要经过董事会和股东大会审核，这就避免出现人事部门谋私利的情况；虽然人事部是计划的考核者，而董事会才是考核过程中的决策者，这样就牵制了人事部的力量，且人事部不参与绩效考核计划，在最大程度上保证了考核计划的公平性。

（2）设立监督小组

毕竟薪酬激励是人在执行，在考核过程中可能会夹带着一定的主观情绪，这是无法避免的。为降低此种情况带来的负面影响，企业可以设立第三方监督小组，同时监督薪酬激励方案的制定者和执行者。

首先，监督小组监督薪酬激励方案的制定者，保证激励计划以企业发展为大局，而并非为自己谋福利。

其次，监督薪酬激励方案的执行者，防止执行者在执行过程中掺杂太多个人情绪，影响计划考核结果的精准性。

员工拼命加班，高管坐享其成

薪酬激励计划是企业董事会、股东大会以及高层联合制定的，尽管激励对象是全体员工，但是这种不透明、不对等的激励机制很容易造成"员工拼命加班，高管坐享其成"的局面。

为了防止这种现象发生，企业必须采取强有力的措施，具体如图 3-7 所示。

任何人不得享受特权

在企业中任何人都不得享受特权，任何岗位的员工都必须接受同一套薪酬绩效制度的考核。若企业内部出现利用职权来谋私利的现象，一定要按照相关的规章制度进行处理，情节严重的则开除。

科学的激励标准

薪酬激励的兑现是因为员工保质保量地完成了规定的业绩指标。因此，科学的激励指标能够激励员工将最大的热情投入到工作中，也能够督促高管工作，避免高管坐享其成。

严格的监管机制

薪酬激励的顺利实施离不开严格的监管机制，包括董事会、股东大会、监事会以及独立董事。监管机构应该始终贯彻"公平、公开、公正"的原则指导薪酬激励计划的实施，避免出现高管弄虚作假的现象。

图 3-7　企业采取的强有力措施

企业管理者如果不能建立并完善薪酬激励的内部管理机制，则很容易致使薪酬激励沦为高管谋福利的工具，严重时甚至会出现高管利用私权为自己"开后门"，完全不顾兢兢业业工作的员工；或者是高管制造虚假繁荣的现象，全然不顾企业的实际业绩，只是坐享其成。

小贴士

针对企业普通管理层可以采取以上常用的措施，但是在企业中也可能会存在着位高权重的元老级别人物，更是需要制定严格的条规来进行规范。例如，若严重违反公司规章制度而使公司声誉或利益受到损害的，予以除名，未领取的工资和提成不再发放；若高管因触犯国家法律，将移交司法机关处理。

同行竞争激烈，开启"抢人"模式

薪酬激励主要是为了留住企业的核心人才，因此薪酬激励的实质就是人才的竞争。随着人力资源成本越来越高，各大企业为了留住核心人才而不惜下血本，人才自然也愿意进入薪酬福利更好的企业。

基于这样的竞争环境，企业薪酬激励的效果也会受到同行竞争情况的影响，因为同行竞争属于客观因素，在短期内无法改变，但是企业可从改变自身条件来适应激励的竞争氛围。

案例陈述

某电子设备企业为了激励员工的工作积极性，留住优秀员工，吸引优秀的外部人才，在企业内部实施了薪酬激励。

为保守起见，该企业先对同行的薪酬水平进行了调查，其结果如表3-5所示。

表3-5　电子设备行业的薪酬平均水平

同行企业	研发部（元）	销售部（元）	人事部（元）	售后部（元）
A	6 800	5 000	3 800	3 500
B	7 000	4 000	3 500	3 000
C	6 000	5 300	3 500	3 000

续表

同行企业	研发部（元）	销售部（元）	人事部（元）	售后部（元）
D	7 000	4 800	3 500	4 000
E	6 500	4 500	3 200	3 600
F	6 300	4 900	3 800	3 500
平均水平	6 600	4 750	3 550	3 433

从调查结果来看：研发部的薪酬水平处于领先地位，是企业的核心岗位，人才需求度较大。从企业内部横向的薪酬数据来看，研发部的薪酬在企业中最高，其他部门的薪酬则视具体情况而定。综合这两方面的结果可知，研发部是电子设备行业中人才竞争最激烈的岗位。

因此，该企业为了"抢夺"到更多的人才，在薪酬激励中将研发部的基础薪资设置为 7 500 元，并且为岗位提供了系列福利，包括社会保险、住房公积金、带薪休假、生日礼金、生活补贴、交通补贴以及通信补贴。该企业的薪酬激励颁布后，留住了研发部的核心人才，并且吸引了一大部分优秀的外部人才。

从上述案例可以看出，该企业在进行薪酬激励之前先进行了市场调研，对于行业的整体薪酬水平有了初步了解，针对核心岗位、人才需求量较大的岗位制定了比较有吸引力的薪酬激励，所以方案在实施后也取得比较明显的成效。

国家政策法律的宏观调控

在市场经济条件下，企业的薪酬激励还会受到国家政策法规的宏观调控。这也是属于客观因素，企业只能调整薪酬激励方案来适应政策法规。下面以年终奖为例，讲解国家是如何进行宏观调控的。

奖金是用人单位根据企业效益为嘉奖突出的贡献和业绩而发放的特殊

薪资。奖金发放属于用人单位的自主权，即单位可以自行决定发不发奖金以及发奖金的条件和标准。在以下情况下，员工有权要求单位发放奖金，而不论其是否即将或者已经离开单位。

◆ 劳动合同中约定了奖金的具体计算办法的。

◆ 根据单位的规定用人单位应当发放奖金，且有具体金额或者计算奖金的方法。

◆ 单位已经对员工做出了对其发放奖金以及具体奖励办法决定的。如果单位借口反悔，员工则可以依法要求单位发放奖金。

（1）发不发由企业决定，但是合同中应载明标准

年终奖具体如何发放，企业有权自主决定发放的条件、数额和时间等具体事宜。如果发放年终奖，应当在劳动合同中对发放标准、发放时间以及享受年终奖的条件等做出明确约定。

由于目前我国法律并没有关于年终奖的规定，因此年终奖属于非法定福利的范畴。这也就意味着员工是否享受年终奖、享受多少以及享受形式等全部由相关单位或组织自行决定。

（2）合同不约定年终奖，有纠纷隐患不利于企业发展

有的企业在劳动合同中没有约定奖金的相关事项，而是单独将年终奖规定在薪酬制度或绩效制度中。尽管企业支付年终奖的灵活性很大，但是在员工和企业均确定有年终奖存在的情况下，很容易导致双方因劳动者是否符合年终奖的发放条件、年终奖的金额以及支付日期产生纠纷。

第四章 ○ 福利，薪酬的另一种发放形式

企业福利，简单来说，就是企业给员工提供的用以改善本人和家庭生活质量的补贴，以非货币工资或延期支付形式为主的各种补充性报酬和服务。福利，作为薪酬的另一种发放形式，在很大程度上体现了企业的薪酬激励制度是否人性化，也是企业能够留住和吸引人才的关键。

04

企业薪酬福利
普遍存在的问题

薪酬福利是现代企业不可或缺的竞争和激励手段，科学的薪酬福利体系对外应具有竞争力，对内应体现公平性、合理性及进取性。当前，针对国内的中小企业而言，薪酬福利都普遍存在着一定的问题，企业在实施薪酬福利激励之前，应该为其提供一个良好的实施环境。

这就需要企业整理一下当前企业薪酬福利存在的问题，并且针对这些问题制定相应的解决措施。

福利分配不合理影响激励的实施

福利分配是否合理会直接影响到薪酬福利方案的实施，因此企业福利应该进行合理的分配，哪怕是看似不起眼的小福利，也需要进行公平地分配，只有这样才能够保障薪酬福利方案在企业中顺利实施。

案例陈述

孙某是某大型食品企业的物流部门主管，于 2009 年进入物流部，他兢兢业业工作数年，一丝不苟，待人诚恳，是物流部门的优秀员工之一。

2018 年端午节，企业按照国家法定节日规定，放假 3 天，对员工发放了节日福利，其中包括 600 元节日慰问金、一份端午节大礼包以及 100 元购物券；但是对物流部门仅仅发放了 100 元购物券。

面对如此的不公平的福利薪酬，孙某主动找到企业询问原因，而企业管理层给出的答案仅仅是："这是人事部制定的福利计划，我们不清楚。"

由于企业不能公平地分配福利，这种差异化的薪酬福利严重打击了物流部门员工的积极性。但是孙某却安慰大家，可能是公司的预算出了问题，大家还是留住岗位中继续工作。

没过几个月就是中秋节，企业仍然对员工发放薪酬福利，其中包括 600 元节日慰问金、一份中秋节大礼包和 300 元购物券；而物流部门仍然只有 100 元购物券。

再次发生这样的问题，孙某找到负责薪酬福利的人事主管询问原因，人事主管对他坦白："由于物流部门员工过多，因此企业内部限制了物流部的薪酬福利总额，规定只发放 100 元购物券。"

孙某将具体原因告诉了部门员工，员工都认为企业偏心，物流部门的一线员工工作辛苦劳累却得不到公平的待遇。因此，在孙某带领下，物流部门的员工集体离职，造成了企业物流工作处于瘫痪状态，带来了重大经济损失。

从上述案例可以看出，该企业为了节省一部分薪酬福利成本，而不顾及物流部门员工的感受，直接"砍掉"了原本属于物流部门的员工福利。因此，在企业内部产生了两极化的薪酬福利分配，导致员工对企业失去了信心，最终导致物流部门的员工集体离职。

薪酬福利与企业总体战略相违背

企业实行的薪酬福利如果与公司经营战略脱钩，没有从公司的总体战略和人力资源战略高度出发来设计薪酬体系。单就薪酬而论薪酬，把公平合理地分配薪酬福利当成了一种目的，而不关注薪酬制度是否有利于公司战略和人力资源管理的实现。就会造成薪酬福利与企业的总体战略相冲突。企业需要采用以下措施来解决。

- ◆ **将薪酬管理上升到战略高度**：企业要想取得战略性发展，就必须将薪酬策略与企业发展战略调整到一致。一个良好、具有导向性的薪酬福利制度应当是与企业发展战略相适应，并且支持企业战略的实现。

- ◆ **薪酬福利必须强有力传达信息**：薪酬福利制度是支持企业战略的关键性因素，薪酬福利制度向员工传递的信息越多，员工就越能够更好地理解和评价企业的战略。

- ◆ **薪酬制度与组织战略的统一**：薪酬福利和组织战略统一程度通常决定了战略能否有效实施，组织战略包括组织架构、团队管理、层级关系以及重组资源。

- ◆ **薪酬福利战略立足点**：薪酬福利战略应立足于保持企业竞争优势，让企业在激励的竞争中始终处于优势地位，增强企业的市场竞争力，保证企业的市场占有率。

- ◆ **薪酬福利战略管理从外到内**：任何一家企业的薪酬福利战略都需要从市场的整体趋势出发，结合自身的实际状况制定符合企业发展需求的薪酬激励机制。

因为在讨论薪酬设计问题时，企业考虑更多的是公平性、补偿性、利害性等以及透明原则，而对整个薪酬的界定缺乏理性的战略思考。

所以企业的薪酬福利设计必须以企业的整体战略为导向，将企业薪酬福利体系构建与企业发展战略有机结合起来，使企业薪酬体系成为实现企业发展战略的重要杠杆。

福利和绩效表现关联性不强

薪酬福利是企业在做好基础保障的前提下，以绩效为前提，以考核为手段，以激励为导向，以员工进步和企业发展为目的的薪酬管理方式。福利是满足个人薪酬公平感的最好方式。

部分企业在制定薪酬福利时只考虑到岗位、工作年限以及工作能力等硬性指标，这就导致了薪酬福利与绩效的关联性较小，缺乏激励的意义。为了改变这种现状，企业需要采取必要的措施，如图 4-1 所示。

1 在兼顾公平的基础上，企业应该以员工的绩效为依据，进而激发员工的工作积极性。

2 企业的薪酬福利体系和薪酬结构必然存在差异，只有根据自身特点设计薪酬福利结构，才能发挥薪酬福利的激励作用。

3 薪酬福利设计的目标是让员工的薪酬额与其贡献呈正比，所以企业对员工考核需要有量化的考核数据。

4 薪酬福利的设计原则是使员工精力集中地工作，提升生产效率和工作业绩，避免员工产生"干好干坏一个样"的消极局面。

图 4-1　加强福利与绩效的关联性

尽管企业的薪酬福利是作为薪酬的另一种发放形式，但是并不代表薪酬福利与绩效没有关联。所以企业需要针对薪酬福利设计一定的绩效考核，这样才能够调动员工的积极性，让薪酬福利更加具有激励的意义。

员工缺乏基本的选择权

企业薪酬福利的决策权在管理层，员工完全是被动接受，缺乏基本的选择权。这样就可能会导致企业薪酬福利方案的推行变得举步维艰，严重时甚至会影响到企业的管理。

例如，某企业对员工的生日福利是发放 200 元现金，员工都很乐意接受这种比较实在的福利方式。但是企业被同行收购后，关于员工的生日福利方式也发生了变化，企业只向员工发放 200 元购物券。不少员工认为200 元现金与 200 元购物券有本质的区别，企业是故意降低他们福利。

为了避免这种现象的发生，企业管理者可以采取相应的措施来解决，具体如下。

◆ 管理者增强与员工的沟通交流

为了保证企业薪酬福利方案的顺利执行，企业管理者应该加强与员工之间的交流，了解员工所期望的薪酬福利，并且尽量满足员工的期望。

◆ 让员工参与福利制度的设计与管理

根据权威调查显示，与没有员工参加的福利制度相比，让员工参与福利制度的设计与管理常令人满意且能长期有效。员工对福利制度的设计与管理更多的参与，无疑有助于一个更适合员工的需要和更符合实际的福利制度的形成。

在参与制度设计的过程中，针对报酬政策及目的进行沟通，促进管理者与员工之间的相互信任，这样能使带有缺陷的薪酬系统变得更加有效。

全方位的福利环绕
让员工感受到温暖

企业福利是以企业为责任主体、专门面向组织内部员工的一种福利待遇。一般而言，企业福利由法定福利和企业自主福利两部分组成。

法定福利是国家通过立法强制实施的对员工的福利保护政策，主要包括社会保险和法定假期；企业自主福利，即企业为满足员工的生活和工作需要，自主建立的在工资收入和法定福利之外向雇员本人及其家属提供的一系列福利项目，包括企业补充性保险（如企业年金）、货币津贴、实物和服务等。

最基本的医疗保障——社会保险

社会保险是对员工养老、生病、失业和生育方面给予保障的一种福利，是国家为了预防和分担年老、失业、疾病以及死亡等社会风险，实现社会安全，而强制社会大多数成员参加的，具有所得重分配功能的非营利性的社会安全制度。因此，社会保险是最基础的福利，也是薪酬激励的基础内容。

但是许多企业面临着日益增长的人力成本的压力，心里犯难："凭什么要给员工缴纳社保？当前的市场竞争那么激烈，缴纳社保又会增加企业的用人成本，这让企业怎么发展壮大啊？"

企业管理者之所以会出现这样的疑问，关键是在于没有意识到企业给员工缴纳社保的意义所在。如下所示为企业给员工缴纳社保的好处。

（1）规范和完善企业管理

企业管理的规范程度往往从细节中可以看出，而社会保险则是衡量标准之一。根据《社会保险法》第五十七条规定："用人单位应当自成立之日起三十日内凭营业执照、等级证书或者单位印章，向当地社会保险经办机构申请办理社会保险登记。"

企业若在社保部门责令限期改正后不办理社保登记，则将会被处应缴社保费 1 ~ 3 倍的罚款，且企业的相关管理者也会受到相应的处罚。

由此可见，缴纳社保有利于规范企业管理，是企业壮大发展的根本，是企业前进的必要动力。

（2）降低企业的离职率

部分企业为了降低用工成本而不给员工缴纳社保，导致企业的离职率居高不下。如果企业频繁地更替人员，这样的企业谈何稳健发展呢？

企业为员工缴纳社保能够保障员工基本权利，因为社保解决了员工的后顾之忧，这会让员工更容易认同企业的文化，对企业形成归属感，这也是培养员工凝聚力的关键。一个有凝聚力的企业才会有发展的动能。

（3）降低企业用工成本

尽管缴纳社保在短期内会给企业带来一定的压力，但是从长远角度来看，缴纳社保能够降低企业的用工成本。

法律规定，女员工在产假期间的工资需要按生育女员工的正常工作时间工资发放。因此，若企业为女员工缴纳了生育保险，这部分工资则属于生育津贴范畴，由社保基金支付，这样也能够降低企业的用工成本。

（4）减低企业的用工风险

根据《工伤保险条例》第六十二条规定："依照本条例规定应当参加工伤保险而未参加工伤保险的用人单位职工发生工伤的，由该用人单位按照本条例规定的工伤保险待遇项目和标准支付费用。"

若企业未给员工缴纳社保，员工发生工伤后，企业必须支付参保后新发生的工伤医疗费、工伤康复费、住院伙食补助费以及一级至四级伤残职工伤残津贴等。这是一笔不小的数目，对于中小企业而言，极有可能会造成财务重创。

综上所述，社保作为薪酬激励的基础内容，从企业的短期发展来看，社会保险保障了员工的基本权利；从企业的长远发展来看，社保也发挥了薪酬激励的作用，能够稳定企业的人心，增强中小企业抗风险能力。

为员工健康加锁——年度体检

一般情况下，员工生病才会到医院就诊，但有些疾病发作初期并没有感觉或者症状不明显。如果企业定期为员工体检，就可以尽早发现及时治疗，让员工恢复健康。

员工体检少则几百元，多则上千元，无疑会增加企业用工成本。但是在人才至上的知识时代中，不少企业仍然将员工体检作为薪酬激励的形式之一，坚持为员工进行健康体检。

案例陈述

对于朝气蓬勃的年轻人，体检是一件可有可无的事。但是在重庆某酒店管理层的眼里，员工体检那可不是一件小事，而是年年都要抓的大事。

为确保员工身体健康，营造良好的工作生活环境，完善员工福利保障，该酒店与重庆医科大学附属第一医院体检中心合作，分批次对公司员工进行全面体检，体检项目包括血常规、尿常规、血压、外科、B超、心电图以及胸透等。

酒店人事部主管李某说："因为我们属于服务行业，如果自己身体都不健康，怎么能服务好顾客呢？在600多名员工中，其中外地户口占70%，本地户口员工占30%，女员工有291人，28岁以下的青年员工有230人，员工平均年龄30岁。为此，酒店工会每年还会为已婚和未婚女工组织两次专项体检。体检合格的员工会拿到新的健康证，他才可以继续在自己的岗位上工作。"

虽然该酒店组织600多名员工体检会增加企业用人成本，但酒店管理层认为，体检是一件百利而无一害的事情，它可以帮员工走出亚健康，及时发现小毛病，解决大隐患，是花小钱省大钱的事情。

该酒店的总经理表示："我们将根据体检结果，建立员工健康档案，并及时反馈体检信息，督促健康状况有异常的员工尽快进行复查治疗，确保员工以良好的身体状态投入到工作中。"

该酒店每年的体检福利实施后，员工的病假率明显降低了很多，可保证员工以更加充沛的精力投入到工作之中。此外，这样人性化的福利也吸引了不少外部人才的加入，为酒店的发展注入了新鲜血液。

从上述案例可以看出，酒店属于服务行业，保证员工的身体健康是头等大事，员工体检能够减少因生病缺勤影响工作进度，这样也能够体现出企业对员工的健康关心，增强员工企业归属感，提高工作效率，进而促进企业的发展。

通常而言，企业为员工体检具有以下的好处。

◆ **提高员工的劳动生产效率**：体检让企业员工的身体更健康，精力更充沛，员工之间更加团结，还能直接提高企业的劳动生产效率。

◆ **保障企业的正常化运作**：体检能够降低发病率，减少员工的病假和健康事假，进而保证企业的正常运转。

◆ **体现企业的人性关怀**：企业为员工提供各种医疗保健咨询和服务，使员工享有专业的个性化健康指导，将企业对员工的关怀落到实处，体现出了企业的人性化关怀。

◆ **有利于留住高层**：企业为高层管理者提供各种特殊的健康管理计划，保护企业高层的身体健康，这样也能够留住企业的核心资源。

营造良好的阅读环境——小型阅览室

尽管是中小型企业，但是企业管理者仍然需要意识到阅读的重要性。尤其是当企业员工精神文化生活处于匮乏状态时，阅读更是非常必要。所以，在企业资金允许的情况下，企业可以建立一个小型的阅览室。

如果企业建立了阅览室，最重要的就是阅览室的管理制度要完善，科学的管理制度有助于营造良好的阅读氛围。

下面通过一个案例来了解企业如何制定阅览室的管理制度。

案例陈述

××企业《图书室管理制度》

一、目的

为加强对企业图书的管理，丰富员工的业余精神文化生活，鼓励员工多读书、读好书，特制定本制度。

二、图书范围

企业行政管理、市场营销、人力资源、专业技能、修养礼仪、生活休闲图书、期刊和光盘等各类资料。

三、阅览室开放对象

只供本企业内部员工使用，不对外开放。

四、管理制度

1. 图书室阅读时间：08:00—21:00。

2. 借书时间每周一、周三和周五上午 10:30—11:00，13:00—15:30，其他时间概不受理。

……

五、图书管理

1. 由行政部门负责图书室的日常管理，并负责图书的购买、整理和盘点等。

2. 新购图书将书名、出版社名称、作者、册数、出版日期、购买日期、金额及其他资料详细登记于《图书室登记总簿》。

……

六、阅览室入室规则

1. 凡进入阅览室的读者，须持公司工作证和出入证。

2. 自觉保持阅览室的整洁和安静，不得在室内吃东西

……

七、书籍赔偿制度

1. 凡借阅本馆书刊有污损或遗失，应由借书人负责赔偿。

2. 凡确系丢失书刊，可购相同版本图书偿还或按图书原价的 2 倍价格进行赔偿。

……

八、图书交流及捐赠

1.公司倡导以交流形式与人分享，可借阅 5 本图书，图书室将尽快收回图书，归还书主。

2.鼓励捐赠闲置图书，捐赠图书归入阅览室。

……

十、本办法自发布之日起执行。

×× 企业

20×× 年 × 月 ×× 日

从上述案例可以看出，该企业为了营造良好的阅读氛围而设置了阅览室的管理规则，从系列的规则中可以看出企业的用心。阅览室只是为了丰富员工的业余生活，不影响正常的工作的情况下可以阅览。

此外，还明确规定了图书损坏赔偿制度，这样都能够保证企业阅览室的正常化管理。

企业成立阅览室可以活跃企业文化气氛，丰富员工的业余精神文化生活，开阔员工视野、陶冶情操以及增长知识，提高个人文明素养，建设学习型企业，让员工在工作中学习，在学习中进步，与企业共同成长。

缓解繁重的工作压力——下午茶

在传统的企业上班时间中，办公室只会出现"嗒嗒嗒"的敲键盘声音，双眼全神贯注地盯着屏幕，时不时点击鼠标，就连茶水间接杯水都是小跑，这样的工作状态一直会持续 8 个小时，直至下班。

但是时至今日，这种工作状态发生了较大的改变，企业贴心地为员工提供了下午茶时间，员工可以在该阶段进行放松，缓解繁重的工作压力。

案例陈述

在深圳科技园南区的富城科技大厦写字楼中，一家礼品设计企业于2013年正式入驻。每天16:00—16:30，员工是不会工作的，手里正拿着一杯冒着热气的咖啡或红茶，小碟子里有精美的西点和水果。他们正享受着目前流行于欧美企业的特殊福利——下午茶。

由于该企业是一家小微企业，90后员工逐渐成为企业团队的骨干，他们更加青睐在轻松的环境中工作，因此，下午茶随之兴起。企业在每天16:00—16:30为员工提供下午茶。

根据企业老总介绍，由于该企业主营业务是设计时尚礼品包装，从事设计的员工往往都会有点小资情节，而下午茶则是满足员工追求小资工作方式的最佳做法。

一般情况下，员工对于下午茶的要求并不高，一杯咖啡、一碟点心以及一个放松的休息空间就足够了。员工所看重的并非是这些饮料和点心，而是企业额外给予他们的一段可以自由放松的时间，员工可以充分地利用这段时间来放松自己已经紧绷了数小时的神经。

该企业的下午茶时间为何设置为16:00—16:30呢？

这也是有科学依据的，因为根据人体的生理机能进入了一天的倦怠期，而下午茶的休息时间能够缓解疲劳，调整好状态，以更好的工作状态投入到下一阶段的工作中。

该企业推行下午茶后，员工的工作质量提升了不少，最重要的是该企业的这种人性化的做法迅速在写字楼中传播开来，企业并没有大规模地发布招聘信息，但是却吸引了大量优秀设计人才的入驻。

从上述案例可以看出，该礼品企业抓住了员工追求小资工作方式的心理，为了留住这批思想活跃的年轻人而推行下午茶。

员工通过下午茶构建起了内部交流的平台，员工在享受下午茶时，往往能相互启发，想出一些独具创意的好方法。

此外，下午茶可以促进员工之间的交流，不同部门的员工通过聊天增进了解，建立融洽的同事关系，有利于团队合作。

下午茶是薪酬激励比较具有创意的福利形式。既要将预算控制在范围之内，又要最大限度开展好下午茶，给员工提供最具人性化的薪酬福利。企业必须对于采购下午茶的用品进行适当调整，安排专门部门按照每月上报需求进行采购，尽可能满足员工对下午茶的需求。

认同员工的额外付出——加班补贴

根据《中华人民共和国劳动合同法》第三十一条规定："用人单位应当严格执行劳动定额标准，不得强迫或者变相强迫劳动者加班。用人单位安排加班的，应当按照国家有关规定向劳动者支付加班费。"

鉴于企业所在行业的特殊性，如销售行业、餐饮行业、电商行业以及物流行业等，加班已经是家常便饭。企业应该将加班补贴作为薪酬激励的常用形式，认同员工的额外付出。

如下所示为某企业制定的加班管理制度，仅供其他企业参考。

案例陈述

××企业《加班管理制度（内参）》

一、总则

为规范企业加班管理，提高工作效率，根据《劳动法》及相关法规，结合企业实际情况制定本规定。本规定适用于企业所有人员。

二、加班的定义

加班指在规定工作时间外，因本身工作需要或企业指定事项，必须继续工作的行为。加班分为应急加班和计划加班。

应急加班：正常工作日内因工作繁忙，需要在规定时间外继续工作。

计划加班：周末或国家法定节假日继续工作。

三、加班管理制度

1. 员工加班应填写《加班申请单》，经部门主管同意签字后，送交人事部审核备案，由领导批准后方可实施加班。

2. 加班人员应提前向人事部递交《加班申请单》，工作日应急加班于当天 16:30 前；周末加班于加班前最后一个星期五的 16:30 前；国家法定节假日加班则于加班前一周。

……

四、加班补贴标准

1. 调休

（1）工作日加班按 1 ∶ 1 的比例折算调休时间。

（2）周末和国家法定节假日加班按 1 ∶ 5 的比例折算调休时间。

2. 加班补助

（1）工作日加班按正常工作日工资 150% 计算加班补贴，并由企业提供午餐和晚餐。

（2）周末或法定节假日加班按正常工作日工资 300% 计算加班补贴。

五、关于加班的补充说明

1. 未提前审批的加班一律视为个人自愿行为，由此产生的后果概由本人承担。

2. 因工作需要而被指派加班时，无特殊理由推诿者，按旷工情节论处。

……

×× 企业

20×× 年 × 月 ×× 日

从上述案例可以看出，该企业为了规范企业加班管理，具体做了如下的措施。

◆ 首先，对"加班"行为进行了特别说明，并且制定了严格的加班管理制度。

◆ 其次，将加班补贴分为调休和补贴，让员工感受到企业的用心。

◆ 最后，还对加班进行补充说明，防止有的员工浑水摸鱼领取加班补贴。

小贴士

按照《中华人民共和国劳动法》规定，支付加班费的具体标准是在标准工作日内安排劳动者延长工作时间的，支付不低于工资 150% 的工资报酬；休息日安排劳动者工作又不能安排补休的，支付不低于工资 200% 的工资报酬；法定休假日安排劳动者工作的，支付不低于工资 300% 的工资报酬。

彰显企业的贴心——员工生日会

企业为员工庆祝生日能够体现企业对员工的人性化管理和关怀，增进员工对企业的归属感，使员工真正地融入到企业大家庭当中，与企业共同成长和发展。因此，员工生日会也属于薪酬激励的重要形式之一。

但是企业到底应该采用哪种庆生的方式才能取得理想的效果呢？下面介绍 4 种比较实用的方法。

（1）生日专栏

企业人事部统计所有在职员工的生日，并且进行备注在案。有条件的企业可以专门设置一个生日专栏，每月 1 日在生日专栏中公布本月生日员工的姓名、员工照片、生日日期、对企业做出的突出贡献以及领导寄语等。

（2）生日礼物

企业可以选择具有纪念意义的物品作为员工的生日礼物，由人事部统一管理，并在员工生日当天发给员工。

例如，某模具制造企业送给员工的生日礼物就是一架飞机模型，并且在机翼中刻上员工的名字，其寓意是希望员工奋发工作、展臂高飞，在员工的生日会中由总经理亲自发放。

此外，企业也可以给员工发放具有激励意义的书、电影票、超市购物券、绿色植物、茶具、台灯以及创意小水杯等礼物，还可以自行设计一些有公司 Logo 的礼物，员工过生日时送给他，这些看似细微的小礼物都能够让员工感受到企业的用心，进而增强员工对于企业的认同感。

（3）生日祝福

生日祝福也是必不可少的。为了彰显出企业的凝聚力，烘托出企业关怀员工的形象，人事部事先统计好同月过生日的员工，统一为当月过生日的员工送上生日祝福。

例如，某企业统一为员工发放生日贺卡，在贺卡中签有部门同事、部门主管以及公司领导的亲笔写的生日祝福，在当月的生日会中，由部门主管将写满祝福的贺卡亲自交到员工的手中。

（4）生日活动

生日活动是员工与上级沟通的最佳机会，活动的形式应多样化，如聚餐、唱 KTV、团体活动、内部策划活动或者是郊游。企业通过生日会与员工交流，有利于打破员工之间的隔阂，增强员工的凝聚力，为企业管理打下良好的基础。

因为生日活动需要提前策划，可能会花费大量的时间和精力，因此，生日活动建议每 3 个月或者是每半年举行 1 次。

企业为员工庆祝生日的形式，是比较实用的薪酬福利方法。企业主动为员工庆生能够进一步推动公司企业文化建设，让所有员工都能感受到企业大家庭的温暖，形成良好的企业向心力。

增强员工凝聚力——舒心团队旅游

企业组织员工外出旅游是薪酬福利激励比较直接的形式，既能够丰富员工业余生活，休闲娱乐，缓解工作疲劳，又能够开阔员工视野，增强团队凝聚力。下面将以案例的形式讲解企业如何制定员工旅游的方案。

案例陈述

室内装修行业有旺季和淡季之分，旺季主要是春秋，而淡季则是冬夏。成都某装修企业利用淡季时间组织员工旅游，并且制定了员工外出旅游方案，具体如下。

××企业关于公司组织员工旅游通知

为感谢全体员工为公司发展所付出的不懈努力，增强员工的凝聚力，丰富集体生活。经公司领导同意，特组织全体员工到广西桂林旅游。

一、活动时间

2018年8月1日—8月5日（活动为期5天）。

二、活动地点

广西桂林周边景点（龙脊梯田、漓江、阳朔西街、象山景区、靖江王城、乐满地休闲世界、独秀峰和灵渠）。

三、参加人员

××装修企业全体员工（包括新入职员工）。

四、旅游费用

本次旅游作为公司福利，费用均由公司承担。如有带朋友或亲属的，请自费 2 800 元 / 人。

五、往返时间

1. 集合时间：2018 年 8 月 1 日早上 7:00 于公司楼下集合，统一乘车前往双流国际机场。

2. 返程时间：2018 年 8 月 5 日下午 15:00 于桂林宾馆楼下集合，统一乘车前往桂林两江机场机场。

六、注意事项

1. 全程活动中要树立安全意识，乘车、乘船及游玩过程中安全第一。

2. 旅游期间，请全体人员严格遵守时间，不得延误整个团队的行程。

3. 旅游期间不得自行酗酒、醉酒。

4. 旅游要有大局意识，互帮互助、团结友爱、不讲不利于团结的话、不做不利于团结的事。

……

×× 装修企业

2018 年 7 月 20 日

从上述案例可以看出，企业利用淡季组织员工旅游，这是企业的感情投资，增强员工对企业的责任感，增强员工之间的情感交流和互助精神。企业组织的旅游吃、喝、住都不用员工自己操心，可以尽情地玩赏，精神得到最大的缓解，有利于在旅游回来以更加饱满的精神投入到工作中。

从更加深层次的角度来看，企业组织员工旅游有利于营造良好的企业文化氛围，陶冶员工情操，提高员工的归属感和荣誉感。由此观之，员工旅游也是属于比较有效的薪酬福利激励手段。

核心老员工专属福利——子女教育经费补贴

薪酬福利方式越来越多元化，且薪酬福利的覆盖范围也越来越广，从员工本人到员工的亲人，例如员工子女教育经费补贴就是属于比较有吸引力的薪酬福利激励手段。

案例陈述

某知名网络公司为防止人才流失，采取向职工发放子女教育补贴的措施，其具体的津贴办法如下。

××企业员工子女教育补助金支给办法

第一条 本办法依据人事管理规则的有关规定制定。

第二条 凡本公司正式任用员工，有子女就学，并符合申领规定者可依照本办法申请补助。

第三条 员工子女教育补助金每学期在注册后申请，按肄业学校等级依下列规定金额申领。

（1）肄业专科以上学校者每人每学期补助 2 000 元。

（2）肄业高级中学每人每学期补助 1 500 元。

（3）肄业中学或同等学校者每人每学期补助 1 000 元。

（4）肄业小学者每人每学期补助 800 元。

（5）肄业幼稚园者者每人每学期补助 500 元。

（6）员工子女就读学校是以教育当局已立案者为限，已立案私立补习学校可比照办理。

（7）公费生或享有其他公费待遇者不予补助。

第四条　本办法所称子女是指在本国境内取得户籍的婚生子女或有父（母）子（女）关系的子女为限。

第五条　员工依本办法申请补助时应填具申请书并附学校在学证明书等证件，呈由各该单位主管查对后转送人事主管单位转呈核发。

第六条　员工请领补助金如有虚报、冒领或重领等现象之一者，一经查明除追回已补助金外并得移请惩处，其单位主管并受连带的处分。

从上述案例可以看出，该企业为核心老员工提供了子女教育经费补贴，这种薪酬福利激励方法已经从员工本人延伸到员工的亲属，既加强了员工对于企业文化的认同度，也达到了留下核心员工的目的。

由于企业对于核心员工发放子女教育津贴会衍生出系列的问题，例如，

核心员工的评选标准是什么？

谁负责评选激励对象？

评选的结果以何种形式公布？

如果薪酬激励预算超支该如何处理？

……

为了避免出现负面激励效果，企业需要始终秉持公平、公正和公开的原则进行薪酬福利激励，让员工充分享受到企业人性化的科学激励管理。

其他形式的福利激励

除了社会保险、下午茶、员工体检、员工阅览室以及外出旅游等常见的薪酬福利激励手段外，企业还可以采取一些不落俗套的福利激励。例如，企业赠送员工形象礼仪培训卡，提升员工的个人礼仪和形象；对于一些已经有了小孩的员工而言，举行家庭活动的亲子活动无疑是最好的方式，让员工有更多的时间陪伴小孩，也能感受到企业的人性化管理。在本节中将讲解这些独具创意的福利激励。

提升员工个人形象——赠送形象礼仪课程

在公司商务活动中，员工的言谈举止、着装打扮以及待人接物是否合乎礼仪要求，在很大程度上影响着商务活动的效果。

企业的员工掌握基本的商务交往礼仪，是提高员工个人素质和企业形象的必要条件。

企业赠送礼仪形象培训课程给员工，让员工在空余时间参加专门的商务礼仪培训。通过系统的学习，帮助员工加深对于礼仪与形象的内涵与作用的理解，其具体内容如表4-1所示。

表 4-1　企业员工礼仪与形象培训内容

序号	培训项目	培训内容
1	员工职业素质礼仪	1. 什么是职业礼仪 2. 职业礼仪在工作中的作用与意义 3. 如何养成良好的职业礼仪素养
2	职业形象礼仪	1. 塑造个人形象六要素 2. 企业员工职场着装六不准 3. 女士佩带首饰的礼仪 4. 个人仪容仪表存在的不符合礼仪规范的问题 5. 讨论：个人着装的误区
3	职场优雅礼仪	1. 接人待物行为举止准则 2. 手势语(递接物品、递接名片、自然垂放、引导、请进、请坐和握手等) 3. 身势语（站姿、坐姿、行姿、致意和欠身等） 4. 表情神态礼仪（眼神、表情） 5. 讨论：个人平时在举止方面存在的问题
4	商务洽谈礼仪	1. 拜访礼仪 2. 迎送礼仪 3. 称谓礼仪 4. 招呼礼仪 5. 位次礼仪 6. 介绍礼仪 7. 餐桌礼仪

　　企业赠送员工礼仪与形象课程，旨在帮助企业员工掌握商务活动中的基本礼仪，塑造良好的个人礼仪形象，给客户留下比较好的印象，进而提升商务谈判的效果。

　　一般而言，这种课程是以薪酬福利的附加值形式呈现出来的，比较适合于客服行业、金融行业、电商行业、销售行业和保险行业等，同时，企业也可以将课程作为行政部、人事部、销售部或者是客服部等部门的培训课程。

主打感情牌——举行家庭亲子活动

由于员工在平时忙于工作，陪伴小孩的时间非常少。若企业举办家庭亲子活动，让员工和子女参与进来，不仅给员工、员工子女以及员工亲属提供了一个尽享亲情的平台，更体现了企业对员工的人文关怀。下面将通过案例的形式讲解如何策划一场企业家庭亲子活动。

案例陈述

某速冻食品企业在销售旺季员工经常熬夜加班，尽管企业给员工发放了加班补贴，但仍然难以平息员工心中的不满。

根据人事部统计："企业在职员工281人，有小孩的员工数为163人。"经过企业高层召开会议，决定在企业内部开展家庭亲子活动，如下所示为活动的策划方案。

×× 企业组织企业家庭活动日策划方案

一、活动背景

为感谢家人对公司的支持，增进员工和孩子的感情，激励员工，稳定公司团队，特组织本次企业家庭亲子活动。

二、活动对象

1.报名资格：在职有小孩的员工。

2.活动人数：100组家庭（每组家庭不超过3人）。

3.每组家庭请按各游戏规定的人数报名。

4.报名表（见附件）以部门为单位，请各部报名负责人于×× 月×× 日 15:00 前交人事部。

三、活动流程

时间	活动项目	活动内容
09:00 ～ 09:30	签到和集合	由企业组织员工到指定地点集合
09:30 ～ 10:00	活动开幕式	1. 企业领导致开幕词 2. 家庭代表讲话
10:30 ～ 11:30	家庭分组	1. 通过分组游戏进行家庭分组 2. 分组家庭代表领取家庭队服 3. 进行简单有趣的热场活动，熟悉彼此
11:30 ～ 13:00	午餐	组织员工和家人就餐（行政部负责）
13:30 ～ 15:30	室内活动	1. 趣味破冰游戏 2. 趣味家庭运动会 3. 文艺猜字谜活动 4. 温馨表白环节
15:30 ～ 17:30	室外活动	1. 野外定向寻宝 2. 野外生活，寻找水源、生火和做饭 3. 野外大搜索，认识大自然昆虫和植物
17:30 ～ 18:00	活动闭幕式	1. 企业给表现优异的家庭发放奖品 2. 企业领导致闭幕词 3. 家庭代表讲话 4. 活动横幅上员工及家属签名写寄语留念、拍照留念 5. 赠送本次活动的纪念品 6. 欢送家属，活动结束

四、注意事项

1. 尊重比赛，尊重裁判，尊重对手，赛出水平，赛出风格。

2. 家庭日活动一切以安全为准则。

3. 室外活动过程中切忌不听从指挥，严禁擅自脱队。

4. 望各部门重视本次家庭日活动，积极做好家属动员工作，充分展现各家风采。

5. 遇不可抗因素（如下雨）或其他因素，室外家庭日活动择期举行或者是取消。

从上述案例可以看出，企业通过开展家庭活动日激发员工及其家属的自豪感，赢得家属对员工的理解与支持。

企业家庭日活动是一种比较具有创新意识的薪酬福利激励，因为员工的家属能在轻松愉快的环境中感受企业文化，体现企业凝聚力，充分展现企业品牌风范。参加公司家庭日活动主要意义如下。

◆ 加强公司与员工、企业与员工家属间的双向沟通与交流，融洽团队成员关系，创建和谐发展的企业氛围。

◆ 增强企业凝聚力，体现企业亲和力，建立企业员工自信心。

◆ 进一步丰富企业文化建设内容，提升企业文化形象。

◆ 通过家庭日活动，促进企业团队建设的发展，充分发挥 1+1 ＞ 2 的作用。

提升员工内在修养——让员工不断学习和深造

在"互联网＋"时代中，企业在享受着科技带来的改变和进步的同时，也面临着非常严峻的经济形势和激烈的竞争中的本领恐慌。企业在进行风险化解和拓展新业务市场的同时，更需要鼓励员工自发学习和创新，让员工不断学习和深造是增强核心竞争力的根本途径。

下面将通过案例的形式来展现企业如何让员工不断学习和深造。

案例陈述

某机械企业为了增强员工的自主学习能力和创新能力，制定了在职员工学习深造方案，具体内容如下。

×× 企业关于员工在职学习奖励方案

一、奖励对象

与我司正式签订劳动合同的员工，在工作业余时间自学并通过各类职业资格或职称认证考试、在职深造学习。

二、奖励方式

1. 在职深造所获毕业或结业等证书有关的学费、教材费和考试报名等费用，公司予以部分报销。

2. 给予一次性经济奖励。

3. 作为制定岗位工资标准的依据之一。

4. 作为职位、职称的晋升条件或特殊岗位内聘条件。

5. 公司范围内进行表彰，为员工授予荣誉证书。

三、特别说明

1. 该方案只针对在职员工的继续深造，该方案对公布之前获得职业资格认证书、毕业和结业等证书的员工不适用。

2. 禁止职工伪造证件骗取奖励，或用假文凭、假发票骗取报销的。经核实后，勒令退回奖励并进行严肃的人事处理。

从上述案例可以看出，该企业通过坚持学习型企业建设，鼓励员工在职学习和深造，不断提升企业的核心竞争力。同时，企业也对于该奖励方案进行了特别的说明，其一该方案只适用于在职的继续深造；其二是禁止员工伪造证件骗取奖励，这样也防止薪酬激励变成反向激励。

员工的学习和深造是打造公司企业核心竞争力的重要措施，也是作为公司薪酬福利的重要体现，有利于提高员工对自身职业生涯的规划和综合素质的提升。有助于增强员工的学习能力和创新意识。

第五章 ○ 层级激励，提升企业的整体战斗力

薪酬激励的最终目的是提升企业的整体水平，而企业整体水平的提升又与各个层级员工的水平紧密相关，所以企业通过层级激励来提升各个层级员工的水平，最终能顺利地实现整体水平的提升。尽管这种方法比较烦琐，但却非常实用有效。本章将讲解如何通过层级激励实现整体水平的提升。

05

企业内部的薪酬激励

企业内部薪酬激励是指企业通过建立和完善一套具有激励作用的内部薪酬管理机制，以达到调动员工工作积极性、提升企业生产效率的目的。

由于完善的薪酬管理制度是企业统筹薪酬管理的核心，对企业的发展影响重大，所以建立与企业发展相匹配的薪酬管理制度是中小企业改革发展的重要课题。本小节将讲解企业如何建立科学的内部薪酬激励体系。

战略性地规划薪酬激励

企业内部薪酬激励机制必须站在企业总战略的层面进行规划。因为战略性薪酬管理是以企业发展为依据的，根据企业的成长阶段、内部竞争、市场环境以及发展目标为导向，制定出正确的薪酬激励决策，进而促进企业又快、又好、又稳的发展。

（1）企业设计战略性薪酬激励的覆盖面

一般情况下，企业在设计薪酬激励的过程中需要以企业发展总战略为指导，全面覆盖发展总战略各个层面，具体内容如图 5-1 所示。

1	企业必须吸引优秀人才。由于当前市场环境下，人才竞争非常激烈，建立有足够吸引力的战略新薪酬系统是很多企业都面临的课题。
2	激励为企业创造有价值的核心员工。根据二八法则，20%核心员工为企业创造80%利润，企业通过战略性薪酬激励核心员工持续创造价值。
3	回报为公司做出贡献的员工。除了激励20%核心员工外，企业还需要激励为企业发展做出贡献的员工，认可他们的付出并给出合理的回报。
4	企业要建立一个薪酬调整和薪酬支付的系统。企业内部能够实现薪酬动态调整，灵活调动，企业战略目标与业务运行紧密关联。

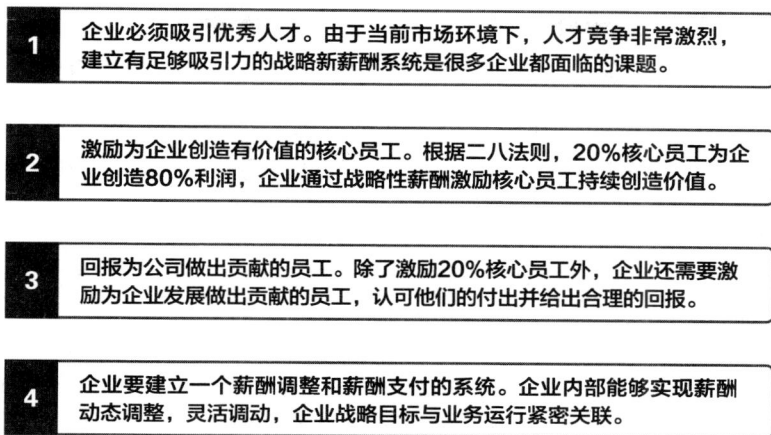

图 5-1　战略性薪酬激励设计的覆盖面

企业设计战略性薪酬激励包括吸引优秀外部人才、重点激励核心员工、回报做出突出贡献的员工以及建立薪酬调整和支付系统等层面，这样设计的薪酬激励机制才会更加符合企业发展战略。

（2）不同岗位的考核维度

由于同一层级下设置了不同的岗位，企业的战略性薪酬设计应从员工岗位价值、员工绩效表现、员工能力提升以及市场薪酬水平 4 个维度综合考虑不同岗位的薪酬激励模式。

◆ **岗位价值**：岗位价值是指一个岗位对部门和企业的贡献程度，这一考核标准剔除了该岗位在职员工的能力、素质和修养等主观因素，比较客观、公正地评价岗位本身价值。

◆ **能力价值**：同一岗位，由于任职人能力不同，所体现出的价值大相径庭，这一部分价值差异被称之为"能力价值"。因此，企业需要在内部设置能力考核制度，优胜劣汰，选择最佳人选。

◆ **绩效价值**：同一岗位的不同任职人或者同一个任职人在不同时期的业绩有差异，而战略化薪酬激励机制能保证绩效价值的最大化。

◆ **市场价值**：由于人才市场供给与需求可能会出现不均衡，从而产生该岗位价值偏高，这也是薪酬激励的外部竞争力因素。

因此，企业在设计战略性薪酬管理系统时，需要结合不同岗位的特点，设置不同的激励考核维度。从而确保薪酬激励机制适合岗位特点，并能有效激励该岗位的员工为企业做出贡献，以更好地实现企业的发展战略。

建立科学的薪酬绩效评估体系

薪酬绩效评估考核结果与员工最终所得的报酬直接挂钩，薪酬绩效评估的客观性、公平性直接影响到薪酬体系的科学性。

工作规范管理是薪酬绩效评估体系重点内容。岗位的工作规范管理细则明确地说明了该岗位的工作内容、开展工作的流程以及工作中常见问题的处理方法，具有指导性的意义。下面将以案例的形式讲解如何制定工作规范管理。

案例陈述

采购部一直是某医药企业的重点部门，为了规范采购部门的工作流程，企业专门制定了采购部门的工作细则。

一、考核目的

为加强药品采购管理，保证药品供应并符合质优价廉的要求，依据《中华人民共和国药品管理法》、《中华人民共和国药品管理法实施条例》和《中华人民共和国药品经营质量管理规范》等有关法律，特制定本规定。

二、考核对象

本规定适合于采购部经理、采购员以及内勤员。

三、采购部管理制度

1. 审验供货单位的合法资格、购入药品的合法性和供货单位销售人员的合法资格。

2. 查验供货单位营业执照、药品生产或经营许可证及生产或经营范围及法人授权的委托书。

……

四、采购经理的岗位职责

1. 制定年度、季度和月度采购计划。

2. 按到货时间安排品种结构、库存结构，按药品属性，做好季节性用药、突发性用药、储备药品的采购。

……

五、采购员／内勤员岗位职责

1. 采购合同的梳理、归档；追踪合同的履行状况，不断跟进客户的回款力度。

2. 产品入库单据的填报、确认、核对

3. 税票的签收和登记。

……

从上述案例可以看出，该医药企业对采购部经理和采购员制定了工作细则，让员工更加明确自身的工作，让企业实现工作程序的规范化、岗位责任的法规化、管理方法的科学化，从而使企业的管理理念可视化，为战略性薪酬激励提供了一条康庄大道。

战略性薪酬激励规划要符合企业的发展趋势

企业的战略性薪酬激励始终是为企业发展而服务的，因此，薪酬激励机制一定要符合企业的发展趋势，其主要表现如图 5-2 所示。

让员工参与到薪酬激励方案设计中

薪酬激励制度作为实现企业战略的重要手段，需要员工的充分参与，从而获得员工的理解、认可和承诺。此外，企业管理者和员工可以就现有薪酬激励制度中的缺陷进行沟通交流，使得薪酬激励制度可以及时改进与完善。

薪酬激励强调宽带薪酬结构设计

薪酬激励结构的设计很重要，因为薪酬结构的层级越少，幅度越大，为组织扁平化提供了更广泛的支持。宽带薪酬的幅度和企业所处阶段紧密关联，企业管理成熟度越高，宽幅越大；企业管理成熟度越低，宽幅越小。

固定薪酬与浮动薪酬的比例视具体岗位而定

固定薪酬可保障员工基本生活，若底薪过高，有可能使员工产生惰性，削弱薪酬激励效果；而浮动薪酬的弹性过大，又会使员工缺乏安全感，不利于吸引和留住员工。因此，固定薪酬与浮动薪酬的比例应与具体岗位相结合。

薪酬激励机制有意识地向核心员工倾斜

核心员工掌握企业的重要客户和技术，且对企业贡献较大。因此，企业应最大限度地为他们考虑，实行特别的薪酬制度，即薪酬的分配向企业中的核心人才倾斜。薪酬激励方案不可能十全十美，不可能让人人都满意，只能在确保公平的前提下，制定出让核心员工和大多数一般员工都满意的方案。

图 5-2 企业战略性薪酬激励的发展趋势

此外，企业在制定战略性薪酬激励方案时，还应该结合外部的市场环境，如同行竞争程度、经济形势、市场人才需求度、市场岗位的饱和度以及国家政策法规等。

这些客观因素在短期内无法改变，并且会影响到薪酬激励的效果，所以企业薪酬体系变革时，应注重外部薪酬数据调查分析，确保薪酬激励能够适应企业发展。

企业团队的薪酬激励方案设计要点

一个企业由若干个部门组成，不同部门需要制定相应的薪酬激励方案。例如，销售岗位的人员流动性是最大的，如果流失了 1 个销售骨干，即使是 10 个普通销售员工的销售业绩也难以弥补其经济损失，因此企业对于销售岗位薪酬激励的设计重要就是留住核心骨干，降低岗位离职率的同时也降低了企业的人力资源成本，可谓一举两得。本节将讲解企业团队薪酬激励方案的设计要点，帮助企业管理者更加得心应手地管理团队。

销售部的薪酬激励重点：降低人员流动性

销售部对一个公司的生存和发展十分重要，很多销售型企业的发展速度在很大程度上都取决于销售团队的整体水平。

但是由于大部分企业销售人员的管理都存在着缺陷，导致销售岗位的人员流失非常严重，不利于团队的管理，也给企业带来了较大的人力资源成本压力。为此，企业为销售部量身打造一套薪酬激励方案十分必要。

下面将以案例的形式讲解如何设计销售部的薪酬激励方案。

案例陈述

某电信增值服务企业成立于 2011 年，经过几年的发展，企业业务逐渐有了起色，其首要功臣就是电销部。

为了激励该部门持续为企业创造价值，企业制定了"××企业电销部薪酬激励管理方案（草案）"。

一、总则

为鼓舞销售人员工作热情，提高工作绩效，积极拓展市场，提升公司产品的市场占有率，特制定本方案。

二、适用范围

本方案仅适用于 ×× 企业电销部门员工。

三、薪资构成

1. 月薪

月薪＝底薪＋通信补贴＋级别工资＋其他补贴，各个层级员工的月薪标准如下表所示。

级别	底薪	通信补贴	级别工资	其他补贴	职务说明
核心销售	3 000	200	500	300	区域经理、销售主管
一级销售	2 000	100	200	200	大客户经理、销售骨干
二级销售	1 500	50	无	100	试用期员工

（1）级别工资：职务级别每半年评估一次，以财务部门提供半年度销售额、利润、客户开发和工作能力为指标。

（2）职务级别评定流程：由销售主管提报，总经理批准，人事部门下达职务变动通知，同时调整该职务的基本工资。

2. 提成

结合各个层级岗位的考核指标，针对核心销售、一级销售和二级销售制定提成方案，具体如下表所示。

级别	产品类型	月销售目标	定额提成	超额提成	新客户开发
核心销售	增值类	10 万元	3%	5%	开发新客户并回款，奖励 100 ~ 1 000 元
一级销售	基础类 增值类	5 万元	2%	3%%	开发新客户并回款，奖励 100 ~ 1 000 元
二级销售	基础类 增值类	3 万元	1%	2%	开发新客户并回款，奖励 100 ~ 1 000 元

四、附则

本方案的制定、修改、终止、解释权归公司人事行政部。本方案自 201× 年 × 月 × 日起执行。

从上述的案例可以看出，该企业对于功臣的薪酬激励力度较大，具体如下。

首先电销部门的基本工资包括了底薪、通讯补贴、级别补贴和其他补贴，不同层级的员工的薪酬呈阶梯状递减，这样的薪酬激励方案说明企业的激励重心是销售部门的管理层和销售骨干。

其次是该企业的薪酬提成比较高，重赏之下必有勇夫，这样能够很好地刺激到员工的工作积极性。

小贴士

鉴于销售岗位流动性大的特点，企业与其长期招聘销售人才，不如适当地调整薪酬激励的力度，一方面，科学的薪酬激励方案能刺激员工的工作热情，让员工以更加饱满的状态投入到工作中，能够降低销售岗位的离职率；另一方面，具有吸引力的薪酬激励也能够吸引优秀外部人才的加入。

人事部的薪酬激励关键：保证人事管理正常化

人事部在现代企业中充当了一个相当关键的角色，作为企业的人力资源管理部门，人事部负责起草、建立和完善行政人事部的工作程序、岗位职责、人事调动以及薪酬绩效等制度，使各部门工作效率更加灵活高效。由此可见，人事部的薪酬激励也是至关重要的。

下面以案例的形式来展现人事部薪酬激励方案的设计要点。

案例陈述

某企业在前期没有重视人事管理，导致内部人事管理非常混乱，经常造成岗位无人、能力与岗位不匹配以及拉帮结派的情况，为保证正常的人事管理而制定人事部薪酬激励方案。

×× 企业人事部薪酬激励方案（讨论稿）

一、薪酬激励目的

为实现内部正常化的人事管理，激发员工的积极性和创造性，提高员工工作效率，特制定本薪酬激励方案。

二、人事部组织框架

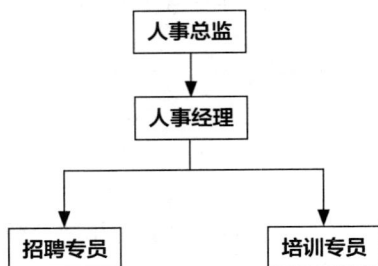

```
        ┌──────────┐
        │  人事总监  │
        └──────────┘
             │
        ┌──────────┐
        │  人事经理  │
        └──────────┘
             │
      ┌──────┴──────┐
┌──────────┐   ┌──────────┐
│  招聘专员  │   │  培训专员  │
└──────────┘   └──────────┘
```

三、薪酬构成

月薪 = 底薪 + 绩效奖 + 工龄奖 + 餐补 + 全勤奖 + 年终奖，各层级的薪酬具体如下表所示。

岗位层级	底薪	绩效奖（元／月）	工龄奖（元／年）	餐补（元／月）	全勤奖（元／月）	年终奖（元／年）
人事总监	6 000	200 ～ 1 000	300	300	100	竞评
人事经理	4 000	200 ～ 800	200	300	100	竞评
招聘专员	2 000	100 ～ 500	100	300	100	竞评
培训专员	2 000	100 ～ 500	100	200	100	竞评

1. 管理层的薪酬另加公司目标达成奖。

2. 工龄奖从员工入职之日算起，满 1 年后，次月增加工龄奖，工龄奖随月工资一起发放。

四、薪酬调整

公司坚持薪酬增长、工龄增长以及工作绩效相协调一致的原则，公司薪酬调整严格按上年度经济效益完成情况确定，本年度薪酬增长和年终奖金主要以上年度利润指标完成情况为依据，具体如下。

1. 考核时长：第一次调薪是入职 3 个月的转正调薪；第二次调薪是转正后 1 年。

2. 审批流程：个人申请→人事经理审核→人事总监审核→总经理审核→审核通过→正式调薪。

从上述案例可以看出，该企业为了规范人事管理而进行薪酬激励，首先整顿了内部的组织架构，让薪酬激励方案的实施更加顺利；其次是以岗位层级为横向维度进行薪酬激励，确保激励方案更加科学化，而工龄奖也是留住老员工的激励措施之一，值得其他企业借鉴；最后是薪酬调整方案，员工的薪酬增长与企业的利润指标完成情况紧密相关，这样就将员工的利益与企业利益挂钩，有利于增强员工的责任感，为企业发展汇聚了更坚实的力量。

技术部的薪酬激励核心：稳住企业核心骨架

企业的竞争主要体现在两个层面：第一个层面是企业的创新能力，通过技术创新能够快速转变为生产力，进而更快地占领市场。第二个层面是产品的质量，企业成立技术部门或者是研发部门，不断优化产品工艺，保证产品的质量，让企业在市场中取得良好的口碑。

因此，技术部在很大程度上决定了企业的生死存亡，技术部的薪酬激励方案也是企业规划内容重中之重。接下来将通过案例的形式来展示技术部薪酬激励的核心所在。

案例陈述

某互联网企业在成立初期，并没有花太多心思在技术部门上，而技术部的薪酬激励方案设计也存在着一定问题，如下所示为技术部门的一条规定。

为激励技术部门的积极性，每月的项目业绩为 5 万元，若在规定的时间内完成了业绩，员工的项目奖金为项目总金额的 10%；若未完成，则不给于任何奖励。

咋眼一看，这条薪酬规定并没有太大的争议，但是在实施过程中却出现了各种问题。

甲员工在 3 月 1 日接手了 A 项目，项目总金额为 5 万元，该项目的结束日期为 3 月 30 日，项目的总工期为 30 天。若甲员工在当月完成了 A 项目，就可以获得 5 000 元项目奖金。

3 月 20 日，A 项目开展到中途。但是由于公司的人手不够，公司又安排甲员工接手 B 项目，B 项目总金额为 8 万元，项目结束日期为 5 月 19 日，总工期为 60 天。

截至 3 月底，甲员工没有完成 2 万元的业绩指标，自然没有任何项目奖励。若甲员工在规定的时间完成了 B 项目，5 月能够获得 8 000 元项目奖金，但是 3 月和 4 月却没有任何的项目奖励。

这种薪酬激励业绩指标很不合理，导致技术岗位的人员流动性特别大。企业深感这种错误的激励方法对于企业发展的阻碍，决定进行大刀阔斧地改革。

首先，取消了 5 万元的业绩考核指标，衡量项目的难易程度与员工的能力来确定项目奖金的激励比例；其次，根据员工完成项目的情况来适当地增加员工的绩效奖金。

当全新的薪酬绩效方案实施后，技术部的离职率明显下降，企业也招聘到了一些优秀的外部人才。但是企业也没有放松对于技术部的薪酬激励，始终以"人才至上，实事求是"的理念来指导薪酬激励方案的设计。

从上述案例可以看出，从一开始，该企业的薪酬激励方案违背了薪酬激励的设计初衷，项目激励没有起到激励的作用，奖惩制度纯属"一刀切、一把抓"，完全不符合技术部的岗位特征，严重地打击了员工的积极性；但企业意识到这一问题后，迅速进行了整改，确保技术部的薪酬激励方案走上正轨。

企业管理者可以从该案例中汲取到一定的教训，首先技术部的工作比较特殊，其工作价值不能够单纯地以业绩指标来衡量，需要综合项目难易度、项目金额、项目工期以及项目完成质量等多方面来考核。

其次，有奖有惩的薪酬激励才是科学的，且奖惩制度不能模棱两可。若员工完成业绩指标，则可以获得相应的项目奖金；若员工没有完成业绩指标，就应该受到相应的处罚，尤其是谎报业绩、严重拖累团队进步以及影响企业信誉等恶劣行为。

客服部的薪酬激励要点：提升企业的服务质量

如今企业越来越重视客户服务，这一趋势也是市场经济发展的必然过程。因此，许多企业专门成立了客服部。客服部是一个企业的服务窗口，是直接接触客户的部门，其重要性自然不言而喻。

下面将以案例的形式讲解客户部薪酬激励方案的设计要点。

案例陈述

某移动通信服务企业从成立到发展壮大，客服部一直是中坚力量，为了激励客服部持续地为企业创造价值，企业针对于客服部制定了薪酬激励方案。

××企业客户部薪酬激励方案（试运行）

一、激励目的

为提高客户部的工作热情和积极性，吸纳外界优秀的人员加入，根据国家及地方法律法规，并结合本公司的实际状况，制定本方案。

二、客服部的组织架构

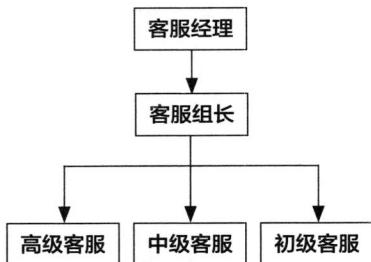

```
        ┌────────┐
        │ 客服经理 │
        └────────┘
             │
             ▼
        ┌────────┐
        │ 客服组长 │
        └────────┘
             │
    ┌────────┼────────┐
    ▼        ▼        ▼
┌──────┐ ┌──────┐ ┌──────┐
│高级客服│ │中级客服│ │初级客服│
└──────┘ └──────┘ └──────┘
```

三、薪酬构成

薪酬＝底薪＋绩效奖金＋工龄奖＋其他补贴，根据公司客服部岗位层级来制定薪酬，具体如下表所示。

岗位级别	底薪（月／元）	绩效奖金（月／元）	工龄奖（月／元）	其他补贴（月／元）
客服经理	3 000	500 ～ 1 000	300	500
客服组长	2 800	500 ～ 800	200	300
高级客服	2 500	300 ～ 500	1 500	200

续表

岗位级别	底薪（月／元）	绩效奖金（月／元）	工龄奖（月／元）	其他补贴（月／元）
中级客服	2 000	200 ～ 500	100	100
初级客服	1 800	100 ～ 300	50	100

1. 客服部人员按照岗位级别做相关薪酬绩效考核。

2. 工龄奖按照入职时间来计算，入职满 1 年就开始计算工龄奖，在第 13 个月正式发放。

3. 根据客服部的整体业务目标，按照岗位的职责要求制定客服务部月度绩效考评计划，根据岗位定义考评指标权重。

4. 通过 KPI 绩效考核将客服专员级别以不同潜能分为客服经理、客服组长、高级客服、中级客服和初级客服。

从上述案例可以看出，该企业针对客服部门制定了比较科学的薪酬激励方案。

第一，确定了客服部门的组织架构，让薪酬激励方案更加科学、合理，进而保证激励方案的实施；

第二，除了基本的薪酬绩效考核方案外，企业还制定了月度绩效考核，双重的绩效考核让薪酬激励降低薪酬激励的失真，让薪酬激励更加有效；

第三，企业利用 KPI 绩效考核将客服专员按照能力分为高级、中级和初级，这样有利于企业从内部培养人才。

企业应该设置一个有权威、有地位、有执行力的客服服务部门，这个部门是客户服务标准的制定者和评估者，其职责就是制定服务标准、规范和流程，同时肩负着监督、检查、考核和评估的责任。这样做的结果是，客服工作不再是某个部门的事，而是全员的事。

企业管理层的薪酬激励方案设计要点

在任何一个企业中，管理层都是组织的中坚力量，参与企业的重大决策，或者是兼有部门负责人的双重身份。一个成功的企业离不开管理层的正确领导，因此企业管理层薪酬激励方案的合理与否在很大程度上决定了企业的发展。

不同部门的管理者需要实施相应的薪酬激励方案，使管理者在追求自身利益的同时，能够最大程度地实现部门价值的最大化。本节将讲解如何设计企业管理层的薪酬激励方案。

营销总监进行薪酬激励：留住企业营销一把手

营销总监是销售部门的一把手，也是企业管理层的重要成员之一。如果说企业老板是战略决策者的话，那么营销总监则是方针制定、战术运用的指挥者和实践者。其主要职责是制定短期及长期营销战略规划以及风险解决措施，不断提升企业的市场占有率。

因此，针对企业营销总监薪酬激励方案的设计必须有技巧，下面将讲解一些比较实用的技巧。

（1）目标现金报酬总额激励法

目标现金报酬总额仅仅包括基本工资和销售业绩，不包括岗位津贴、工龄工资、超额绩效奖金以及费用报销。简而言之，这种薪酬激励方法的制定依据就是员工的业绩，员工干出多少业绩，老板就支付多少薪酬。

这种方法比较简单，不涉及复杂的考核指标，流程单一，非常适合于中小企业销售管理层的薪酬考核。但是这种方法也存在一定的缺陷，尤其是企业所属行业竞争程度、企业知名度、产品占有率以及产品的口碑等因素都会影响目标现金报酬绩效考核。

例如，甲公司是一家化妆品企业，企业研发了十多种化妆品，其中A、B、C这3种产品知名度较高，市场占有率高，销售总监完成100万元的年度销售业绩指标，基本薪酬为10万元；但是其他化妆品的知名度低，完成50万元的年度销售业绩指标，基本薪酬为3万元。

如果企业想要提升销售总监的销售业绩，就需要结合产品的市场饱和度、同行竞争情况以及经济趋势等因素来确定销售额，但是这些外在因素都是不断变化的，可能会影响企业的销售业绩指标的精准度。

（2）薪酬搭配与杠杆调节

薪酬搭配是指基本工资（固定薪酬）和目标激励奖金（可变薪酬）的比例，两个数据指标的比例相加起来应该等于100%，其中的搭配比例根据职位不同来确定。

例如，某企业普通销售员工的薪酬搭配为4∶6，其年薪为10万元，4万元是基本年薪，6万元是作为目标绩效激励金。针对中级销售骨干和高级销售管理者，可适当地调整薪酬搭配。比如，大客户销售的薪酬搭配为7∶3，销售总监的薪酬搭配则为6∶4。

杠杆调节是为具有潜力的销售员工提供收入增长的机会。最普通的杠杆调节一般是3倍，通常将销售业绩排名较为突出的的员工选择为目标激励奖金的对象。

例如，某企业的销售总监是 6 ：4 薪酬搭配，完成销售目标后的年薪是 30 万元，基本工资就是 18 万元，目标激励奖金是 12 万元，那么他的突出收入就是 12×3 ＋ 18 ＝ 54 万元。

（3）薪酬绩效考核指标

销售薪酬激励方案的独特之处就在于其绩效指标，而销售总监的薪酬就是与绩效指标挂钩的。一般而言，销售总监的薪酬绩效指标主要可归结为以下 4 种。

◆ **交易量指标**：该指标是反映销售总监能力的重要指标，包括月度 / 季度 / 年度销售额、成交量和净盈利等。

◆ **销售效力指标**：销售总监通过努力促进某些方面销售成果的提升，如新产品市场占有率、新客户开发率、销售额回款率、合同履行率以及团队合作能力。

◆ **客户反馈指标**：该指标用来衡量客户消费的满意度和忠诚度，主要有用户满意度、投诉率、回头客率以及用户黏性等。

◆ **资源利用指标**：该指标是考核销售总监对于资源的利用效率，如人均产出、销售费用率、人工成本以及团队价值等。

通常而言，薪酬绩效考核指标是结合着权重分配的，每个单一的考核指标的权重应该严格按照岗位的特点来确定，各个考核指标的总和等于100%。

但需要注意的是，切忌将部分考核指标设置得过高或者是过低，这样不利于薪酬激励的考评。

人事总监进行薪酬激励：防止企业员工被挖墙脚

人事总监是整个企业中最重要、最有价值的顶尖管理职位。人事总监不是一个部门负责人，而是企业经营管理的核心领导成员之一，承担着将人力资源纳入企业运作体系的重任，支持企业发展。

人事总监作为企业经营管理中枢，其重要性对于企业不言而喻，那么企业该如何对人事总监进行薪酬激励呢？

（1）明确人事总监的岗位职责是前提

人事总监薪酬激励的实施前提是"对岗"，即明确其岗位职责。在职位要求中明确规定人事总监岗位职责，部分岗位职责的具体内容如下。

◆ 根据企业年度战略规划，全面主持修定企业人力资源发展的年度方案，并监督方案内容全面、有效地实施。

◆ 根据企业年度战略规划，组织制定出行之有效、适应企业文化及发展的招聘制度、培训制度、薪酬考核制度、员工手册等规章制度。

◆ 负责制定、修定和完善企业各岗位的工作分析、岗位说明书，提出机构设置和岗位职责设计方案。

◆ 主持、制定、修定和完善企业各岗位绩效考核方案，并通过有效的激励机制、薪资福利调整等制度，充分发挥员工的积极性和创造性。

◆ 参与制定企业年度总预算和季度预算调整，汇总、审核下级部门上报的月度预算并参加企业月度预算分析与平衡会议。

◆ 审阅行政系统及相关的文件，审核直接下级上报的年度、季度和月度工作计划及总结，视其内容，给予评估。

（2）清晰管理权限是实施薪酬激励的依据

人事总监作为企业位高权重的管理岗位，企业必须清晰说明人事总监的管理权限，避免出现越俎代庖的情况。一般而言，人事总监具有如下所示的部分管理权限。

1）有权参与制定企业经营发展规划并提出建议。

2）有权组织参与制定、修改完善人力资源部的相关规章、制度。

3）有权对人力资源部各岗位员工进行人事管理，拥有对直接下属调配及奖惩的建议权、任免提名权、绩效考评和工作进行监督与检查。

4）有对企业相关部门提关的制度、考核方案的建议及修定权。

5）有权对所属下级间的工作争议进行裁决。

6）有权对直接下属的报销单进行审核，对不符合企业要求的报销申请可以拒绝签字。

（3）合理的薪酬激励方案是关键

在明确了人事总监岗位职责和管理权限的基础上，再对其进行薪酬激励，其方案如下。

人事总监月薪总额 = 基本工资 + 岗位工资 + 绩效工资

1）基本工资：指企业根据社会和企业的实际经济水平，结合企业的工作环境、劳动条件，为管理层提供相对较高、基本能保证员工本人基本生活需要的薪酬（一般为整体工资的 70%）。

2）岗位工资：指企业根据员工所处岗位特点及能力级别共同确定的薪酬（相对固定，会依据岗位的变动及级别的调整有所变动）。

3）绩效工资：指企业制定岗位绩效考核标准，确定绩效工资基数。

4）特别说明：人事总监的考核指标分为管理绩效指标和特别加减分指标，其中管理绩效指标包括人事管理、培训计划、招聘计划和薪酬管理等；特别加分指标包括创新能力、保密承诺、工作能力以及员工沟通能力等；特别减分指标是包括重大过失、泄露机密以及违约等。

综上所述，人事总监薪酬激励方案的考核主要从岗位职责、管理权限以及薪酬考核的指标 3 个维度来制定，这样才可以确保薪酬激励方案行之有效，确保企业正常化的人事管理，也防止人事部的高层被同行挖墙脚。

技术总监进行薪酬激励：确保技术团队有领路人

技术总监负责一个企业技术管理体系的建设和维护，对行业技术业具有深入理解，对行业技术发展趋势和管理现状具有准确的判断。

技术总监是企业团体里的高管职位之一，是企业内负责技术的最高负责人。企业为保证技术团队有领路人，必须重视和加强对于技术总监的薪酬激励。

（1）清楚自身的工作内容

企业的技术总监要全面主持企业产品研发与技术管理工作，规划本企业的技术发展思路与新产品开发项目，实现技术创新目标，按时、按质且按量地完成研发任务，如下所示为技术总监的部分工作内容。

1）协助执行总裁制定企业总体发展战略，负责制定本企业的技术发展战略规划。

2）负责技术研发、新产品开发、技术更新等费用的预算和执行工作。

3）组织制定并实施年度技术工作计划，完成年度新技术、新产品定位和研发工作任务。

4）负责企业核心技术的管理，组织制定、实施重大技术方案。

5）组织技术、产品研发与创新工作，并制定技术、产品研发的工作标准。

6）对技术、产品研发的过程进行有效监督，解决技术、产品研发中出现的重大问题。

（2）技术总监的薪酬绩效考核指标量表

由于技术总监岗位所需要处理的事务较多，为了保证薪酬绩效的科学性和合理性，可以按照一定维度来制定技术总监的薪酬绩效考核指标，具体如表5-1所示。

表 5-1　技术总监薪酬绩效考核指标量表

指标维度	KPI 指标	权重	绩效目标	评分
财务	净资产回报率	10%	净资产回报率在____% 以上	
	主营业务收入	10%	主营业务收入达____万元	
	技术改造费用控制	10%	预算控制在____范围之内	
	技术研究经费控制	10%	经费控制在____范围之内	
运营	战略目标完成率	10%	目标完成率达到____%	
	技术创新目标达成率	10%	目标达成率达到____%	
	技术研究项目计划完成率	10%	项目计划完成率达到____%	
	重大技术改进项目完成数	10%	通过验收的项目____项	
客户	客户满意度	5%	客户满意率在____% 以上	
	技术服务满意度	5%	技术服务满意度____分	
学习	外部学术交流次数	5%	参加外部学术交流____次	
	培训计划完成率	5%	组织员工培训完成率____%	
	核心员工保有率	5%	员工在职率达到____%	
本次考核总分				

被考核人：_____　　考核人：_____　　复核人：_____
考核时间：_____　　考核时间：_____　　复核时间：_____

综上所述，技术总监的薪酬绩效考核主要是从如下两方面入手：

首先让技术总监明确自己的工作内容以及岗位职责，为薪酬激励方案的实施提供"场所"。

其次是将技术总监的工作进行量化处理，由于岗位事务繁琐，所以按照财务、运营、客户以及学习 4 个维度进行分类，让薪酬激励的考核指标更加明确、有目标、有方向。

客服经理进行薪酬激励：防止出现群龙无首的局面

客服经理，顾名思义，就是客户服务经理，直接从事全企业的客户管理工作，监管和指导客服的工作。

由于客服经理是代表企业与客户打交道的人员，代表了整个企业的信誉和形象。因此企业也不能疏忽对于客服经理的薪酬激励，下面将讲解如何对客服经理进行薪酬激励。

（1）客服经理统领整个企业的客服工作

客服经理薪酬激励的第一步就是让客服经理负责统筹整个企业的客服工作，即让客服经理明白自己的岗位职责，如下所示为客服经理的部分岗位职责。

1）负责协助部门经理组织部门员工按部门工作要求落实各项日常性的工作，保证公司服务工作的质量。

2）负责客服部门各项管理职能实施的监督检查。

3）负责与服务有关的文件的受控发放及对有关文件的管理。

4）负责组织接待、处理客户的投诉，做好工作记录，协调各部门的后续工作跟进，并回访客户对投诉处理的满意度。

5）负责对本部门各岗位的工作检查，负责组织部门内员工培训工作，每周一次案例实操培训工作。

（2）客服经理的薪酬绩效考核指标量表

与技术总监的薪酬绩效考核类似，企业也可以按照一定维度来制定客服经理的薪酬绩效考核指标，具体如表 5-2 所示。

表 5-2　客服经理薪酬绩效考核指标量表

指标维度	KPI 指标	权重	绩效目标	评分
目标	客服工作计划完成率	20%	计划完成率达＿＿%	
	大客户流失数	10%	大客户流失数量在＿＿以下	
财务	客服费用预算	10%	预算控制在＿＿范围之内	
	客服费用节省率	10%	费用预算节省率达＿＿%	
客户	客户满意度	10%	客户满意得分在＿＿分以上	
	客户意见反馈及时率	10%	目标达成率达到＿＿%	
	客户服务信息传递及时率	10%	信息传递及时率达＿＿%	
	客服标准有效执行率	10%	客服标准执行率达＿＿%	
	客服流程改进目标达成率	5%	改进目标达成率达＿＿%	
合作	部门协作满意度	5%	部门协作满意度＿＿分以上	
	部门团队管理	5%	部门考核成绩在＿＿分以上	
本次考核总分				

被考核人：＿＿＿＿＿＿　　　考核人：＿＿＿＿＿＿　　　复核人：＿＿＿＿＿＿

考核时间：＿＿＿＿＿＿　　　考核时间：＿＿＿＿＿＿　　　复核时间：＿＿＿＿＿＿

第六章 ○ 股权激励，企业创新型的薪酬激励机制

股权激励是对员工进行长期激励的主要方法之一，也是一种长期的薪酬激励机制。员工以股东身份参与企业决策、分享利润和承担风险，使企业管理更加容易，也更能调动员工的积极性。不过，在使用股权激励之前需要掌握股权激励方案的设计原则、实施方法等。

股权激励快速入门

越来越多的企业采用股权激励的方式进行企业管理，不管是上市大中型企业还是非上市的小微企业。为什么都要走股权激励的道路呢？因为股权激励能够让员工自发工作，使企业永葆"青春"，让企业在竞争激烈的市场中站稳脚跟。因此，企业走股权激励道路是紧跟市场发展的必要依据。

了解股权激励的原理

某股权激励大师曾说过："股散人散，股聚人聚"。因为他认为，股权激励是给一个企业奋斗型员工的稀缺品，工资和奖金给普通员工，公司最宝贵的奋斗型人才应该获得是股权。那么，企业该如何来实行股权激励呢？

在股权激励机制中，股东和经理人是委托和代理的关系，股东委托经理人经营资产，经理人代理股东管理资产。但是实际上，股东和经理人追求的目标不一致，股东希望持有的股权价值最大化。而经理人则希望自身利益最大化，股东和经理人之间存在"道德风险"。因此，需要通过约束机制来引导和限制经理人行为。

◆ 利用薪资来约束经理人

由于激励方式的多元化，经理人的薪资可能会有所差异。而薪资主要是根据经理人的学历背景、工作资历以及职业素质等多方面来决定的。所以，股东应尽量选择高素质、高职业道德和具有相关工作经验的经理人，确保股东的资产的价值能够最大化。

◆ 利用奖金来刺激经理人

经理人的奖金作为 KPI 绩效考核的输出结果，能够最大程度刺激经理人的工作积极性。通常情况下，奖金是根据经理人工作能力、工作积极性以及工作潜力等方面综合而定的。因此，经理人会为了获得较多的奖金而主动提升自身的工作能力，保证股东资产价值最大化。

从股东的角度来分析，最关心的就是资产的长期增值。尤其是成长型企业，经理人的最大价值往往是通过实现企业的长期价值的增加，而不仅仅是短期的 KPI 绩效考核指标的实现。

◆ 捆绑股东和经理人的利益

为了确保经理人能够主动关注股东的利益，需要将股东和经理人的利益捆绑在一起。而股权激励就是一个最好的方案，企业通过使经理人在一定的时期内拥有股权，享受股权的增值收益，同时承担一定的风险。

股权激励是防止经理人一味追求短期绩效的最佳方式，解决了薪资和奖金这两种激励方式的缺陷，在引导和约束经理人起到了很关键的作用。

股权激励与公司治理、企业文化

股权激励在新时代中被赋予了新的含义。首先，股权激励的核心就是让核心员工获得股权，不再是雇佣劳动者，而是公司的股东，企业事业的主人；其次，股权激励不再是单一员工福利，而是专门为公司事业打拼的奋斗者量身打造的一种长期激励机制。由此可知，股权激励在企业管理中的重要地位。但是股权激励和公司治理、企业文化之间有什么联系呢？

（1）股权激励与公司治理

美国经济学家利弗·威廉姆森用学术性的语言对于公司治理进行了定义："公司治理就是限制针对事后产生的准租金分配的种种约束方式的综合。"其中，公司治理包括了如下所示的要素。

- ◆ **所有权的配置**：公司治理中的权利配置具有层次性，而所有权的配置是第一层次的权利配置问题，具有基础性的作用。企业所有权的配置是企业效率的源泉，也反映了企业组织各参与人地位及其利益归属问题。
- ◆ **企业的资本结构**：资本结构包括企业全部资金的来源、构成及其比例关系，不仅包括主权资本和长期债务资金，还包括短期债务资金。
- ◆ **对管理者的激励制度**：企业对于管理者激励的核心就是分离所有权与管理权，通过薪酬机制使股东利益最大化的目标与管理的个人目标相结合，对其形成有效的激励与约束。
- ◆ **董事会制度**：董事会是采取会议形式集体决策的机构，必须有规范化的会议制度，按照法定程序运作。如果违反会议制度就会直接影响董事会决议的效力。
- ◆ **产品市场中竞争力**：产品的竞争力决定了企业能否在市场中占有一席之地。因此，企业需要不断提升产品的质量，完善自身的售后服务。

股东是对企业经营者的一种监督与制衡，通过相关的制度安排来合理地界定和配置股东与企业经营者之间的权利与责任。公司治理的目标是保证股东利益的最大化，防止企业经营者与所有者利益的相背离。

（2）股权激励与企业文化

股权激励作为长期激励的机制，企业经营者能够以股东的身份参与企业决策、分享利润和承担风险，从而勤勉尽责地为公司的服务。从企业的长远发展来看，企业该如何利用股权激励来改善企业文化？

第一，当实施股权激励后，企业管理者被授予部分股权后，从打工者摇身变成股东，兼具股东与员工双重身份。对于被激励者而言，这种身份转变意味着"当家做主"，不仅能够获得企业增长的收益，而且还有机会参与企业的重大决策。对于部分身份认知敏感的员工而言，"当家做主"的激励效果甚至大于经济利益的激励效果。

第二，新股东加人了股东大会，甚至部分新股东还加入了董事会。他们都依法享有所持股份对应的所有权、表决权、收益权、转让权和继承权。新股东广泛参与公司决策，对大股东一言堂式的决策风格造成了很大的冲击，有效地避免了企业大股东的"独裁专政"，进而确保企业的决策更加科学化和合理化。

判断企业是否适合做股权激励

股权激励到底适合于哪种企业？行业不同或者是同一行业但是发展阶段不同，甚至是企业文化不同，都会影响到企业管理者的决策。根据专业机构的调研发现，许多公司仅仅是盲目跟风，根本不清楚为什么要做股权激励，而企业到底适不适合股权激励更是无从说起了。因此，作为企业掌舵人，首先要明白什么样的企业适合进行股权激励。

第一，创业型企业资金运作能力有限，在员工薪资方面难以利用高薪吸引员工，而股权激励作为一种薪酬补偿可以起到正向的激励作用，达到留住员工的目的。此外，由于创业型企业的抵抗风险能力较差，创业团队的稳定性在很大程度上决定了创业的成败，企业将股权分给员工，可以让员工与企业共进退。

第二，对于核心人才依赖性非常强的企业。这部分企业也适合做股权激励，例如高新技术企业、公关企业、咨询公司和培训机构等。人才是企业的命脉，利用股权来留住人才是非常有必要的。

第三，同行实行了股权激励。如果同行已经实行股权激励，那么企业也应该实行股权激励。这不是盲目跟风，因为这样做能既够避免高管被同行挖墙脚，又能激励到内部团队，提升自身的竞争力。

第四，民营企业更适合股权激励。相对于国企，民企在两权分离的前提下，更容易推行股权激励，确保提升企业的核心竞争力。

第五，成长期的企业也应进行股权激励。成长期的企业最需要的就是人才，而股权激励能够为企业储备人才。

所以，上述 5 种企业适合做股权激励。企业掌舵人在推行股权激励前，需要制定完善的制度，以保证股权激励效果。

小贴士

没有长远规划的企业不适合做股权激励，因为股权激励是长期的激励机制，目光短浅只会竭泽而渔；没有大局意识的企业也不适合做股权激励，因为股权激励的对象是有潜力有干劲的员工；没有正义之道的企业同样不适合做股权激励，否则股权激励只会留下唯利是图的人。

股权激励让企业管理更顺利

古语有云："水不激不跃，人不激不奋"，西方管理学中也有句名言："人们总是喜欢去做受到奖励的事情"，这些都说明了人需要激励。在企业管理中也需要进行激励，让整个管理更加顺畅。那么，哪种激励能让员工更加主动顺从公司的管理呢？答案是：股权激励。

因为，股权激励能让员工从"客体"变成"主体"，将员工与企业的利益捆绑在一起，让员工觉得自己不仅在帮企业赚钱，同时也在为自己赚钱。

让员工从"逼我干活"变成"我愿干活"

通常情况下，员工都有一种被动心理，工作是为了工资或公司，而自己是老板的赚钱工具，是被剥削对象，所以工作的主动性和能动性往往不高。出现这样的被动心理主要是因为"位置"不同，从而看待工作的角度也不同。

股权激励刚好能改变员工的这种心理，让他们从打工者变成"老板"，把他们自身的利益与公司利益结合起来，把公司的发展作为自身的发展，把公司的前途当作自己的前途和未来，很好地将个人与企业完美地绑在一起。

此时，被股权激励的员工将会从"逼我干活"变成"我愿干活"的状态，把自己的精力、技术、经验以及创新能力等运用在工作岗位上。

同时，其他没有享受到股权激励的员工，也会因为有的同事因努力工作得到股权奖励的行为激励从而积极工作，在工作岗位上发光发热，争取自己能够得到这份激励，享受到公司"分给"自己的利益和好处，提高自己的综合收入。

在应用股权激励员工工作积极性方面，贝斯特国际事业集团在行业中可以算得上是典范。他们规定：主要员工为公司揽得一份新合同，就有机会额外购买与合同金融成一定比例的股票，并允许员工选择购买各种"先锋"基金和科用公司股票。

另外，为了奖励和留住极其出色的员工，公司也会留出一部分股份，根据个人表现把它们作为可选择购买的股票或作为奖金提供给员工，到年终时，约有一半的员工得到股票。

同时，每年有200名员工（他们被认为是未来的领导人），每人能得到价值2.5万美元的公司股票，这些股票暂由公司代管，7年后归个人，并附加规定他们如果离开公司将丧失这一切。

这些股权激励手段，大大提高了员工的工作积极性并留住了人才，让公司财富和规模不断增加。

股权激励避免被竞争对手"挖墙脚"

人才对公司而言非常重要，优秀人才更是如此，他们就像是起到房屋支撑作用的"房梁"一样，所以公司需要将他们留住。这不仅是因为招聘优秀人才不容易，还因为发现人才和培养人才更不容易。

怎样留住他们呢？

有效的方式就是用股权激励，将他们变成公司"主人"，把公司的利益分享给他们，让他们觉得是在给自己"打工"，觉得在公司"有利可图"，而且这种"利"对于其他公司有"优势"，从而"心甘情愿"留在公司工作。

案例陈述

1996 年，正泰公司迅速扩张，企业核心仍为家族成员，正泰公司在管理上出现了一次混乱，使得大量人才流失。

为了留住人才，企业管理者逐步推行股权配送制度，用"生产要素入股"的方法，让核心科技人员、管理人员和营销人员，以管理入股、技术入股、经营入股，正泰公司的核心股东扩充到了 100 多位。

在这一次股权改革中，企业管理者按贡献大小合理地设置了分配级差，没有进行平均分配，避免了分配不公和内讧。

同时，正泰推行与职位考核联系在一起的岗位激励股，受益人不需要出资购买，就能享有分红权，当业绩达到标准后，岗位股可以转化为普通股。这就是正泰公司在当时推行的"员工入股计划"。

2003 年，正泰公司开始推行限制性股权结合分红权的股权激励方式，激励对象是企业高级管理人员和骨干人员，以经营绩效进行考核和限制，再通过分红权加强其激励的效能，进一步制度化推行股权激励，留住了骨干和突出贡献者。

从上述案例中可以看出，正泰公司为了留住人才，分别在不同阶段采用了不同的股权激励手段和方案：1996—2003 年，推出岗位激励股制度，让岗位股可以转化为普通股，使企业大部分员工享受到企业红利，保证了人才的不流失；2003 年，推行限制性股权结合分红权的股权激励方式，目的是留住骨干人员和高级管理人员。

经过时间的证明和检验，正泰推行的股权激励方案获得了很大成功，人才团队和公司规模不断扩大。

股权激励降低企业"走后门"现象

"走后门"是指采用不正当手段来谋求达到某种个人目的的行为。在企业中，"走后门"的主要是一些有背景、有势力和有权限的人员，他们为了在企业中培植自己的势力，通过自己的权限、地位和关系将一些人员安插到重要或关键的岗位上，从而形成一种帮派或小团体。

"走后门"给企业的管理带来麻烦，给内部团结带来阻塞，甚至会让企业利益受到损失。

对于这种情况，企业除了通过行政手段来对人事调动进行处理外，还可以用股权激励手段来降低这种现象，具体方法如下。

◆ 股权激励给核心科技、管理人员。

◆ 按照工作成绩、工作能力和工作潜力进行股权激励。

◆ 将股权激励作为一种招聘优秀人才的手段，通过引进外部人才来稀释企业内部帮派势力，同时替换通过"走后门"上位的人员。

◆ 通过股权激励让元老级员工得到实际回报，让他们安心地为企业培养新人。

◆ 应用股权激励避免出现新老员工（元老级有能力人物和拥有新知识、技能的新人）之间的明争暗斗，从而导致"走后门"拉帮结派的现象，导致企业内斗。

股权激励的设计和实施

要想通过股权激励方式让员工更加服从公司的管理，更加积极主动地工作，首先需要对股权激励进行设计，然后实施。怎样来设计和实施呢？不是随心意而定，其需要讲究一定的技巧和方法。下面就对一些设计和实施股权激励的技巧和方法进行介绍。

多元化激励工具任意挑选

随着国内产权交易体系逐步完善，非上市公司施行股权激励的外部条件更加成熟，越来越多的非上市公司使用股权激励员工。股权激励工具有很多，如虚拟股票、账面价值增值权、绩效单位和股份期权等。

不同企业可以根据行业特性、实际情况选择合适的激励工具或激励工具组合。下面介绍一些常用的激励工具（针对非上市企业）。

（1）虚拟股票

虚拟股票是指公司采用发行股票的方式，将公司的净资产分割成若干相同价值的股份，而形成的一种"账面"上的股票。

激励对象可以据此享受一定数量的分红权和股价升值收益，但没有所有权和表决权，不能转让和出售，在离开公司时自动失效。

需要注意的是，实行虚拟股票的公司每年需要聘请一次薪酬方面的咨询专家，结合自己的经营目标，选择一定的标准对虚拟股票进行定价，使虚拟股票的价值能够反映公司的真实业绩。

小贴士

虚拟股票的发行虽不会影响公司的总资本和所有权结构，但公司会因此发生现金支出，有时可能面临现金支出风险，因此一般需要为虚拟股票计划设立专门的基金。

（2）绩效单位

公司预先设定某一个或数个合理的年度业绩指标，如平均每股收益增长、资产收益率等，并规定在一个较长的时间内，如绩效期内，如果激励对象经过努力后实现了股东预定的年度目标，那么绩效期满后，则根据该年度的净利润提取一定比例的激励基金进行奖励。

但这部分奖励往往不是直接发给激励对象，而是转化成风险抵押金。风险抵押金在一定年限后，通过对激励对象的行为和业绩进行考核后可以兑现。

如果激励对象未能通过年度考核，出现有损公司利益的行为或非正常离任，那么激励对象将受到没收风险抵押金的惩罚。在该计划中，激励对象的收入取决于其预先获得的绩效单位的价值和数量。

（3）干股

干股是指激励对象虽不实际出资，但却因为奖励／赠与而获得的公司股份，其是民间的一种股权法律制度创新。从法律意义上，干股股东是有实际出资的，只不过其出资是由公司或者他人代为交付的。

干股具有以下特点。

◆ 干股是通过协议取得，而非出资取得。

◆ 干股的地位受到无偿赠予协议的制约。

◆ 干股具有赠与的性质。

◆ 干股一般用来激励。

◆ 干股股东属于股东名册中的股东，而不是隐名股东或被代持股东。

下面是阿里巴巴在上市前使用股票期权作为股权激励模式的大体描述，帮助大家对股权激励工具的选择提供参考。

案例陈述

阿里巴巴（上市前）授予员工及管理层的股权报酬包括受限制股份单位计划、购股权计划和股份奖励计划3种，其中受限制股份单位计划是主要的股权激励措施。

员工一般都有受限制股份单位，每年至少一份受限制股份单位奖励，每一份奖励的具体数量可能因职位、贡献不同而存在差异。

员工获得受限制股份单位后，入职满1年方可行权。每一份受限制股份单位的发放则是分4年逐步到位，每年授予25%；同时，由于每年都会伴随奖金发放新的受限制股份单位奖励，员工手中所持受限制股份单位的数量会滚动增加，因此员工手上总会有一部分尚未行权的期权，进而帮助公司留住员工。

从上述案例可以看出，阿里巴巴在上市前对员工和管理人员采用股票/股份期权作为股权激励工具，不仅留住了员工，还极大地鼓励了员工工作激情，让阿里巴巴越来越大，成为上市企业。

（4）延期支付

延期支付是指公司为激励对象设计的薪酬收入计划，其中有一部分属于股权激励收入。股权激励收入不在当年发放，而是按公司股票公平市价折算成股票数量，在既定的期限后以公司股票形式或根据届时股票市值以现金方式支付给激励对象。

例如，某公司针对于管理层员工进行了延期支付的激励计划，将其各种激励收入按照当日公司股票市场价格折算成股票数量，存入公司为管理层员工单独设立的延期支付账户。

在高级管理人员离职或者是退休以后，再以公司的股票形式或根据期满时的股票市场价格以现金方式支付给激励对象，具体内容如表6-1所示。

表6-1　××公司针对于管理层实施延期支付计划表

	在职期间	正常离职／退休
股票期权／限制性股票	分期兑现	
激励基金	70% ～ 80%	20% ～ 30%
增量业绩奖励	60% ～ 80%	20% ～ 40%
项目收益提成	80% ～ 90%	10% ～ 20%
专项奖励	75% ～ 90%	25% ～ 10%
个人购股	70% ～ 95%	5% ～ 25%

根据该公司执行的延期支付股权激励方案可以看出，延期支付方式的两大特点，具体如下所示。

◆ **延期支付收益与公司的业绩紧密相连**：激励对象必须关注公司的股市价值，只有股价上升，激励对象才能保证自己的收益不受损害。企业可以在激励合同中规定，如果激励对象工作效率不高或者失职导致企业利益受损，可以减少或取消延期支付收益，以此作为惩罚。

◆ **延期支付方式考虑到企业长远发展**：延期支付方式可以激励企业管理层考虑公司的长远利益，制定出科学的、正确的和合理的决策，在很大程度上避免了激励对象的行为短期化。

激励对象通过延期支付计划获得的收益来自于既定期限内激励计划执行时与激励对象行权时的股票价差收入。

如果存入延期支付帐户的股票市价在行权时上升，则激励对象就可以获得收益；如果该市价不升反跌，激励对象的收益就会遭受损失。因此，对于企业而言，也需要了解延期支付方式的优缺点，具体如表 6-2 所示。

表 6-2 延期支付激励模式优缺点对比

激励模式	优点	缺点
延期支付	促使激励对象更关注公司的长期发展，减少激励对象的短期行为，有利于留住并吸引人才	公司高管人员持有公司股票数量相对较少，难以产生较好的激励效果
	延期支付的可操作性灵活方便，无需证监会审批	股票二级市场具有风险的不确定性，经营者不能及时把薪酬变现
	激励对象部分奖金以股票的形式获得，因此具有减税作用	如果企业没有建立并完善延期支付的机制，很可能导致企业和激励对象产生纠纷

（5）账面价值增值权

账面价值增值权是指直接用每股净资产的增加值来激励员工，可分为购买型和虚拟型两种。

购买型是指在期初激励对象按每股净资产值购买一定数量的股份，在期末再按每股净资产期末值回售给公司。

虚拟型是指激励对象在期初不需支出资金，公司授予激励对象一定数量的名义股份，在期末根据公司每股净资产的增量和名义股份的数量来计算激励对象的收益。其优点是激励效果不受外界资本市场异常波动的影响，激励对象无须现金付出，但要求企业财务状况较好，现金流量充足。

（6）股份期权

股份期权是非上市公司运用股票期权激励理论的一种模式。管理人员经营业绩考核和资格审查后可获得一种权利，即在将来特定时期，以目前评估的每股净资产价格购买一定数量的公司股份。届时如果每股净资产已经升值，则股份期权持有人获得潜在的收益，反之以风险抵押金补入差价。

激励对象购买公司股份后，如果正常离开，由公司根据当时的评估价格回购；如果非正常离开，则所持股份由公司以购买价格和现时评估价格中较低的一种回购。股份期权具有如下特点。

◆ 期权为看涨期权，即公司股价在高于行权价的条件下，激励对象行权后才能获利；如公司股价低于行权价，激励对象可以选择不行权。

◆ 期权是有价值的，但期权是公司免费赠送给激励对象的。

◆ 期权不能转让、赠与，但可以继承。

◆ 激励对象获得股票必须通过"行权"。

股权激励的对象要有针对性

股权激励不是上市公司的专利，对于非上市公司而言，也是一种非常实用的激励工具。那么，非上市公司的激励对象如何确定呢？

下面通过一个案例讲解怎么样的激励对象才具有针对性。

案例陈述

某互联网科技公司正处于高速发展期，公司现行的薪酬制度是一种短期的、较弱的激励，不足以激励企业优秀人才充分发挥能动性并长期留任。

因此，公司实施虚拟股权激励方案，一方面降低公司初创期所需的激励资金成本，另一方面希望通过以此股权激励计划将员工利益与公司利益紧紧地捆绑在一起，达到留住人才、实现公司持续快速发展的目的。

一、激励对象的范围

1.高级、中级管理人员，担任高级管理职务，如总经理、副总经理和总经理助理等。

2.具有高级职称的核心管理层，如市场总监、技术总监和财务总监等。

3. 担任中层管理职务，如高级监理、人力资源经理以及售后主管等。

4. 公司董事、监事、创始人。

5. 关键技术人员、骨干员工。

6. 对于企业有突出贡献的员工，如化解公关危机、研发新技术或者带领组建新团队。

特别说明：公司激励对象名单须经公司股东会审批，并经公司监事会核实后生效。

二、激励对象确定的依据

1. 工作期限

（1）在公司工作满 3 年。

（2）经董事会特别批准的激励对象可以适当缩短工作期限的限制。

（3）对于有突出贡献的员工可以缩短工作期限的限制。

2. 签订合同

（1）所有激励对象必须是已经和企业签订了正式的劳动合同。

（2）激励对象和企业签订《股权激励协议书》、《商业保密协议书》和《竞业禁止协议》等法律合同。

从上述案例可以看出，该企业对股权激励的对象范围、工作年限以及法律合同等方面都进行了规定。这样能够确保选出最佳的激励对象，达到留下优秀人才的目的，同时也为企业树立了良好的榜样，激励其他员工奋发工作。

股权激励应该坚持的原则

原则，对于企业管理是必须要讲究的，股权激励也不例外。原则将保证整个股权激励方案的顺利实施，让员工感到公平、公正，并努力争取获得股权，同时为保证股权变得更有价值而付出努力，从而推动企业整体向前发展；反之，股权激励不仅不能起到激励作用，而且还可能带来一些负面影响。

同层级股权激励的对象公平而不公开

股权激励不仅会为不同的岗位和职务设置不同的方案，而且同一级别和同一岗位设置的方案也不尽相同。其中，对于同层股权级激励虽然可以采用不同的股权激励方案，但必须遵循两个原则：公平和不公开。

同层级激励对象的公平原则，主要指无论是部门与部门还是人员与人员之间，都要保证股权激励方案是公平的，不能因为个人的喜好厌恶或亲缘关系等搞特殊化。更不能因为出生背景、国籍、性别、外貌或家庭背景来区分对待。只能以该员工是否有助于企业的长期发展为标准来衡量，从而公平合理地评估和认可每个团队成员的贡献。

否则，一旦出现股权激励不公平，员工就会有所察觉，从而导致整个股权激励方案破产或激励效果大打折扣。

同层级激励对象的不公开原则，不是指股权激励方案或计划不让同一层级人员知晓，而是不让其他层级的人员知晓，特别是高层激励具体信息不对低层级人员公开。

同时，同层级激励不公开还要考虑到评定主观因素。因一些岗位人员的激励考核不能具体量化，主要靠考核人员的主观意识来判定，在一定程度上很难保证考核的绝对客观、公正。这样很容易出现考核对象对判定结果不认同，同时，与同层级的其他人员进行横向比较，会严重损害股权激励效果。

不过，需要注意的是，不公开原则是相对的。股权激励方案很多信息需要公开透明，如激励的对象、获得股权的资格以及股权的回购方式等，甚至在需要时，股权激励计划还需要得到员工的认可并接收回馈后才能正式实施。

激励期限的把握

任何一种规定制度条约或协定都有一定的期限，股权激励也不例外，因为其要保证激励方案的时效性，符合当前企业发展的实际状况。这就要求股权激励要有明显的期限规定，特别是对不同层级、岗位的激励期限的规定。

当然，不同的企业、不同的规模和不同的发展阶段，实行的股权激励期限是不尽相同的；同时，企业还需要根据企业当前的实际经营状况对股权激励进行调整。

案例陈述

2014 年，万科激励草案中激励计划的有效期为 4 年，而新的草案则将有效期延至 5 年。其中，第一个行权期自授权日起 12 个月后的首个交易日起至授权日起 36 个月的最后一个交易日当日止，而之前则为"自授权日起 12 个月后的首个交易日起至本期权有效期（即授权日起 48 个月）的最后一个交易日当日止"。

另外第三个行权期也变为"自授权日起 36 个月后的首个交易日起至授权日起 60 个月的最后一个交易日当日止"，而之前则为"自授权日起 36 个月后的首个交易日起至本期权有效期（即授权日起 48 个月）的最后一个交易日当日止"。但每个行权期的行权比例不变，仍为第一个行权期 40%、第二个行权期 30%、第三个行权期 30%。

同时，新的草案被授予的股票期权有效期也相应地发生了改变。在第一个草案中，激励对象必须在授权日后 4 年内行权完毕，故股票期权有效期为 4 年；新的草案则变为在第一、第二和第三行权期，激励对象须在授权日后 3 年、4 年和 5 年内行权完毕，故第一、二、三个股票期权有效期分别为 3 年、4 年和 5 年。

从上述案例可以看出，万科随着企业当前经营状况适当更改股权激励方案的整体有效性时长，同时，对于员工的股权期限进行了相应的调整，使其以最有效的方式来激励员工。

激励与约束是共存

企业在进行股权激励时，一定要考虑到权利与义务、付出与回报之间的约束。不能让一些人员，特别是具有高级权利的人员，为了自身短期利益最大化，通过一些手段甚至是违法手段来达到考核目标的要求，提升业绩，让自己股权获取更多套现。

鉴于此，企业在设计和实施股权激励时，要制定相应的约束条件。通过约束条件引导激励对象自觉将个人短期利益与企业长期利益相结合，调动员工的工作动力。

虽然激励与约束有着不同的功能，但是二者又是相辅相成的，因为没有激励就没有积极性，一切发展也就无从谈起。同时，每个人都要对其行为后果负责，也就是员工的行动要受到约束。在股权激励的实际工作中，需要将二者很好地结合起来，才能调动员工的积极性，并与股东利益一致，实现激励兼容。

当然，激励约束机制是以员工目标责任制为前提、以绩效考核制度为手段、以激励约束制度为核心的一整套激励约束管理制度。为了在激励和约束之间形成一种平衡，需要在以下 3 点常见的基础上建立。

◆ 股东知情权必须得到保障，监督和约束经营管理者准确及时信息披露，除此之外，在会计报表应该有明确的反应。

◆ 以业绩评价为基础，只有建立在公正合理的业绩评价基础上的激励才是可行且有效的。

◆ 管理者获得股权激励的整个过程，既有引导，又有禁止，"赏罚肃而号令明"。

案例陈述

2008 年，中关村东方华盛科技有限公司将在中关村三板挂牌。该公司有 3 个股东，考虑到挂牌上市后股份会有较大增值，公司 CEO 认为这是一个为大家谋福利鼓舞士气的好机会，于是在改制过程中吸收近 40 位员工入股，其中入股最少的只有 3 000 多元，占公司股份总额万分之一。

公司刚刚在中关村三板挂牌，便有个别小股东以急需用钱为由要求企业主收购自己的股份。根据《中华人民共和国公司法》规定：有限责任公司变更为股份有限公司后 1 年内，发起人不得转让股份。这些员工都是在改制过程中入股的，都是发起人，因此无法立即转让股份。企业管理者被逼无奈，只得先将自己的钱借给员工。

从上述案例可以看出，该企业对员工进行股权激励完全是将股权当作一种福利发放给员工，没有完善股权激励制度，更没有直接的约束条款，导致个别员工对股权激励缺乏认识，只图眼前利益而不愿与公司长期发展，没有起到吸引和激励优秀人才、调动其工作积极性的作用。

构建一个充满活力、忠诚和团结奋进的核心团队，是提升企业竞争力、创造优秀业绩和实现可持续发展的基础，还可为企业的发展带来动力。下面将以星巴克的股权激励为例，讲解如何设置正向股权激励。

案例陈述

一、股票投资计划（S.I.P.）

星巴克员工在每个季度都有机会以抵扣部分薪水的方式，以一定的折扣价格购买公司的股票。

申购者需具备的条件：在申购季开始之前，被星巴克连续雇佣 90 天以上，且每周的工作时间不少于 20 小时。在申购即将开始前，公司会将申购资料邮寄到雇员家里，每个员工的申购资金限额为其基础薪酬的 1% ~ 10%。

折扣及交易方式：在每个季度结束后，在该季度第一个和最后一个工作日（Business Day）中，选择一个较低的星巴克股票公开市场价格（应该是这两天的"收盘价"中较低的一个——作者注），将员工所抵扣的工资以低于市场价 15% 的折扣购买，即通常所说的"八五折"。

二、"咖啡豆"（Bean Stock）期权计划

该计划赋予了更多员工购买并拥有星巴克股票的权利，目的是使员工充分分享公司的经营成果。

申购者需具备的条件：自每年 4 月 1 日起至财政年度结束，或者自每个财政年度开始（一般为 10 月 1 日左右）至次年的 3 月 31 日，或者自 4 月 1 日开始至该计划当年被正式执行之前，连续被星巴克雇佣且被支付了不少于 500 个小时的工资。主管（Director）及以上职位的人员不参加"咖啡豆"期权计划，但可以参加专门针对"关键员工"（Key Employee）的股票期权计划。

三、股票期权奖励（Stock Option Award）

在综合考虑公司年度业绩的基础上，公司董事会每年会考虑给予符合条件的人员一定的股票期权作为奖励。员工个人应获得的股票期权数量由以下3个主要因素决定：当年（财政年度）的经营状况及收益率；个人在该财政年度的基础薪酬；股票的预购价格（Exercise Price）或公司允诺的价格（Grant Price）。

从星巴克员工股权激励的3点计划中可以看出，员工股权激励与约束之间达成了很好的平衡。不仅保证了员工稳定性，而且调动了员工的积极性，将他们打造成了真正的"合伙人"。也许这就是星巴克能在全球迅速"扩张"的原因之一。

激励体现人性化管理

股权激励实施的对象是广大员工，其目的是让他们将自身利益与企业利益结合起来，从而增强主人翁意识，提高工作积极性和能动性，自觉、自愿地工作，与企业同舟共济、风雨同舟、共负盈亏。

所以，企业必须对股权激励进行人性化管理，让广大员工更愿意和更希望接受。那么，在实际执行中该如何操作呢？大体可参照如下几点。

◆ 股权激励的覆盖面要广，要让更多的普通员工享受到，而不只是一些高管或高级技师等人员。

◆ 针对不同岗位或职位，设置不同股权激励方案，甚者是多种激励方案供其选择。

◆ 对于股权激励方案中的一些专有名词进行一些解释或翻译，让员工能够理解和明白；若员工都不明白其中的利害和关键点，自然会产生疑惑或漠不关心。

◆ 对不同资历、能力、贡献的人员制定不同的股权激励方案。

◆ 对股权激励方案进行试行，并征求被激励对象的意见和看法，然后对股权激励方案进行相应的调整和完善。

下面是苏宁电器 2007 年进行的第一次股权激励方案，由于没有考虑到普通员工的价值，最终以失败告终。

案例陈述

2007 年 1 月 29 日，上市未满 3 年的苏宁电器召开董事会，审议通过了《苏宁电器股份有限公司股票期权激励计划》，这也是苏宁电器第一次公告推出股权激励措施。苏宁电器股票期权激励计划（草案）要点如下：

1. 采用股票期权的模式，授予期权数量和对象为

拟授予激励对象 2 200 万份股票期权，占激励计划公告日公司股本总额的 3.05%，分几次授予。第一次授予的期权数量为 1 851 万份，主要授予公司高管人员共 34 名，剩余 349 万份股票期权授予"董事长提名的骨干人员和特殊贡献人员"。

2. 行权价格

首次授予的期权行权价格为公告前一日收盘价 66.6 元，行权额度上限为获授股票期权总额的 20%。

3. 行权条件

苏宁电器 2006 年度的净利润较 2005 年度的增长率达到或超过 80%，且 2006 年度的每股收益不低于 0.9 元；2007 年度的净利润较 2006 年度的增长率达到或超过 50%，且 2007 年度的每股收益不低于 1.35 元；2008 年度的净利润较 2007 度的增长率达到或超过 30%，且 2008 年度的每股收益不低于 1.75 元。

从上述案例可以看出，苏宁第一次制定的股权激励草案中股票授予对象是企业骨干人员和特别贡献人员，虽然对优秀人才和核心团队可起到稳定作用，但由于没有考虑普通员工的价值，增加了公司内部员工矛盾，对整个激励方案的实施造成了不必要的麻烦，最终被否定。

在实际中，企业还可以采用更为人性化的动态股权激励模式，即在预先划定每位员工所享有的静态股权比例（初始股权比例）的基础上，按其所负责业务（项目）给公司带来的税后贡献率，超过其初始股权的部分进行的直接计算，是一种按资分配与按绩分配相结合的方法。

该模式是借鉴精细管理技术以推进心和谐（即基于现有岗位和相对业绩等因素进行统筹分配所实现的公平基础上带来的心理和谐）为指导思想的新型激励理论。体现了革命性与人性化、效率与公平以及历史贡献与现实贡献等统筹兼顾的管理思想，能更科学有效地解决人力资源管理中的一道道棘手难题。如何将绩效因素融入到现有的分配方案中、如何实现不同职级以及同职但不同级员工岗位职务的动态交替更叠等，其计算方式如下：

动态股权比例 =[（负责项目的净利润 / 公司所有项目的净利润 − 该员工的静态股权比例）× 所做贡献的分配率 + 静态股权比例]/ 全体员工动态股权比例之和

某员工应享有的净利润 = 公司净利润 × 该员工当年的动态股权比例

公司净利润 = 公司当年各项目的总净利润 − 当年发生的期间费用

案例陈述

上海某医疗技术有限公司 2013—2023 全员中长期的动态股权激励计划条款（重要部分），供大家参考。

一、实施步骤

1. 计算初始虚拟股份初始虚拟股份 = [（本岗位全年总工资标准 ÷ 虚拟股份的每股面值）× 股份放大倍数]×（1 + 历史平均绩效系数）/2。

上式中：虚拟股份的每股面值 = 1 元 / 股；股份放大倍数 = 5 倍；历史平均绩效系数是取核心人员在本公司工作以来各年绩效系数的算术平均值（绩效系数的计算示例如图 6-1 所示）；岗位股计算单位：万股。

一级指标分类	一级指标的设计目标	二级指标名称	计算各二级指标完成优秀程度的公式或方法	计算二级指标完成优秀程度	各二级指标所属一级指标的权重	各一级指标绩效完成结果的名称	计算各二级指标的绩效完成结果	各绩效系数综合绩效的权重	计算综合绩效系数
关联绩效指标	促进员工与公司、员工与员工之间的利益关联，促成合力磨聚	公司关联	净利润目标完成率＝当年实际值A／对比年实际值或当年目标值B。注：B的计算方法及其确定理由很复杂，详见《基于动态股权激励模型的企业薪酬管理制度创新研究》第204页。	1.5	20%	关联绩效系数	0.3	10%	1.186×10%＋1.664×80%＋1.08×10%＝1.5578
		部门关联	本部门绩效得分备分 或把本部门各级绩效结果所计算的绩效系数来权计算部门绩效系数；或：本部门当年实际完成的任务值／本部门对比年度的实际值（或当年目标值）	1.2	20%		0.24		
		科室关联	同上	1.3	20%		0.26		
		对口部门	同上	0.9	10%		0.09		
		相同业务上级关联	与本岗位业务相同的上一职级同事当年所计算的关键绩效系数的平均值	1.1	8%		0.088		
		相同业务同级关联	与本岗位业务相同的同一职级同事当年所计算的关键绩效系数的平均值	1.0	10%		0.1		
		相同业务下级关联	与本岗位业务相同的下一职级同事当年所计算的关键绩效系数的平均值	0.9	12%		0.108		

图 6-1　绩效系数的计算

2. 购买初始虚拟股份

（1）虚拟股份购买价格的计算公式。虚拟股份每股价格＝公司当期拟筹集的虚拟股份资金总额／所有核心人员经计算可购买的虚拟股份的总和。员工所缴认股款须来源于本人及其家庭的可支配收入。

（2）虚拟股份持有收益的计算。核心人员持有虚拟股份不仅可以在公司发展的适宜时期按一定标准和方法转化为实股，而且也可以在持有虚拟股份的同时获得虚拟股息。虚拟股息率＝国内银行同年3年期贷款利率×3倍（$N \leqslant 4$）。

上式中，假定企业发行用于购买实股用途的虚拟股份的准备期（考核观察期）的时限为3年。

（3）虚拟股份的购买流程及证明文件。购买虚拟股份，首先须正式颁布实施虚拟股份激励的公司管理制度，按制度规定方法具有虚股购股资格的员工需要签订虚拟股份入股协议；然后在缴纳款项后可获得公司提供的虚股出资款收据，及"核心人员虚拟股权证"（载明本人所购买的初始虚拟股权的股数和时间、公司发行的初始虚拟股份总额和时间、本人所持有的虚股数占所有核心人员所持虚股总数的比例、每股购买价格和股息率）。

二、初始虚拟股份的动态调整

（1）设计目标。公司将核心人员所持有的虚拟股份实行动态调整，其目的只是为将来条件成熟把虚股兑换成实股时的计算之用，以改善固定化持股带来激励不足的弊端，增强股权激励方式的实际效果。动态调整时核心人员所持有的虚拟股份无论是数量还是比例都可能变动，但这并不影响个人所持有虚拟股份的实际数量和比例，均以个人所持"核心人员虚拟股权证"实物卡和电子帐户中记录的初始股份情况为准。

（2）核心人员当年的绩效股计算公式。个人当期绩效股＝个人所持有的期初虚股 $N1\times$ 个人当期绩效系数 K。

（3）公司当年发行的虚股总额计算公式 当年发行的贡献股总额有两种计算方法。一是匀速法，贡献股发行额＝公司初始虚股总额 $N0\times1/$ 期数 $n\times$ 经济增加值变动调整系数 f。二是加速法，贡献股发行额＝每年年初的公司虚股总额 $N1\times1/$ 期数 $n\times$ 经济增加值变动调整系数 f。经济增加值变动调整系数＝当期经济增加值／基期经济增加值。

注：上述的基期应该合理选定，基期经济增加值应为合理值，否则可能使计算结果产生极大偏差。经济增加值＝净利润＋（调增项目－调减项目）× 折扣率＝净利润＋（利息支出＋研究开发费用调整项－非经常性收益调整项 ×50%）×（1–25%）。

（4）虚拟股份比例的增减变化规律。①若当期绩效股比例＞期初虚股比例，则将当期贡献股转增期初虚股后，会使其转增后比例上升；②若当期绩效股比例＜期初虚股比例，则将当期贡献股转增期初虚股后，会使其转增后比例下降；③若当期绩效股比例＝期初虚股比例，则将当期贡献股转增期初虚股后，其转增后新比例与转增前相比保持不变。

（5）虚股动态调整（转实股用）计算表。虚转实考核过渡期 3 年。混合价值因素（岗位价值＋历史绩效价值＋新方案实施后累积绩效价值，用期初虚股量化）和当期价值因素（用绩效股量化）的权重均 50%。

从以上案例可以看出，该公司采用动态股权模型，既有通用的股权激励方式和实施步骤，也有动态调整股权激励部分，从而让整个股权激励更加人性化。

股权激励的经典案例

前面介绍了股权激励对企业管理的好处、设计和实施方法及其遵循的原则等，使大家在理论上对股权激励有了一定的认识和掌握。这时，一些人可能会认为股权激励只是一些中小企业的专利，或者认为股权激励对于企业解决问题是万能的，这些都是一些错误的误区。下面通过一些经典的股权激励案例来进行说明。

阿里巴巴用股权激励留住人才

阿里巴巴对于大多数国人而言是一个传奇式的集团，开创了"双十一"、"双十二"这样的全民购物狂欢节。阿里巴巴之所以能够从一个名不见经传的小团体快速发展成一个电商帝国，其中一个重要原因就是能够留住人才。下面通过具体的案例来了解电商帝国阿里巴巴的股权激励方案。

案例陈述

阿里巴巴很早就发展了股权激励制度，经过马云等高层领导的研究和完善，阿里巴巴推出"受限制股份单位计划"，员工逐年取得期权，这样有利于保持团队的稳定性，也能为阿里巴巴的收购企业提供筹码。

在阿里巴巴内部，有这样一个共识："奖金是对过去表现的认可，受限制股份单位计划则是对未来的预期，是公司认为你将来能做出更大贡献才授予你的。"管理层、员工及投资者持股合计占比超过 40%，因此，受限制股份单位计划是其留住人才的一个重要手段。

员工获得受限制股份单位后，入职满 1 年方可行权，而每一份受限制股份单位的发放则是分 4 年逐步分批次授予，每年授予 25%。

因为每年发放奖金的同时也会发放新的受限制股份单位奖励，所以员工手中所持受限制股份单位的数量会滚动增加。这种滚动增加的方式，使得阿里巴巴的员工手上总会有一部分尚未行权的期权，进而达到帮助公司留住人才的目的。

对于一部分特别优秀的人才，阿里巴巴可能会提前授予，一般来说，每个员工每年都可以得到至少 1 份受限制股份单位奖励，或者可能是多份。

从本质上来看，受限制股份单位和购股权激励都是属于股票期权。二者的不同之处在于，受限制股份单位的行权价格更低，对于持有受限制股份单位的员工而言，除非股价跌至行权价以下才会亏损。

因此，对于激励对象而言，持股本身并不会带来分红收入，但是在行权时可以一次性获得全部的收益。

例如，阿里巴巴的一名员工 2009 年获得 2 万股认购权，每股认购价格 3 美元，到 2012 年行权时公允价格 13 美元 / 股，那么，在行权日，他将获得 20 万美元的收益。

从上述案例可以看出，阿里巴巴实施受限制股份单位的主要目的就是留住人才。员工在获得受限制股份单位后，以滚动的方式发放受限制股份单位激励，确保了每个激励对象手中始终有尚未行权的股权，进而达到留下人才的目的。

因此，这种股权激励方法值得其他企业管理者借鉴，分批次授予股权激励，并且设置获得股权的限制性条件，保证每位激励对象始终手中有尚未行权的股权，留下企业发展需要的人才。

伊利集团股权激励为何亏损连连

内蒙古伊利实业集团股份有限公司（以下简称"伊利"）是中国乳业巨头之一，为了应付激烈的市场而实施股权激励，但是却导致企业的财务一度出现巨大的亏损，接下来将以案例的形式进行深入分析。

案例陈述

在 2006 年之前，伊利一直稳居中国乳业龙头地位。而蒙牛凭借出色的表现成为一匹黑马，2006 年，伊利的营收达到 163.39 亿元，较同期增长 34.2%，而蒙牛营收为 162.46 亿元，伊利以微弱的优势占据榜首。

2006 年 4 月，伊利出台了股票期权形式的股权激励计划，以激励企业的管理层，但是伊利董事会提出股权激励草案后，因行权条件、取消加速行权以及提高业绩考核条件等多个指标设计不合理而被证监会要求修改，直到 2006 年 11 月才通过证监会审核。其激励方案大致如下。

一、期权数量

伊利股份授予 5 000 万份股票期权，占本股票期权激励计划签署时伊利股份股本总额 51 646.98 万股的 9.681%。

二、股票来源

股票期权激励计划的股票来源为伊利股份向激励对象定向发行 5 000 万股伊利股份股票。

三、激励对象及股票期权的分配

姓名	职务	获授的股票期权数量（万份）	股票期权占授予股票期权总量的比例	标的股票占授予时伊利股份总股本的比例
潘刚	总裁	1 500	30%	2.9043%
胡利平	总裁助理	500	10%	0.9681%
刘春海	总裁助理	500	10%	0.9681%
赵成霞	总裁助理	500	10%	0.9681%
其他人员		2 000	40%	3.8724%
合计		5 000	100%	9.681%

四、股票期权行权价格

满足行权条件后，激励对象获授的每份股票期权可以 13.33 元的价格购买一股伊利股份股票。行权价格依据下述两个价格中的较高者确定。

1. 股票期权激励计划草案摘要公布前 1 个交易日的伊利股份股票收盘价 13.33 元。

2. 股票期权激励计划草案摘要公布前 30 个交易日内的伊利股份股票平均收盘价 12.30 元。

五、股权激励的有效期、授权日、可行权日、禁售期

1. 有效期：自股票期权授权日起的 8 年内。

2. 授权日：股票期权激励计划的授权日由董事会在本激励计划报中国证监会备案且中国证监会无异议、伊利股份股东大会特别决议批准后确定。

3. 可行权日：自股票期权授权日 1 年后可以开始行权。

4. 禁售期：激励对象转让其持有伊利股份的股票，应当符合《公司法》、《证券法》等法律法规的规定。

……

2008 年 3 月 11 日，伊利股份发布 2007 年度公司的财务报表，财务报表中披露：因公司实施股票期权激励计划，依据《企业会计成本准则第 11 号——股份支付》的相关规定，计算权益工具当期应确认成本费用导

致公司 2007 年亏损 36 652 万元。

伊利的公告显示，公司 2006 年 11 月共授予激励对象 5 000 万份股票期权，该期权的公允价值为 14.779 元/份，对公司产生的损益影响总额为 73 895 万元。而 2007 年前三季度，公司实现的净利润也不过 33 064 万元，直接导致了巨大的亏损。

从上述案例可以看出，尽管伊利是大型企业，具有雄厚的资产作为支撑，但是股权激励计划仍然以失败告终。伊利的股权激励之路开展得非常坎坷，曾几度调整股权激励方案，但是伊利的股权激励在实施后，投资者对其方案提出了质疑。2007 年，伊利修改了股票期权计划中的绩效计算口径，被市场认为是降低行权条件；2008 年，由于股权激励成本费用过高导致企业利润亏损。

万科——股权激励的祭者

股权激励是一种管理工具，用于激发员工工作积极性和主动性，将他们由"外人"变成"合伙人"。不过，股权激励并不是万能的，也不是一旦使用就能达到预期的目的，这一点在万科的多股权激励中就能明显看出。

案例陈述

如何实施股权激励计划，这是一个困扰了万科 20 多年的历史遗留问题。如何从过去的内部人控制，转为建立管理层合理激励机制，引入具有控制能力的股东架构，以王石为首的万科管理层再次面临股权激励风险。

20 世纪 90 年代，万科开始了第一轮的股权激励计划，由于历史原因不了了之。

2006 年 5 月，万科开始实施第二轮股权激励，规定在 2006—2008 年 3 年期间内，每年由公司按规定预提激励基金，委托深国投在二级市场买入万科 A 股，等到万科当年的业绩及股价达到激励计划的要求后，再过户给万科相关的中高层管理人员。

由于 A 股市场在 2007 年之后经历了巨幅调整，房地产市场也在 2008 年进入调整期。在 2007 年万科出现了业绩创新高，但 2008 年、2009 年的股价由 33.66 元跌到最低的 6 元多，致使高管的数千万股权流水东去，于是万科决定 2007 年和 2008 年度激励计划终止实施。

在短短的 3 年中，万科的股权激励计划都以失败告终，非常明显看出万科的这两次股权激励没有适应当时的社会发展，不符合当时的情况，同时，出现了人力不可抗拒的因素，市场行情和国家宏观政策的调控。

2010 年，为了增强投资者对公司前景的信心，对股价产生正面影响，万科再度启动股权激励计划，拟向 581 名激励对象授予总量 1.1 亿份的股票期权，占当时股本总额的 1.0004%，激励对象人数占万科当时在册员工总数的 3.94%。

在 2014 年的年报显示，2014 年营业收入和净利润比 2013 年分别增长 8.1% 和 4.2%，但利润增速放缓，增速略低。同时，由于万科对高管规定业绩门槛较高，甚至是一些不可能完成的任务，造成很多高管走人，造成企业高级管理人才流失，在一定程度上宣告股权激励失败。

2015 年 7 月 10 日，宝能买入 5.53 亿股。此后，短短 5 个月，宝能就以 26.81 亿股，以 24.255% 的持股比成为万科最大的股东。

由于宝能购买万科股票的资金大部分来自由短期债务，存在较大的风险，为遏制宝能的恶意收益，万科于 2015 年 12 月 18 日申请万科 A 股停牌，拟实施重大资产重组。

2016 年 3 月 12 日，万科与深圳地铁集团有限公司（后面称"深圳地铁"）签署合作备忘录，双方拟以万科向深圳地铁新发行股份的方式，进行交易对价 400 亿～600 亿元的重大资产重组。由于万科引入深圳地铁，导致万科宝能的对峙迅速演变成万科管理层与宝能、华润的三方博弈。

2016 年 8 月 22 日，身处股权争夺旋涡的万科 A 召开中期业绩发布会。

尽管营业收入和净利润的双增长，但是很多投资者认为万科业绩低于预期、股权之争影响已然显现。

首当其冲便是新的土地项目获取受阻。2016 年 6 月底至 8 月初，已有超过 31 个合作项目因股权问题而被要求变更条款、暂缓推进或考虑终止合作。合作伙伴和客户信心受损也颇为严重，尤其高端项目、商办及整售项目受影响更为明显。

其次，更让万科更加担忧的是，团队稳定性已受到冲击。因为股权之争，员工对公司之发展前景感到忧虑，公司月份离职率呈明显提高趋势。中报数据显示，截至 2016 年 6 月 30 日，万科房地产开发系统共有员工 6 086 人，较 2015 年 6 月 30 日的 6 700 人减少 614 人，减幅达到 9%。

从上述案例可以看出，万科的多次股权激励计划均以失败告终，归纳原因：其一，万科的股权激励计划不符合社会发展和行业趋势，与国家宏观调控政策"逆向而行"；其二，股权激励计划的业绩指标过高，导致激励对象无法完成目标，造成大批高管离职，对于企业的管理产生了较大的负面影响；其三，企业股权被他人恶意收购，导致企业陷入了"股权之争"的困境中，致使项目被迫中止、高管走人和员工离职的局面。

所以，这无疑是给企业管理者敲响了警钟，企业在实施股权激励过程中，一定要关注国家的时事政策，切忌"逆行开车"；其次是合理的绩效指标让员工与企业共同成长，增强企业的战斗力和凝聚力。

第七章 ○ 股权设计，四部曲彰显威力

股权激励本身是一种较为复杂的激励方式，要让其发挥更好的效果，让吸引人才、留住人才和激励人才的威力更大，首先需要将股权激励的方式设计完善。本章将介绍一种四部曲的设计方法。

07

股权激励设计第一部曲
——内部团队组建

股权激励大体由两个对象组成：一是股权执行、使用和拥有的对象；二是被激励的对象，也就是广大员工（包括经理人在内）。所以，一个完善的股权激励设计应该从这两方面做文章，同时明确规定谁来制定、谁来保障、谁来收益以及谁来监督等，从而保障股权激励方案能够顺利制定和开展实施，让最初的激励目的得以实现。可将其简单理解为股权激励的"游戏规则"，该谁来制定、谁来实施以及谁是游戏的参与者，这就构成了一个大体的内部团队。

董事会是最高的执行决策机构

股权激励的初衷是让经理人和股东的利益追求尽可能趋于一致，使经理人关心股东利益，并在一定程度上以一定方式承担风险，从而在经营过程中更多地关心企业的长期价值，防止经理人的短期行为影响企业的长期发展。鉴于此，经理人应该"避嫌"，执行的决策机构是董事会。

同时，为了激励普通员工，股权激励同样也作为一种手段和方法。这时一些管理人员会参与到其中，但最后的决策机构仍然是董事会。所以，董事会是股权激励执行的最高决策机构。

在实际操作中，董事会常见的决策权有如下几项（都是以企业发展为大局）。

◆ 起草、拟定、修改或审批股权激励计划以及实施方案。

◆ 审批股权激励计划及相关配套的规章制度。

◆ 对股权激励计划提供合理化的意见和建议。

◆ 对股权的获得、变更和丧失等相关事宜进行办理。

◆ 全权负责股权激励计划。

下面是一公司董事会起草的股权激励的方案（草案）部分，供大家参考。

案例陈述

×× 公司股权激励方案（草案）

一、目的

为了提高企业的凝聚力和战斗力，规避员工的短期行为，维持企业战略的连贯性，开拓企业与员工的双赢局面，董事会拟定推行股权激励制度。

二、股权激励的股份来源

公司大股东转让总股份（××、××、××）的 20% 用作股权激励，其中预留 10% 作为未来引进人才的激励。将用作股权激励的 20% 视为 200 股。

三、激励对象

1. 与公司签订正式劳动合同，并工作满 6 个月的员工。

2. 部门经理以及业务、技术骨干和卓越贡献人员。

四、年度分红额计算

自实施日起，激励对象所享有的股份分红范围是该年度所实现的税后利润增长部分，扣除 30% 作为企业发展留存外，按激励对象所享受股份数量的百分比进行分红。

激励对象在取得股份的 2 年内按下述办法兑现权益金额：

1. 激励对象在激励岗位上服务第一年，年终股份分红金额兑现 60%，另外 40% 记入激励对象权益金额个人账户内，未兑现的权益按每年 8% 计算利息记入个人账户。

2. 激励对象在公司激励岗位服务第二年，年终股份分红金额兑现 80%，20% 记入激励对象权益金额账户，未兑现的权益按每年 8% 计算利息记入个人账户。历年累积的激励权益金额分 2 年兑现，每年兑现 50%，未兑现的权益每年按 8% 计算利息记入个人账户。

董事会虽然负责起草、制定或审批，有执行的决策权，但其并不是完全自由的，也会受到监事会的监督，实现一种制衡和控制。

此时可能有人会觉得为什么是董事会来制定激励方案呢？这主要有以下几个原因。

（1）董事会是由董事组成的，对内掌管公司事务，是经营决策机构，也就是"游戏规则"的制定人。

（2）董事会成员是由股东选出的，代表股东的利益；同时，一些股东既擅长经营管理，又擅长期投资。

（3）董事会是法定的指挥和决策机构。

小贴士

监事会由股东（大）会选举的监事以及由公司职工民主选举的监事组成，是对公司的法律教育业务活动进行监督和检查的法定必设和常设机构。监事会，也称公司监察委员会，是股份公司法定的必备监督机关，是在股东大会领导下，与董事会并列设置，对董事会和总经理行政管理系统行使监督的内部组织。

股东大会保障股东的基本权益

随着法律不断完善，股东（特别是小股东）基本权益的保护，其中存在的问题也越来越突出。加强对股东权益保护既是法律的价值取向，也符合公司或企业良性发展的要求。

因此，除了必要的法律保护外，股东大会非常实用，且价格低廉，影响范围小。那么，如何利用股东大会来保障股东的基本权益，可参照如下方法进行。

（1）定期或在需要时召开股东大会，并让那些不能参加股东大会的小股东以书面方式委托代理人及权限，代理自己表达意愿，维护自己的权益。

（2）在股东大会选举董事、监事时，由股东进行选票表决，这样可以有效地保障少数股东将代表其意志和利益的代理人选入董事会或者监事会，在一定程度上平衡了大小股东之间的利益和权力关系。

（3）在股东大会对决议或者议案进行表决时，实施回避制度。也就是当某一或几个股东与股东大会讨论的决议事项有特别的利害关系时，让其投票无效或不让其参与投票，避免股东个人利益与企业利益发生冲突的情形出现。达到保证企业利益和股东个人利益的目的，也保证绝大多数股东的基本权益。

（4）通常情况下，董事会负责股东大会的召集，特别是临时股东大会的召开以及相应的方案和决议可能会侵害股东的利益，特别是小股东的利益。对于这种情况，按照法律条文赋予持有公司股份达到一定比例的股东有临时召集股东大会的请求权。若这种临时召集请求权遭到董事会拒绝，股东或小股东可自行召集临时董事会（法律赋予小股东享有自行召集权利，这个比例通常设定为持有公司股份达到10%以上），股东不仅可以对切身利益进行维护，还能在一定程度上遏制大股东对公司和小股东危害行为的发生。

（5）让股东行驶股东提案权，也就是股东向股东大会提出议题或者议案，提高少数股东在股东大会中的主动地位，实现对公司经营的决策参与、监督与纠正。当然，这种临时提案权需要股东达到一定的比例才能形成，否则，每一位股东都进行临时提案，股东大会就会冲突不断，无法正常进行。

（6）通常情况下，小股东只能依据公司公告的财务会计报告和其他公司报告获得有限的信息。大股东通常是一些高级管理人员或者与公司高级管理人员有密切接触的人员，能够获得有关公司经营管理各方面的详细信息。为了避免自己的权益不被侵害，股东特别是小股东可以请求法院指定专门的审计人员对公司的内部管理进行审计，并提出审计报告。

小贴士

股东大会会议由董事会依照公司法规定负责召集，由董事长主持。董事长因特殊原因不能履行职务或不履行职务时，由副董事长主持，副董事长不能履行或不履行职务的，由半数以上董事共同推举一名董事主持。董事会不能履行或者不履行召集股东大会会议职责的，监事会应及时召集和主持。监事会不召集和主持的，连续 90 日以上单独或者合计持有公司 10% 以上股份的股东可以自行召集和主持。

人才是企业发展的动力源

股权激励的目的是吸引和留住人才，使企业持续快速发展，创造更多利益，实现价值目标。所以，项目团队是企业发展的动力机和永动机，让股权激励实施更加有效果。

那么如何来识别人才或鉴别哪些人员是企业需要的人才，来组建项目团队呢？可从以下两方面来操作。

（1）识别人才

识别人才无论在哪个阶段都存在疑惑和选择，通常情况下，可以按照如下几点进行操作。

◆ 通过交流，了解对方的思维能力、知识储量以及考虑问题的方式。

◆ 将其置身于难处，考察其心志和应急能力。

◆ 将其置身于复杂的环境中，考察其观察力和决断力。

◆ 让其面对上司的压力，考察其做事的技巧和原则。

◆ 如果条件允许，旁观其朋友，看看都与什么人交往。

◆ 询问对其熟悉的人，看人们如何评价。

◆ 对岗位设置绩效考核指标。

◆ 定期对其进行业务能力测试。

（2）鉴别人才

企业中不仅有人才，还有不同级别的人才：初级、中级和高级。如何进行鉴别分类呢？可参考如下这些常用指标。

◆ 受教育程度和专业知识储备量以及思维变通能力。

◆ 工作年限、经验、经历以及个人工作成绩等。

◆ 个人当前价值着重点，如初级人才看岗位适应性和匹配性，中级人才胜任岗位并能独挡一面，高级人才更加注重个人价值和发展空间。

◆ 工作能力、理解能力和创新能力。

◆ 是否掌握企业的高新技术和关键技术等。

下面是一企业使用股权激励留住人才的计划部分条例，供大家参考。

案例陈述

某公司是一家在境外注册的从事网络通信产品研究、设计、生产、销售及服务的高科技企业，在注册时就预留了一定数量的股票，计划用于股票期权激励。公司预计2006年在境外上市。目前公司处于发展时期，现金比较紧张，能拿出的现金奖励很少，连续几个月没有发放奖金，面临人才流失的危机。在这样的背景下，公司实行了一套面向公司所有员工实施的股票期权计划。

（1）授予对象：这次股票期权计划首次授权的对象为 2003 年 12 月 30 日前入职满 1 年的员工。

（2）授予价格：首次授予期权的行权价格为 0.01 元，被激励员工在行权时只是象征性出资，以后每年授予的价格参照每股资产净值确定。

（3）授予数量：拟定股票期权发行最大限额为 1 460 500 股，首次发行 730 250 股。期权的授予数额根据公司相关分配方案进行，每年可授予一次。首次授予数额不高于最大限额的 50%；第二年授予数额不高于最大限额的 30%；第三年授予数额不高于最大限额的 20%。

（4）行权条件：员工获授期权满 1 年进入行权期，每年的行权许可比例是：第一年可行权授予总额的 25%，以后每年可行权最多为授予总额的 25%。公司在上市前，暂不能变现出售股票，但员工可在公司股票拟上市而未上市期间内保留或积累期权的行权额度，待公司股票上市之后，即可以变现出售。如果公司 3 年之后不上市，则要求变现的股票由公司按照行权时的出资额加上以银行贷款利率计算的利息回购。

股票期权计划公布后，绝大部分员工兴奋不已，原来那些准备离开的科技人员，不仅留下了，还为公司带来了很多的高新产品和创意。公司在大家的激情工作中渡过难关并不断好转盈利。

从上述案例可以看出，股权激励对留住人才、保证公司团队存在和高效起到了非常重要的作用。不仅让公司解决了人才流失的危机，而且转亏为盈。

成立专业的法律顾问团队

中小型公司的股权激励计划通常面临着法律风险，例如合同纠纷、税务风险、制度纠纷和人事风险等。鉴于此，公司成立专业的法律顾问团队是非常有必要的，企业成立专业的法律顾问团队，具有如下作用。

◆ **规范公司的管理和经营行为**：确保公司的管理行为都在法律允许之内，保证公司的经营不因法律限制而产生巨大的损失。

◆ **完善公司治理结构**：法律顾问团队可以完善治理结构，包括持股比例、股权结构、经营层分工、股东权益保护、管理模式、增资扩股或者减少注册资金等。

◆ **谈判高手**：法律顾问团队代表企业参与签约谈判、起草、审查和修改合同，争取合同利益，避免合同陷阱，化解合同风险等。

◆ **争取更多的权益**：在公司改制、资产处理、项目并购、公司并购、债权管理、解决合同纠纷、合同善后以及员工培训等专项事务。

（1）企业如何甄别法律顾问团队

那么，对于企业管理者而言，该如何甄别好的法律顾问团队呢？下面将从3个层面来讲解。

◆ **业务专业性**：企业在选择法律顾问时，如何才能考察律师是否专业呢？这首先要看企业所属的行业，企业必须对自身行业充分了解，在与律师的沟通中，自然能够考验出律师的专业性。同时，企业还应了解律师在行业内服务的业绩和历史，这两项指标足以衡量其是否专业。

◆ **服务立体化**：为了确保企业的法律问题得到完美解决，企业还需服务立体化的辅助，即法律顾问是否是一个完整的团队。如果没有团队作为支撑，就很难实现真正意义上的律师专业化服务。只有真正具备能力的专业律师团，才能通过立体服务的支持，完成专业化服务。

◆ **团队紧密型**：企业在考察选用律师团时，除了要了解法律顾问团队的文化背景外，还应了解其有形的机制构成。紧密型团队是需要一个良好的内部规章制度和行为规范约束的，最基本的统一包括共享的团队资源、共同的业务操作程序和统一的收费与支出等。

（2）企业和法律顾问团队签订合同

因为企业专门成立的法律顾问团队具有一定的特殊性，企业需要和顾问团队签订具有法律效益的合同，下面将以案例的形式呈现。

案例陈述

某互联网企业对内实施股权激励，企业出于谨慎起见，为避免不必要的股权法律纠纷，专门成立了法律顾问团队，并且拟定了股权激励专项法律服务合同，具体如下。

××企业股权激励专项法律服务合同

甲方：＿＿＿＿＿＿＿＿＿＿＿＿＿＿

地址：＿＿＿＿＿＿＿＿＿＿＿＿＿＿

电话：＿＿＿＿＿＿＿＿＿＿＿＿＿＿

乙方：＿＿＿＿＿＿＿＿＿＿＿＿＿＿

地址：＿＿＿＿＿＿＿＿＿＿＿＿＿＿

电话：＿＿＿＿＿＿＿＿＿＿＿＿＿＿

根据《中华人民共和国合同法》、《中华人民共和国律师法》的有关规定，甲方聘请乙方的律师担任管理层股权激励公司改制专案提供专项法律服务。甲、乙双方按照诚实信用原则，经协商一致，立此合同，共同遵守。

第一条 乙方的服务范围

乙方律师针对专项法律事务提供服务内容包括：

1. 派专人上门调研企业激励现状、管理中层及核心员工的心态想法等，并根据企业实际情况量身定制全套《股权激励方案》、《股权激励管理规定》、《股权激励计划实施考核办法》、《股权激励保密协议》和《股权调整通知书》等股权法律文件。

2. 帮助实施股权激励。作为专业服务机构代表公司与管理股东沟通、协商、谈判，实施到位。

3. 参与公司与管理层股东签定上述《股权激励入股协议》、《股权激励保密协议》等，让管理层入股到公司，并协助公司完成入股的《股权转让协议》、公司章程修订的各项管理层激励股权改制并办妥工商变更登记手续。

4. 解答法律咨询，依法提供股权激励建议与法律意见。

第二条 乙方的义务

1. 乙方委派_____律师作为甲方专项法律顾问。甲方同意上述律师指派其他律师配合完成专项法律顾问工作，但乙方更换律师担任甲方专项法律顾问应取得甲方认可。

2. 乙方律师应勤勉、尽责地完成第一条所列法律事务。

3. 乙方律师应当以其依据法律作出的判断，尽最大努力维护甲方利益。

......

第三条 甲方的义务

1. 甲方应当全面、客观、及时地向乙方提供与法律事务有关的各种情况、文件、资料。

2. 甲方应当为乙方律师办理法律事务提出明确、合理的要求。

3. 甲方应当按时、足额向乙方支付法律顾问费。

......

第四条 法律顾问费

乙方的法律顾问费为____万元人民币。自本合同生效后 3 日内甲方向乙方先支付___万元，20___年___月___日前支付___万元。

第五条 合同的解除

甲、乙双方经协商同意，可以变更或解除本合同。乙方有下列情形之一的，甲方有权解除本合同：

1. 未经甲方同意，擅自更换担任甲方专项法律顾问律师。

2. 因乙方律师工作延误、失职、失误导致甲方蒙受损失。

甲方有下列情形之一的，乙方有权解除合同：

1. 甲方的委托事项违反法律或者违反律师执业规范。

2. 甲方有捏造事实、伪造证据或者隐瞒重要情节等情形，致使乙方律师不能提供有效的法律服务的。

第六条 违约责任

乙方无正当理由不提供第一条规定的法律服务或者违反第二条规定的义务，甲方有权要求乙方退还部分或者全部已付的法律顾问费。

乙方律师因工作延误、失职或失误导致甲方蒙受损失。甲方无正当理由不支付法律顾问费或者工作费用，或者无故终止合同，乙方有权要求甲方支付未付的法律顾问费。

甲乙双方因履行本合同而相互发出或提供的所有通知、文件和资料，均以本合同首页所列明的地址送达，一方如果迁址或者变更电话，应当书面通知对方。

甲方：_____ 乙方：_____

日期：_____ 日期：_____

从上述案例可以看出，该企业和法律顾问团队签订的服务合同书，全面地将双方的权利、义务、顾问经费以及合同解决等条款写入了其中，这样能够保证企业的根本利益，进而为股权激励提供一个良好的法务环境。

股权激励设计第二部曲
——实施股权激励

股权激励的"游戏规则"制定完善后，需要进行实施，让那些有资格的"游戏玩家"进入。这时，实施就变得最为关键。那么，怎样来实施让股权激励落到实处呢？此时，可采用股权激励设计的第二部曲，如制定计划方案、执行计划方案以及监督计划的执行。

董事会起草股权激励计划方案

董事会起草股权激励计划方案是其权限之一，也是其责任之一。关键点在于董事会如何制定和起草股权激励计划方案，并使其符合公司的实际情况以达到激励员工的目的。

通常情况下，董事会在起草、设计和制作股权激励方案时，主要从原则、对象和模式等方面入手，下面分别进行介绍。

（1）股权激励方案原则

股权激励方案需要讲究四大常规原则：价值观、稳定性、分层级、成本和效益平衡。

◆ 价值观

股权激励方案必须有助于企业吸引优质人才，但不是依赖它去寻找或管理人才。必须是先有价值观、责任心、个性能力与创业企业理念以及创始团队文化契合的人才后，再考虑如何给予股权激励。

◆ 稳定性

这种稳定性是相对的，须规定离职员工不能拥有股权，也就是人走股权留，让劳动关系的持续是持有股权的前提。

同时，要考虑到被激励对象所持的股份份额与创始股东的份额形成相对的稳定，不能让其失去平衡。

◆ 分层级

方案要考虑到当公司面临新业务、新团队加入时，通过股权的分层机制，促进新业务的开拓和成长。同时，在公司整体层面，也形成股权激励的梯队化，保持上升通道。

◆ 成本和效益平衡

股权激励计划中要考虑成本（资金、财务费用和税务成本等）与效益（业绩及人员稳定性）的对应关系。

（2）激励对象

股权激励不是每一位员工都有的，其是一种激励措施和手段，所以，在制定方案时必须考虑激励的对象有哪些类人员，从而保证股权激励在真正对的人员上。

从哪些方面来考虑呢？可以从下面几点入手。

1）是否是公司的核心重要人员，如高等技师、高级管理人员等；同时，规定这些人员必须认同和接受公司的文化和经营理念。

2）对工作有突出能力和贡献的人员。

3）一些非常有潜力的人员。

（3）激励总量

对于非上市公司，法律条款没有明确的限定，可根据实际情况进行设定。若是对于人力资本依附性强、资金门槛较低的公司，可将股权激励的总量设置多一些。

相反，对于人力资本依附性较弱、资金门槛较高的公司，股权激励的总量应设置少一些。

（4）授予时间

股权激励的授予没有明确规定在哪一时间段，其完全根据公司决策机构的判断，如当公司想要凝聚人心干大事时，当公司需要吸引或留住更多的高端技术人才时，又或者当公司的工作监管存在盲区或难于量化时等。

（5）实施条件

这里的实施条件主要侧重于两个方向，股权激励对象的业绩是否能够按照规定完成。若是能，该怎样来实施股权激励；若不能，又该如何来实施方案。同时，还会涉及到股权的回购等问题。

（6）股权激励模式

股权激励模式是否合适关系到激励方案是否成功，所以，董事会在起草股权激励方案时，必须考虑是使用单一模式还是组合模式。

◆ **单一模式**：也就是单独的一种股权激励模式，如业绩股票、股票期权、虚拟股票和增值股票等。

◆ **组合模式**：简单理解就是将多种单一股权激励模式进行组合。当然，这种模式会复杂一些，同时对公司规模和经营经验等有着严格的要求。

案例陈述

甲公司是一家生产金融机具、通信终端和办公自动化产品的电子科技企业，起草的组合模式股权激励方案部分如下。

1. 需求分析

为了适应公司的战略规划和发展需要，构建和巩固企业的核心团队，需要构筑长期激励体系，一方面为了使公司核心骨干人员和创业者共享公司的成长收益，另一方面提升公司的凝集力，使企业的核心团队更好地为企业发展服务。

公司董事会设计了由虚拟股份、岗位实股、期股 3 块组成的长期激励计划。

2. 股权激励的要点

（1）虚拟股份

一般骨干持有，这部分股份只有分红权，没有所有权和表决权。

（2）岗位实股

①岗位干股设置目的

岗位干股的设置着重考虑被激励对象的历史贡献和现实业绩表现，只要在本计划所规定的岗位就有资格获得岗位干股。

②岗位干股的落实办法

岗位干股的分配依据所激励岗位的重要性和本人的业绩表现，每年年底公司业绩评定之后都进行重新调整和授予，作为名义上的股份记在各经理人员名上，目的是为了获得其分红收益。岗位干股的授予总额为当期资产净值的 10%。

（3）期股

① 股份期权设置着重于公司的未来战略发展，实现关键人员的人力资本价值最大化。

② 期股授予从原股东目前资产净值中分出 10% 转让给被激励对象。依据激励对象人力资本的量化比例确定获授的期股，于本计划开始实施时一次性授予，以 1 元一股将公司当期资产净值划分为若干股份，授予价格即为每股 1 元。分 3 年购买，激励对象以每股 1 元的价格购买当时已增值的公司股份。

从上述案例可以看出，该企业实行虚拟股份、岗位实股和期股的组合股权激励模式。

同时，对不同股权激励对象做出明确的规定。这样可明显使团队相对稳定，留住核心人才。

独立董事协助董事开展股权激励

独立董事（independent director）是指独立于公司股东且不在公司内部任职，并与公司或公司经营管理者没有重要的业务联系或专业联系，并对公司事务做出独立判断的董事。

按照国家相关条例规定，独立董事不能作为股权激励的对象。所以，独立董事是一个与股权激励没有利益关系、与激励对象没有瓜葛的职务。

由于其"中立"的"地位"，可协助董事开展股权激励，如通过参与董事会的决策来提高决策的科学性和公证性、就股权激励计划公开征集投票权以及对股权激励相关事项发表独立意见等。

案例陈述

公司独立董事关于公司股权激励方案

有关事宜的独立意见

根据公司章程、董事会议事规则、独立董事相关工作制度及相关法律法规，我们作为深圳市万泉河科技股份有限公司的独立董事，对公司股权激励方案内容进行了审阅，基于独立、客观判断的原则，发表独立意见如下。

一、股权激励方案的内容符合《中华人民共和国公司法》、《中华人民共和国证券法》等法律法规及公司章程的规定，不存在损害公司及全体股东利益的情形，亦不存在摊派、强行分配等方式强制员工参加股权激励计划的情形。

二、公司对核心员工、公司董监高实施股权激励计划有利于公司管理团队的长期稳定，有利于建立和完善劳动者与所有者的利益共享机制，改善公司治理水平，提高员工的凝聚力和公司的竞争力，有利于公司的持续发展。

三、本次股权激励方案的实施是员工在依法合规、自愿参与和风险自担的原则上参与的，不存在违反法律、法规的情形。

四、董事会审议程序符合《中华人民共和国公司法》、《中华人民共和国证券法》等相关法律法规的规定。

综上，我们一致同意公司实施本次股权激励方案。

从上面的独立意见中可以看出，独立董事对董事会指定的股权激励方式持肯定态度，并推动其通过，让其实施。

独立董事主要职责是对上市公司及全体股东负有诚信与勤勉义务，按照相关法律法规认真履行职责，维护公司整体利益，尤其要关注中小股东的合法权益不受损害。

薪酬委员会制定股权激励的分配计划

薪酬委员会一般为公司董事会的常设专门委员会，由 4~6 名董事会任命的董事委员（大多为独立董事）组成，通过薪酬委员会会议行使职权。主要负责制定公司董事及经理人员的考核标准并进行考核以及负责制定、审查公司董事及经理人员的薪酬政策与方案，对执行经理人员的薪酬计划（股权激励属于薪酬部分，同时，对员工的股权激励计划进行执行分配）

进行监督。

同时，由于薪酬委员会具有独立身份，在股东大会授权下可参与制定股权激励计划的分配计划。

薪酬委员会为什么可以参与到制定股权激励计划的分配计划中，主要具有如下几个特点体现。

（1）薪酬委员会相对独立。薪酬委员会的构成大多以非执行董事为主，非执行董事与企业利益关系较少，决策相对独立和合理，能够在一定程度上制衡和约束执行经理的行为。

（2）薪酬委员会比股东更加专业。薪酬委员会的成员大多具有较高的专业技能，能够科学地评估和制定薪酬计划。

（3）薪酬委员会的设立也能够促进公司建立健全经营者评价体系和薪酬体系，使公司的薪酬计划更加具有激励性和竞争性，刺激经营者的行为，使他们在股东目标范围内工作。

监事会监督股权激励计划的执行

监事会，也称公司监察委员会，是股份公司法定的必备监督机关；是在股东大会领导下，与董事会并列设置，对董事会和总经理行政管理系统行使监督的内部组织。其主要职能是监督，让股东大会、董事会和监视会权利平衡，从而保障公司整体运营的健康发展。

监事会监督股权激励计划的执行，实质上是监事会分权制衡作用的延伸和发展，保护股东的利益，同时也是必要的。其原因主要有以下 3 点。

（1）董事会成员一般都具有一定专长和丰富的经营管理经验，但董事并不一定都是股东，这样股东利益是否受到保护也就成为一个非常实际的问题。

（2）董事即使全是股东，也有可能造成股东长期投资收益与经营管理者的短期利益冲突，出现滥用职权甚至中饱私囊等行为，导致股东利益受到损害。

（3）尽管股东大会可以对董事会进行监督，但股东大会是非常设性，同时，股东具有分散性，所以在监督方面有所不足。

下面为某股份有限公司监视会对股权激励对象名单的核实意见。

案例陈述

监事会对股权激励对象名单的核实意见

1.这样3类人员不属于股权激励的选择对象：

一是最近3年内被证券交易所公开谴责或宣布为不适当人选的。

二是最近3年内因重大违法违规行为被中国证监会予以行政处罚的。

三是具有《中华人民共和国公司法》规定的不得担任公司董事、监事、高级管理人员情形的。

2.列入公司股权激励计划的激励对象符合《备忘录1号》、《备忘录2号》和《备忘录3号》规定的激励对象条件，其作为公司股权激励计划激励对象的主体资格合法、有效。

3.公司持股5%以上的主要股东及实际控制人没有作为激励对象，激励对象未同时参与两个或两个以上上市公司股权激励计划。

4.激励对象周×之父为公司股东周××，持有公司5.98%的股份，周××同时为公司监事。公司董事会将周×作为本次股权激励对象主要有如下依据。

（1）周×在公司财务部主办会计岗位多年，主要工作是对材料采购、材料成本、库存管理和应付账款实施有效监督，审核供应商发票、合同及相关单据的完整性、正确性；对采购成本进行核算和分析，及时编制会计凭证；负责原材料资产监督盘点，定期与采购部、供应商沟通核对往来；负责公司日常税务的申报、出口退税和统计等工作，传达国家最新税收法规；完成公司及部门主管交办的其他工作，对财务会计工作的规范运行做出了较大贡献。

（2）与周×同属财务部主办会计岗位的赵某、于某同为本次股权激励的激励对象，周×作为激励对象不具有岗位特殊性。

监事会经核查认为，周×符合法律、法规和规范性文件等所规定的激励对象条件，其作为本次股权激励计划的激励对象合法、有效。公司监事周××在对周×激励对象资格的核查工作中主动回避，监事会对周×的核查结果客观、公正。

从上述案例可以看出，监事会根据相关法律条文规定，对股权激励对象进行监督，并明确指出周某、赵某和于某不适合作为股权激励的对象。

股权激励设计第三部曲
——制定配套文件

为了保障股权激励这款"游戏"能玩得"顺畅"和"长久"，需要为其添加一些必要的"补丁"——配套文件，来堵住存在的 BUG（漏洞）。让其既符合相关的法律法规，同时也能让被激励对象真正把企业的利益当作是自己的利益，企业的前途当作是自己的前途，从而"死心塌地"地跟着企业干。

股权激励协议书是基础性文件

股权激励协议书是股权激励的配套法律文件，能够保障股东、公司双方的利益。一些公司为了操作简便或更加专业，会直接让一些法律人士，如律师来创建制作股权激励协议书；一些公司也会自己内部进行创建。

在创建制作股权激励协议书时，应该包含以下几点内容。

（1）激励对象

激励对象也就是股权的受益者，一般有 3 种方式：全员参与、大多数员工持有股份和关键员工持有股份。通常情况下，全员参与主要适用于初创期，而大多数员工持有股份主要适用于企业高速成长期，留住更多的人才支持企业的发展。

（2）激励方式

常用的中长期激励方式有 3 类：股权类、期权类和利益分享类。对于上市公司来说，期权类和股权类比较适合，而对于非上市公司，股权类和利益分享类比较适合。

（3）员工持股总额及分配

主要解决的是股权激励的总量、每位受益人的股权激励数量和用于后期激励的预留股票数量。对于非上市公司，主要根据年收入来确定股权比例（若是对于上市公司，要报证监会和股东大会通过）。

（4）购股方式

购股方式也就是购买股票的资金来源，一般有员工现金出资、公司历年累计公益金、福利基金、公司或大股东提供融资以及员工用股权向银行抵押贷款等方式。

（5）退出机制

退出机制是对员工退出激励方案的一些约定，主要有 3 种情况：第一种是正常离职，即劳动合同期满、不再续约的员工，或者是退休、经营性裁员，或者是伤残、死亡；第二种是非正常离职，劳动合同未满，员工主动离职的；第三种是开除，按照相关规定取消享受股权收益的权力。

（6）管理机构及操作

实施股权激励一般都需要设立一个专门的小组或者部门来管理方案实施的日常操作，这个常设小组或部门不仅要保证公开、公正、公平地实施股权激励制度，同时也要共同分担风险、共同享受成果。

下面是员工股权激励协议书的样本，供相应人员进行查看和参考。

案例陈述

员工股权激励协议书

甲方：_____

乙方：_____

鉴于乙方以往对甲方的贡献和为了激励乙方更好的工作，也为了使甲、乙双方进一步提高经济效益，经双方友好协商，同意甲方以虚拟股的方式对乙方的工作进行奖励和激励。为明确双方的权利义务，特订立以下协议：

1. 除非本合同条款或上下文另有所指，下列用语含义如下：

1.1. 股份：指 _____ 公司在工商部门登记的注册资本金，总额为人民币 万元。

1.2. 虚拟股：指 _____ 公司名义上的股份，虚拟股拥有者不是指甲方在工商注册登记的实际股东，虚拟股的拥有者仅享有参与公司年终利润的分配权，而无所有权和其他权利；不得转让和继承。

1.3. 分红：指 _____ 公司年终税后可分配的净利润。

2. 甲方根据乙方的工作表现，授予乙方总股份 10% 的虚拟股。

2.1. 乙方取得的虚拟股股份记载在公司内部虚拟股股东名册，由甲乙双方签字确认，但对外不产生法律效力；乙方不得以此虚拟股对外作为在甲方拥有资产的依据。

2.2. 每年年终，根据甲方的税后利润分配虚拟股的利润。

2.3. 乙方年终可得分红为乙方的所持虚拟股份应得的分红利润。

股权激励变更和丧失的法律文件

股权不仅要考虑授予即以激励方式授予员工，而且还要考虑股权的变更（多由于转让）和丧失（被股权激励对象由于种种原因失去继续拥有股权的资格）。股权变更和丧失相对于授予更加复杂，非常容易产生各种利益和法律纠纷。为了进行有效的避免，股权激励需要配套有变更和丧失的法律文件。下面分别是企业股权变更通知书模板样式。

案例陈述

股权转让通知书

各股东：

本股东拟将持有 ＿＿＿＿＿＿＿＿ 公司 ＿＿% 股权共 ＿＿ 万元出资额，以 ＿＿＿＿ 万元的价格转让给股东以外的人 ＿＿＿＿＿。

请各股东自收到本通知书之日起 30 日内给予书面答复，在同等条件下，各股东有优先购买权，逾期未予答复的视为同意转让。

公司股东（签名或盖章）

年　月　日

一般情况下，股东转让出资的方式有两种：一是股东将股权转让给其他现有的股东，即公司内部的股权转让；二是股东将其股权转让给现有股东以外的其他投资者，即公司外部的股权转让。

股权激励丧失，不是公司随意来定，通常是股权激励对象明显违背约定或是有如下 5 种情况。

（1）严重违反公司规章管理制度或重大决策失误，使得甲方遭受重大经济损失或严重负面影响。

（2）岗位职责发生变化，为公司所做贡献严重降低。

（3）丧失劳动能力或民事行为能力或者死亡的。

（4）刑事犯罪被追究刑事责任的。

（5）与公司之间的劳动关系解除或终止的。

下面是一份公司内部回购员工股权，让其丧失股权拥有的协议范本部分，供大家参考。

案例陈述

股权回购协议（公司进行回购）

本股权回购协议（以下简称"本协议"）由下列双方于　年　月　日签署：

股权回购方（下称"回购方"）：

地址：

股权被回购方（下称"被回购方"）：

地址：

以上两方中的任何一方以下称为"一方"，统称为"双方"

鉴于，

1. 回购方系一家在中国成立的企业（营业执照注册号：_____），其注册地址为：_____，其注册资本为_____万元，实收资本为_____万元。

2. 目前，回购方的股权结构如下：_____。

3. 回购方有意将被回购方持有的回购方百分之（____%）的股权以协议的金额回购。

4. 被回购方有意转让上述股权。

商业保密书保护企业商业机密

股权激励对象很大一部分是公司的核心成员、高级技师或高级管理人员等，一些人员会涉及到公司重要商业秘密，如新开发项目计划、技术等。为了更好地维护公司利益，与其签订相应的商业保密书显得非常重要和必要，因为商业保密具有以下 3 方面特点。

◆ 不为公众所知悉。

◆ 能为权利人带来经济利益，具有实用性。

◆ 经权利人采取保密措施。

案例陈述

员工保密合同

甲方（员工）：

乙方（企业）：

鉴于：

1. 甲方已于 ＿＿＿ 年 ＿＿＿ 月 ＿＿＿ 日与乙方签订《劳动合同》，乙方聘请甲方担任 ＿＿＿ 工作。

2. 甲方在担任乙方 ＿＿＿ 工作期间，将可能知悉或使用乙方的商业秘密，也可能因履行职务而产生发明创造、作品、计算机软件、技术秘密或其他商业秘密信息。

3. 甲方充分意识到乙方的商业秘密，包括甲方因履行职务而产生的知识产权等均属乙方之财产，该商业秘密的对外泄露、被第三人非法使用等将造成乙方重大经济损失。

4. 甲方在乙方任职，将获得乙方支付相应报酬，有义务保守乙方的商业秘密。经友好协商，甲乙双方就甲方在任职期间及离职以后保守商业秘密的有关事项，订立下列条款，以资共同遵守：

第一条　　乙方的商业秘密，包括乙方原有的商业秘密及甲方因履行职务而产生发明创造、作品、计算机软件、技术秘密或其他商业秘密信息。

第二条　　乙方的商业秘密，主要指如下内容。

1. 经营信息：包括但不限于客户名单、推广计划、培训资料、业务报表或数据、财务资料、员工结构、薪资结构、合作渠道和推广关键词等。

2. 技术信息：包括但不限于技术方案、页面设计、公司网站运营信息或方法、操作流程、技术指标、计算机软件、数据库、研究开发记录、技术报告、检测报告、试验数据、试验结果、操作手册、技术文档、后台账户信息和相关的函电等。

第三条　甲方在乙方任职期间，必须遵守乙方规定的任何成文或不成文的保密规章、制度，履行与其工作岗位相应的保密职责。

第四条　乙方的保密规章、制度没有规定或者规定不明确之处，甲方亦应本着谨慎、诚实的态度，采取任何必要、合理的措施，维护其于任职期间知悉或者持有的任何属于乙方或者虽属于第三方但乙方承诺有保密义务的商业秘密，以保持其机密性。

第五条　除了履行职务的需要之外，甲方承诺，未经乙方同意，不得以泄露、告知、公布、发布、出版、传授、转让或者其他任何方式使任何第三方（包括按照保密制度的规定不得知悉该项秘密的乙方其他职员）知悉属于乙方或者虽属于他人但乙方承诺有保密义务的商业秘密，也不得在履行职务之外使用这些商业秘密。

第六条　甲方应当于离职时，或者于乙方提出请求时，返还全部属于乙方的财物，包括记载着乙方秘密信息的一切载体。

通常情况下，一份较为完整的商业保密书应包括六大部分：商业秘密的范围、任职期间的保密、办理离职期间的保密、离职后的保密、违约责任以及其他补充条款。

股权激励设计第四部曲
——修改公司章程

股权激励设计的关键一步是按照相应的需求修改公司章程，以达到维护公司或股东利益的目的，让股东与公司利益趋于一致，同时保障股东利益之间的相对稳定；更加重要的是让其符合《中华人民共和国公司法》（以下简称《公司法》）的要求，被国家认可、接受和保护。

依据《公司法》修改公司章程

公司章程作为公司的必备文件，是公司存在和经营的基本依据，是公司行为的根本准则。对其进行修改，不是随意而为，既要与公司治理有机结合起来，同时还需要依照《公司法》。

依据《公司法》对公司章程进行修改需要注意如下几点要求。

（1）不得违反《公司法》等法律、行政法规的强制性规定，同时，充分发挥股东的智慧并与实际结果相符。

（2）在制定章程时还要注意不能剥夺或变相剥夺股东的固有权力，而应为股东主张并实现其权利提供保障。

（3）修改公司章程的权利属于股东会（股东大会）。

（4）修改公司章程须以特别决议为之。

（5）有限责任公司修改公司章程的决议，须经代表 2/3 以上表决权的股东通过；股份有限公司修改公司章程的决议，须经出席股东大会的股东所持表决权的 2/3 以上通过。

（6）公司章程修改后，公司应向工商行政管理机关申请变更登记。

公司章程的一般修改流程

公司章程的修改不仅要依据《公司法》的相应规定，同时，还必须按照法定的流程进行修改。这样才能得到法律的认可，并对其进行保护。

那么，公司章程的一般修改流程是怎样的呢？可按照如下的法定规定流程。

（1）由公司董事会做出修改公司章程的决议，并提出章程修改草案。

（2）股东会对章程修改条款进行表决，有限责任公司修改公司章程，须经代表 2/3 以上表决权的股东通过；股份有限公司修改章程的决议，须经出席股东大会的股东所持表决权的 2/3 以上通过。

（3）公司章程的修改涉及需要审批的事项时，报政府主管机关批准。如股份有限公司为注册资本而发行新股时，必须向国务院授权的部门或者省级人民政府申请批准。属于向社会公开募集的，须经国务院证券管理部门批准。

（4）公司章程的修改涉及需要登记事项的，报公司登记机关核准，办理变更登记；未涉及登记事项，送公司登记机关备案。

（5）公司章程的修改涉及需要公告的事项，依法进行公告。

（6）修改章程后需向公司登记机关提交"股东会决议"及"章程修正案"，若涉及登记事项，须有公司法人签章方可完成变更。

修改章程的流程有两个方面：一是上面所讲的按照法定流程；二是公司内部的流程。其大体操作如下。

（1）由董事会提出修改公司章程的提议，并提出对应的修改草案。

（2）将修改公司章程的提议通知其他股东。

（3）由股东会或股东大会对公司章程修改条款进行表决。

改修公司章程决议范本

按照《公司法》规定和要求修改章程，其大体样式是怎样的呢？下面我们可以通过在展示的章程决议范本（部分）中来了解和参考。但是不是所有性质或行业的公司都适合该决议范本，在一些条款上可以结合公司实际需要进行修改完善。

案例陈述

×× 有限公司章程

依据《中华人民共和国公司法》（以下简称《公司法》）及《中华人民共和国公司登记管理条例》的有关规定，股东赵 ×× 出资设立 ×× 贸易有限公司（以下简称"公司"）并于 20×× 年 ×× 月制订并签署本章程。本章程如与国家法律、法规相抵触的，以国家法律、法规为准。

第一章 公司名称和住所

（1）公司名称：×× 有限公司（以下简称"公司"）

（2）公司住所：×× 市 ×× 区 ×× 路 ×× 号

第二章 公司经营范围

（1）公司经营范围：批发、零售日用品、工艺美术品；自营和代理各类商品和技术的进出口（不另附进出口商品目录），但国家限定公司经营或禁止进出口的商品及技术除外。

（2）公司可以修改公司章程，改变经营范围，但是应当办理变更登记。公司的经营范围中属于法律、行政法规规定须经批准的项目，应当依法经过批准。

第三章 公司注册资本与实收资本

（1）公司注册资本：人民币 ×× 万元。

股东以货币出资的，应当将货币出资足额存入有限责任公司在银行开设的账户；以非货币财产出资的，该出资需未设定任何担保、质押或抵押，已依法办理其财产权的转移手续，并经评估作价。

股东缴纳出资后，必须经依法设立的验资机构验资并出具证明。

（2）公司实收资本：人民币 ×× 万元。

公司注册资本人民币 ×× 万元于公司设立登记前一次性全部到资。

（3）公司增加注册资本，股东应当自足额缴纳出资之日起 30 日内申请变更登记。

第八章 ○ 股权布局，不同时期的股权激励

股权激励计划是一种非常实用的激励工具，但并不意味着是一成不变的。随着企业的发展，股权激励计划也会随之发生变化，在不同发展阶段，企业需要采用不同的股权激励计划。本章将分别讲解企业在种子期、成长期和成熟期这 3 个阶段股权激励计划的应用。

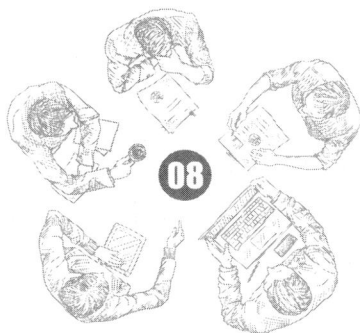

08

种子期，
股权激励是一颗定心丸

处于种子期的企业，还处在不断研究的状态，需要对生产力的可行性进行研究论证。通常在这一阶段，企业规模都很小，没有完整意义上的组织结构。企业的生死存亡依托在员工身上，特别是掌握关键技术的少数技术人员和业务人员。因此，股权激励是一颗留住他们，让他们稳定下来的"定心丸"。

捆绑员工和企业的利益

处于种子期的企业，生死存亡依托在掌握关键技术的少数技术人员和业务人员身上，他们是企业核心成员，起着至关重要的作用。 这时实施股权激励让他们参加股东会议，知晓、商量和探讨企业的发展方向和目标规划等，在企业占有一定地位，同时承担企业的风险。

股权激励已经成功地将他们的短期利益与企业的长期利益捆绑在一起，协调他们的短期行为与企业的长期行为，形成利益共同体。自愿留在企业并全心全意地"燃烧"自己的才能、技术和智慧，点亮企业的未来。

在资金短缺、人才匮乏的情况下，种子期的企业可通过两种方式来进行股权激励：分红回填股和技术入股。

（1）分红回填股

分红回填股是一种非常好的将员工利益与企业利益捆绑在一起的方法，因为其是在企业登记注册时向其他股东借款入股，然后用红利冲抵借款，未冲抵借款部分只有分红权，已冲抵借款部分拥有完全所有权的股份。它可以是现金、实物和技术作价入股。

其主要目的就是在企业设立时稳定不拥有股份和拥有股份较少的主要经营管理者和技术骨干。分红回填股主要分配和馈赠给主要技术人员和主要经营管理者，但是二者有一定讲究。

◆ 分配和馈赠给主要技术人员的分红回填股一般是由法人拥有的技术股的一部分。

◆ 分配和馈赠给主要经营管理者的分红回填股一般是由其他法人股东或自然人股东用现金、实物出资的股份的一部分。

（2）技术入股

技术入股，顾名思义是员工将专利技术、非专利技术作价出资入股，成为公司的股东。在种子期的企业技术入股不是难事，重点在技术股的分配权，其需要考虑 3 个因素，即确定技术股的所有权、使用权和分红权适当分离和后续技术人员适当占有股份。同时，技术股在细分时，也很有讲究，建议按照如下几点建议进行。

（1）技术股最好不一次分完，要留有余地。

（2）技术股除大部分分配给创造这项技术的主要技术人员外，还应分配给在创造这项技术中起主要作用的经营和技术管理人员。

（3）在有条件时应考虑扩股和配股。

（4）分红回填股应与现金、实物出资入股相结合，保持一定的比例，以便更好地体现风险与利润共存。

（5）入股技术归企业所有，撤除技术应赔偿损失。

小贴士

《公司法》规定，有限责任公司的股东以工业产权、非专利技术作价出资入股的金额不得超过公司注册资本的 20%，政府对采用高新技术成果有特别规定的除外；股份有限公司的发起人以工业产权、非专利技术作价出资入股的金额不得超过注册资本的 25%。在实践中也存在以鼓励技术贡献、开发新产品推动技术进步为目的以技术投入折成的股份。

下面是一份较为通用的技术入股的协议书范本部分，供大家进行学习、参考。

案例陈述

技术入股协议书

甲方：_____

乙方：_____

甲乙双方在平等自愿、互惠互利且协商一致的基础上，就甲方以技术出资的形式入股 _____ 省（市）_____ 科技有限公司（下称 _____ 公司或公司）一事达成本协议，以资遵照履行。

第一条　甲方以其所合法持有的 _____ 的产品技术和专利，以及其自身所掌握的工程技术等智力成果、技术方案作为无形资产入股乙公司。

第二条　甲方目前已拥有商标及技术专利状态描述；乙方现有的无形资产及产品项目描述。

第三条　经甲乙双方以协商作价的方式确定以上管理、技术、市场和品牌的总价值人民币为（大写）_____ 万元。甲方技术入股后，取得

公司百分之 ＿＿ 的股份，余下百分之 ＿＿＿＿＿ 的股份由乙方占有。

第四条　甲方应及时办理权利转移手续，提供有关的技术资料，进行技术指导、传授技术诀窍，使该技术顺利转移给公司并被公司消化掌握。

第五条　技术成果入股后，甲方取得股东地位，享有所有权。

第六条　本协议签订后 ＿＿＿ 日内，甲乙双方到工商部门办理股权变更手续。

第七条　本协议的期限以及甲乙双方关于公司股权质押、转让和赠与的限制通过《公司章程》另行约定。

第八条　甲乙双方均承诺遵守公司制度，在各自岗位权限范围内发挥特长、履行职责和行使职权。

第九条　甲方承诺在本协议签订之时，已清楚了解公司的债权债务状况，并认可前述债权债务均计入公司今后的盈亏财务报表进行财务会计核算。

股权激励实现人力资源最大化利用

从调动员工主观能动性方面而言，股权激励是一种人力资源高效配置的手段之一，同时，也能有效地完善和补充薪酬体系。所以，股权激励与人力资源管理相对接，能很好地激励人与激励组织（内部激励手段）相对接。为什么会这么理解呢，有如下 3 点理由作为佐证。

（1）股权激励能有效地激励企业内部的经营层和操作层，形成一种内部激励，让组织结构通过内部变革破除自上而下的垂直多层结构，减少中间管理层，增大管理幅度，减少冗员，建立一种紧缩型横向组织。

（2）股权激励是一种柔性管理，以"未来收益"为驱动，而不是传统行政命令的强制式管理。员工内心自然形成一种内驱力，主动把公司意志变为自己实际工作，能满足员工的高层次需要，能够深层次激发员工的积极性。

（3）大多数企业较为关心的是产品投入成本和质量等，实行一种串行的流水线式的生产组织方式（高度统一的生产方式、强调精细化和专业化的分工），从而限制了员工主动性与创造性的发挥，管理人员的管理理念也会变得片面、狭隘，缺乏重新。股权激励将会打破这种串行的流水生产方式变成并行的生产方式（多种方式、样式和规格等），极大提高员工的能动性和创新性，积极开动脑筋、施展才华。

案例陈述

【背景】

某医疗器械公司创立于1998年，注册于某高新技术产业开发区，是一家高新技术企业。公司主要致力于医疗器械、医用高分子材料、生物技术和信息技术等产品的研发、生产、销售和服务。

目前公司在部门设置上有生产部、质量管理部、技术部、各销售大区、财务部、行政部等部门，人员结构正在向研发及销售两头延展，形成哑铃式的人才发展格局。

近期某竞争对手成功登录创业板，公司上市欲望越来越强烈，但目前公司的经营业绩与创业板要求的相关财务指标仍有一定差距。因此，公司希望通过股权激励来促进员工工作积极性，同时吸引和留住优秀人才。

【股权激励方案】

一、持股平台

为体现股权激励的业绩导向原则，最大限度调动激励对象的工作积极性，经咨询与论证设计了3层持股平台：现有公司为母体公司，部分销售人员（其所负责区域销售规模较小）成立销售子公司（或分公司），部分销售人员（其所负责区域销售规模较大）成立区域销售分公司。

二、激励股的分配原则

激励股的分配主要考虑激励对象的岗位重要性及个人的历史贡献，即根据岗位等级拟定岗位系数（以总经理岗位为参照，设为 1.0，其他岗位比照总经理设定岗位系数），根据工作年限拟定工作年限系数（此系数为 $1+5\% \times N$，N 为司龄，即每工作满 1 年上浮 5%）。

个人获授激励股数量＝当期持股平台拟授予激励股总量 × 个人岗位系数 × 个人工作年限系数 / ∑（个人岗位系数 × 个人工作年限系数）。

三、股权激励方式

（一）根据激励对象的个人岗位重要性、历史贡献，确定当期拟授予激励对象的期股数量。

（二）激励对象必须出资认购获授的期股，但为了体现激励性，采用象征性出资方式，出资额仅为当期某医疗器械公司股价的 30%（付款期限为 12 个月），逾期未认购的期股视为自动放弃。

（三）期股自认购之日起开始享受分红。

该医疗器械公司通过实施股权激励方案，员工工作的积极性明显上升。特别是销售人员的业绩有了大幅度提高，使人力资源配置达到最佳化，使生产力一度达到最大化。目前该公司正在进行股改工作，上市计划也在稳步推进中。

股权激励能够实现员工的财富梦

股权激励，是一种为未来买单的形式，其驱动力也是未来收益，所以它是一种"未来式"而不是"现在式"。不过员工可通过努力付出来完成业绩任务和战略目标，从而让财富梦实现。其中最好例证就是阿里巴巴的员工。

案例陈述

阿里巴巴在创业之初，是以 50 万元起家的，几个人挤在一间小小的房子里，饿了就吃口东西，累了就睡上一会儿，有些人甚至工资都没有。

随着公司融资越来越多，规模越来越大，为了调动员工的工作积极性并留住优秀人才，阿里实行股权激励，让那些高管和核心技术人才拥有公司股权，成为公司的股东。

随着阿里巴巴规模不断扩张，很多人员从以前的"穷小子"变成了"富翁"，当时流行的一个段子能很好说明。女方说："没车没房没钻戒，你拿啥相亲？"男方回："我是阿里老员工！"女方说："诶呦喂，您早说啊。"特别是阿里上市后，这种员工富豪梦得到更快、更广的实现。据某财经报道，千名员工成了百万富翁，几十名员工成为千万富翁，有几人成为亿万富翁。

那么，股权激励为什么能实现让员工实现财富梦呢？因为它具有以下几个特点。

（1）抗通胀性

相对于现金而言，股份的价值会随着公司经营情况而变化，只要公司处于上升或公司净资产值有提升等，员工手中持有股份的价值就可能会随之上涨，员工套现退出也会获得更高的现金回报。

（2）分红效应

股权激励中现金流权利是其最基本的权利，员工可通过股权获得相应比例的分红，同时员工还可以通过出售股份获得全部收益。

（3）财富效应

企业进行融资后，由于资本市场的杠杆效应，员工持有的公司股份价值可能被成倍放大，财富效应也非常明显。

股权激励能够实现老板的创业梦

创业者在创业初期都可能会遇到各种各样的问题，其中最重要的是人才问题。如何汇聚优秀人才组成创业团队是摆在创业者面前的一件大事，而股权激励则可以完美地解决这一问题，实现创业者的创业梦。

（1）股权激励的目标是让人才愿意加入企业

若企业在成立初期实施股权激励计划，则能让人才看到企业的诚意，进而愿意加入企业。这样能够保证员工因持有股权而与公司发展的权益长期保持一致建立起员工与企业共同发展的命运共同体。

一般而言，创业型员工持股方式主要分为直接持股和间接持股两种，具体如下。

◆ **直接持股**：被激励对象以其本人名义直接持有公司股权。

◆ **间接持股**：设立特殊目的实体（可以采用公司或者合伙企业形式）作为持股平台，被激励对象作为持股公司股东或者合伙企业的合伙人，间接持有被激励股权。

当企业发展到一定规模后，为避免激励对象和企业创始人就公司发展战略产生分歧，对掌控公司造成威胁，除创业元老和核心员工可通过直接持股模式之外，其他被激励对象应当通过持股平台或者创始人代持等方式间接持有激励股权。

（2）选择适合的股权激励模式

股权激励模式在很大程度上决定了股权激励的效果，如下所示为比较适合于初创型企业的股权模式。

◆ **认股权激励模式**：承诺几年之后可以实现相当比例的股权，但必须要满足相关的指标考核。

◆ **利润分红模式**：员工只享受股权分红，不具备企业管理权。

◆ **岗位分红**：岗位分红属于分红让渡，不同岗位的分红不同。

◆ **期权模式**：把股权转让给激励对象，在一定的锁定时间内不能变现，只享有分红权，在锁定期结束之后就可以自由变现。如果在锁定期离职，企业可以有权收回股权。

成长期，
股权是留住人才的神器

企业发展至成长期时，股权激励计划应该进行适当地调整，因为创业初期的股权激励计划已经不适应现阶段的发展了。在该阶段中，企业发展速度快，大部分利润用于再投资。股权激励核心目的是留住企业内部的核心人才，吸引和留住大量的外部优秀人才，创建一支高效、强大且稳定的企业团队，为企业后续发展提供持续的动力。本节将讲解企业在成长期如何设计股权激励计划。

虚拟股票分离权利和分红

在无须大幅度增加薪资福利的情况下，虚拟股权激励无疑是对公司核心员工的最佳激励工具。对于那些经营业绩不错但是短期内又无法拿出大笔资金来激励核心员工的企业，可以尝试虚拟股权激励机制，可能会收到意想不到的效果。

那么，企业该如何实施虚拟股票激励呢？

（1）确定股权激励的对象及其资格条件

为了保证虚拟股权的效果，此激励手段比较适宜于核心员工。可以让公司所有员工明确意识到，只有公司的优秀人才，才能享受到虚拟股权激励。虚拟股票代表了一种"奢侈品"，如果其他员工想获得它，就必须努力提升工作业绩，为企业做出贡献。

案例陈述

某科技企业为保证股权激励效果，限定了激励对象的范围和条件，具体如下。

1. 高级管理人员

具有5年（含）以上工作服务年限，担任高级管理职务，包括总经理、副总经理和总经理助理等岗位；或有高级职称的核心管理层，包括营销总监、财务总监和设计总监等岗位。

2. 中层管理人员

具有3年（含）以上工作服务年限，担任中层管理职务，包括高级监理、人力资源经理和客服部经理等岗位。

3. 骨干员工

具有3年（含）以上工作服务年限，并获得两次以上"优秀员工"称号的员工；拥有独特专业技能、掌握关键技术以及对企业做出特别贡献的骨干员工，包括高级企划、培训讲师和公关专员等岗位。

从上述案例可以看出，该企业对于股权激励对象的选择非常明确，包括高级管理层、中级管理层和骨干员工。科学地选择标准保证了股权激励的公平性，也为其他员工做出了表率，起到了积极的引导作用。

（2）确定虚拟股权激励对象的持有数量

企业在确定虚拟股权持有数量时，可以根据虚拟股权激励对象的职位、工作绩效、工龄以及特殊贡献等指标来确定员工应持的股权数量，具体如图 8-1 所示。

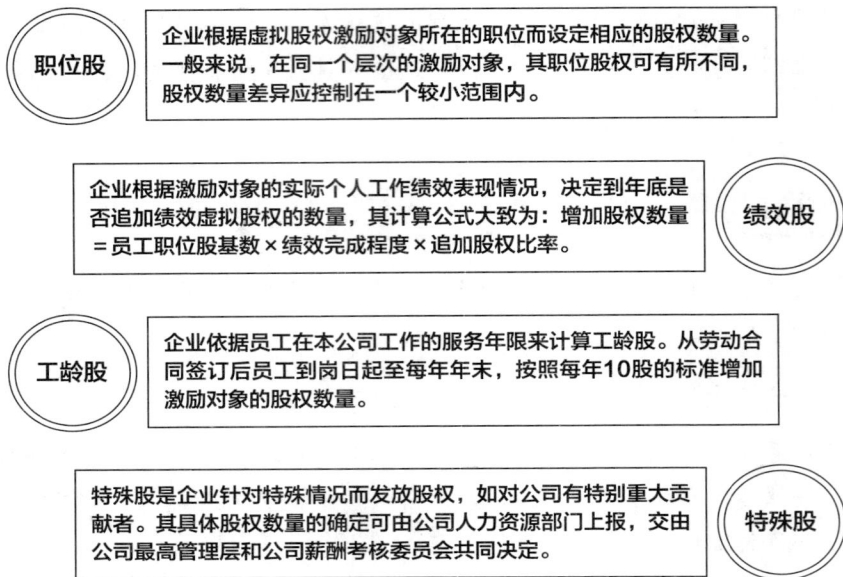

职位股	企业根据虚拟股权激励对象所在的职位而设定相应的股权数量。一般来说，在同一个层次的激励对象，其职位股权可有所不同，股权数量差异应控制在一个较小范围内。
企业根据激励对象的实际个人工作绩效表现情况，决定到年底是否追加绩效虚拟股权的数量，其计算公式大致为：增加股权数量＝员工职位股基数×绩效完成程度×追加股权比率。	绩效股
工龄股	企业依据员工在本公司工作的服务年限来计算工龄股。从劳动合同签订后员工到岗日起至每年年末，按照每年10股的标准增加激励对象的股权数量。
特殊股是企业针对特殊情况而发放股权，如对公司有特别重大贡献者。其具体股权数量的确定可由公司人力资源部门上报，交由公司最高管理层和公司薪酬考核委员会共同决定。	特殊股

图 8-1　确定激励对象持股的数量

（3）确定虚拟股权的分红办法和分红数额

首先在公司内部建立分红基金，根据当年经营目标实际完成情况，对照分红基金的提取计划，确定分红基金提取规模和比例，并确定当年分红的基金规模的波动范围，其计算公式如下：

分红基金提取比例基准＝（年终奖金总额 ÷ 公司净利润）× 分红基金提取系数

例如，某企业实行虚拟股票激励计划的上一年度，企业的净盈利为300万元，年终奖总金额为20万元，其分红基金提取系数范围为0.8 ~ 1.2。若实施虚拟股票激励计划当年，企业的目标利润500万元。那么，

分红基金提取比例基准为：（20÷300）×（0.8 ~ 1.2）×100%

最低线：$20 \div 300 \times 0.8 \times 500 \approx 26.67$ 万元

中间线：$20 \div 300 \times 1 \times 500 \approx 33.33$ 万元

最高线：$20 \div 300 \times 1.2 \times 500 = 40$ 万元

小贴士

在实际操作中，公司可以本着调剂丰歉、平衡收入的原则，还可以在企业内部实行当期分红和延期分红相结合的基金分配原则，这样可以有效减少经营的波动性对分红基金数额变动所带来的影响。

股权＋高薪，双倍发力留高管

高管在企业中扮演着重要角色，负责制定组织的总目标、总战略和总方针，并考核各部门的工作绩效，保证整个公司按照战略规划顺利运作。由此可见，高管掌握着企业的核心商业机密，若高管离职后泄露了商业机密，将对企业造成巨大的打击。

所以，单一的薪酬激励已经不能适应企业对于高管人员的激励，企业必须发放一定的股票进行股权激励。

一般而言，高管人员的股权激励计划主要包括以下 3 部分。

◆ **激励的目标**：高管人员的股权激励目标定位于支持企业的战略转型与提升，培养一批认同公司战略与文化、具有核心能力管理人员，形成利益和事业共同体，并分享公司成长的收益。

◆ **激励的依据**：根据企业的总体战略与文化，对高管人员进行中长期激励方案整体性的设计与规划。

◆ **方案的调整**：若股权激励方案在实施过程中出现任何变化，为保证基本激励理念的初衷，企业可以根据股权激励计划对现有的薪酬体系和绩效考核体系进行相应的调整。

股权激励计划的实施是一个中长期过程，期间必然存在一些不确定因素。一方面，对于企业而言，企业因为发展的原因可能会被收购、合并、分立或者是上市；另一方面，对于员工而言，也可能会出现人事调动、离职、退休或者是被辞退等情况。

由于这些不确定因素都可能会对股权激励方案带来较大影响，因此企业必须对这些情况进行解释和说明，以保证股权激励方案的顺利进行，具体如图 8-2 所示。

1 激励对象于劳动合同期满前辞职、因过失而被公司辞退、劳动合同期满时激励对象或公司任何一方提出不再签约的，激励对象将不再拥有股权激励计划的权利。

2 激励对象因退休、合同自动解除或非过失性辞退而离职的，由董事会、股东大会和薪酬考核委员会根据其对公司的贡献大小决定归属适当的股权数量。

3 激励对象因协议解除劳动合同而终止与公司的聘用关系的，由薪酬考核委员会讨论其是否参与股权激励计划。

4 激励对象因违反公司章程或者是泄露公司商业机密而被辞退者，公司有权回收激励对象的全部股权。

图 8-2　股权激励计划中不确定因素的说明

高管是股权激励比较特殊的群体，掌握着企业的最高商业机密，对企业发展有着举足轻重的作用。仅仅是高薪是不能够留住高管的，适当地分配股权给高管，双倍激励机制才能够留住这部分群体。

股权激励吸引和汇聚外部优秀人才

成长期的企业需要大量的外部人才作为支撑。外部优秀人才被企业的股权激励所吸引，希望加入到企业来实现自身价值并获得回报。而企业也无须支付招聘成本就能使企业进入到正向循环，优化企业的运营管理。

案例陈述

某科技企业成立于 2015 年，是典型的初创型企业，企业为留住人才而开始实行股票激励计划，其思路是为所有员工提供股权认购机会，使每个员工都成为公司股东，这样就把个体员工与公司业绩联系起来。

无论是 CEO 还是核心员工，都具备获得股票派发的资格，凡是正式签订了劳动合同的员工都有资格享受股权激励计划，这一计划为企业吸引了大量的优秀外部人才。

第一次实施股权激励计划是在 2016 年 5 月 1 日，约有一半的员工参与了股权激励计划，员工作为公司的合伙人，企业的凝聚力和战斗力明显上升，当然，业绩也大幅上升。

在跳槽率非常高的科技行业中，该企业跳槽率仅为 30％，远远低于行业的跳槽率，并且核心岗位的人员稳定性也逐渐加强。

2017 年 1 月，该企业把计划的享有者扩大到了一线员工，包括行政部、售后部、工程部和后勤部，让更多的员工享受到股权激励的福利。

2017 年 12 月，企业拿出 50 万元作为奖金，在年终大会中发放给一线的加班员工。该企业以发放股权来激发员工的战斗力，让企业在行业中脱颖而出。

从上述案例可以看出，该企业实施股权激励吸引大量优秀人才，也降低了离职率，保证企业能够又稳又快发展。

一般而言，员工的价值不仅体现在薪酬的差异化上，更是体现在是否拥有股权。因为拥有股权也是一种身份象征，是满足员工自我实现需求的重要筹码，也是吸引和保留高层次人才不可或缺的工具。

成熟期，
股权是聚人聚财的工具

企业进入成熟期后，企业的计划、组织、管理开发和控制系统已经比较完善了，集中体现在企业营销力度大、市场占有率高以及风险控制能力强等方面。但是企业在成熟期也会出现一些问题，公司庞大的规模和增长速度下降常常会带来经营者激励不足、内部沟通不畅、人员发展机会减少以及企业扩展后企业文化冲突等问题。为了完美地解决这些问题，企业管理者可以学习如何在成熟期实施股权激励计划。

135 渐进式激励培养人才

135 渐进式激励法是一种创新型的股权激励计划，其中"1"是指1年的在职分红；"3"是指3年的滚动考核期，"5"是指5年的锁定期。3年考核与5年锁定，引起股权激励期限是8年，这是国际通用的股权激励的标准周期。

（1）135 渐进式激励法的原理和操作流程

普通员工从职业经理人变成企业真正合法的股东通常需要8年的时

间，其原理如图 8-3 所示。

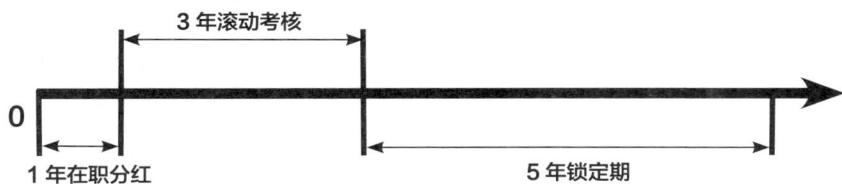

图 8-3　135 渐进式股权激励法的原理

一般而言，企业实施股权激励的最终目的就是将股份发放给员工，但是这一操作也应该遵循一定的流程，如图 8-4 所示。

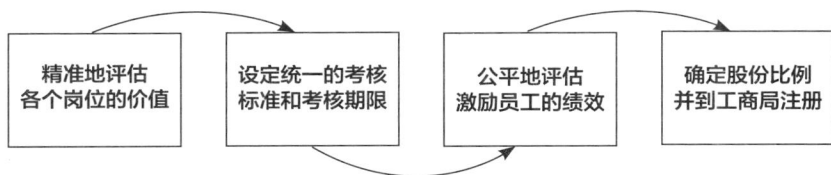

图 8-4　135 渐进式股权激励法的操作流程

在股权激励计划过程中，分配给员工的股权比例是核心操作步骤。下面以简单的案例来了解一下。

例如，某医药企业共有 80 万股股份，为了激励员工的工作积极性而实施股权激励计划，并且分批次发放给激励对象。某销售骨干在第一年拿到 3 万股，第二年拿到 2 万股，第三年拿到 1 万股。

3 年累计下来，他总共拿到 6 万股，平均每年约 2 万股，那么，此时公司的总股为 86 万股，该员工所持股权占比为 6.98%，这也就是公司发放给员工的注册股份比例。

（2）135 渐进式激励法的风险

135 渐进式激励法的期限较长，期间可能会存在一定的风险，尤其是在滚动考核期和锁定期这两个阶段中，具体如图 8-5 所示。

股份定金的收取	说明终止激励的情况	激励对象的离职处理
通常情况下，股权不是无偿发放的，激励对象需要支付一定的股份定金，定金范围为总金额的5%~10%，且股份定金不能退还。	企业应该说明终止激励计划的情况，如违背职业道德、失职、渎职、泄露公司机密、伤残、锁定期内企业发生重大变化以及违反国家法律法规。	若股权激励对象在考核期间离职，企业处于盈利状态，企业可以原价回购股份，退还本金；企业处于亏损状态，激励对象要按照股份比例弥补企业亏损后方能离开。

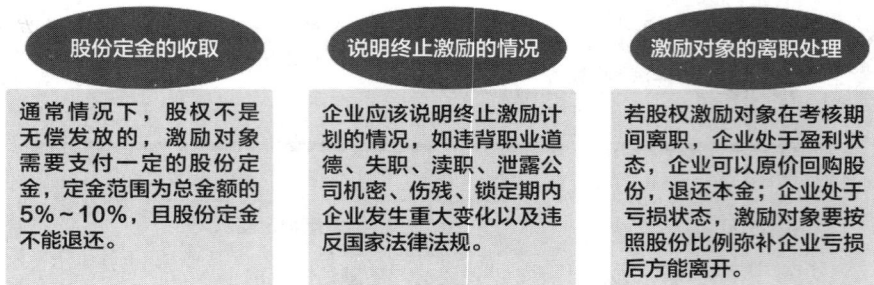

图 8-5　135 渐进式股权激励法的风险预防

135 渐进式激励法又被称之为"金手铐激励法"，以渐进式的激励方式将员工与企业利益紧紧捆绑在一起。方案的设计层级结构鲜明，逻辑调理清晰，考核标准有理有据，不仅达到了激励与约束的双重目的，更达到了员工与企业形成事业共同体的终极目标，非常适合成熟期企业的薪酬激励。

股权转让成就功臣

根据"二八原则"，20% 的员工为企业创造了 80% 的利润。由此可见，骨干员工作为企业发展的"动力机"，为企业提供了源源不断的动力。不管企业处于哪个发展阶段，骨干员工都是重点激励对象。而在成熟期，企业可通过股权转让成就骨干员工，让他们成为企业的一代功臣。

案例陈述

某绿植企业自成立以来，其销售部门一直是企业的核心部门，为企业创造了超过 1 000 万元的业绩，其中张某、贾某和刘某是部门的得力干将。

企业为了留住这 3 位销售骨干，通过企业大股东让渡 6% 股权用于对3 人进行股权激励，3 人分别持股 2%。为了彰显企业的诚意，向 3 人承诺："股权的锁定期由 3 年缩短为 1 年，若在考核期内完成销售指标，均可以获得提名竞选销售主管的资格；若销售业绩突出，可以直接提名竞选销售总监助理。"

由于企业开出了极具诱惑力的条件，3人的工作积极性被彻底激发出来，2015年底，张某、贾某和刘某3人分别以70万元、78万元和73万元从销售部门中脱颖而出，当年的销售目标为50万元。

按照约定，企业分别为3人授予了2%的股权，其中贾某提名竞选销售总监助理，而张某和刘某直接则提名竞选销售主管。

企业对于销售骨干直接发放股权也是头一次，尽管一部分企业决策者对于此举的效果持怀疑态度，但是销售骨干出色完成了任务，打消了决策层对于股权激励方案的疑虑。

2016年底，销售部门在新领导的带领下，部门的年终销售业绩再创新高，以316万元再度刷新部门销售业绩。

从上述案例可以看出，企业通过转让股权和晋升的激励方式留住了3位核心骨干。这种做法通常存在两方面意义：一方面为企业的发展提供了核心动力；另一方面，企业的这种激励机制也对其他员工树立了良好的榜样，激励其他员工向优秀员工学习，有利于营造出积极向上的工作氛围。

"金色降落伞"激励让老员工功成身退

当企业发展到成熟期，处理新员工和骨干员工的关系都比较容易，适当地给予一定的股权或者是其他方式激励就可以了。但是处理老员工的问题就非常麻烦了，尤其是打江山的创业员工，可能他们的思维和能力跟不上企业发展的脚步，但是又位高权重。为了顺利地实现老员工的"退位"，企业往往可以采取金色降落伞法。

金色降落伞是指照聘用合同中公司控制权变动条款对高层管理人员进行补偿的规定。"金色"是指丰厚的补偿，"降落伞"是指高管可规避公司控制权变动带来的冲击而实现平稳过渡，这种方案被广泛应用于成熟期的股权激励方案中。

案例陈述

某科技企业发展到成熟期，产品市场占有率也逐渐达到饱和状态，员工的工作积极性明显降低，企业发展速度减缓。尽管企业提升了员工的薪酬，但是激励的持续期非常短，过了一段时间又恢复原状。

企业对外招聘了大量的优秀人才，花费了大量的招聘成本却丝毫没有为企业带来任何改变，因为"吃闲饭"的老员工"霸占"了重要岗位，导致外部人毫无用武之地。

企业管理者经过了系列的考核后，发现大部分"吃闲饭"的老员工都是曾经陪创始人打江山的元老级别人物。他们的思维和能力已经跟不上社会发展，却占据了企业的重要岗位。如何让这部分老员工心甘情愿地离开公司呢？

企业决定实施"金色降落伞"激励让老员工功成身退，通过参考同行的补偿薪酬，同行补偿薪酬是 20 万元 / 年，企业给与这部分老员工将近同行 1.5 倍薪酬，总共支付 5 年，即每位老员工可获得 150 万元，具体解决方案如下。

150 万元中支付 20% 现金，剩下 80% 的补偿薪酬用于购买企业的股票，锁定期为 3 年，解锁后企业回购企业股权，老员工可获得股权激励的本息。

从上述案例可以看出，该企业以将近同行 1.5 倍补偿薪酬来补偿老员工，这样的补偿力度是相当大的，足以让老员工高兴地"让位"。此外，该企业并没有一次性发放补偿金，而是先发放一小部分补偿金，剩下的用于购买股票，这样做的好处主要有两个：其一是防止离职老员工泄露商业机密，捆绑员工与企业的利益；其二是减轻企业的财务负担。

企业在对老员工实施"金色降落伞"激励法时，比较好的方法就是分期支付补偿金。同时，企业也需要和老员工签订商业保密协议和竞业限制协议。补偿金发放的前提必须是老员工在离职后没有违反相关约定，这种做法在实践中最大的作用就是威慑，防止产生官司纠纷。

第九章 ○ 股权风控，避免企业陷入股权激励陷阱

股权激励作为一种实用的激励工具，对提升员工的工作效率起到了明显的促进作用。但是股权激励计划在实施过程中，也可能会遇到一定的风险，企业必须进行风险控制，避免企业进入股权激励的陷阱。

09

严控股权激励的源头

在股权激励的风险控制过程中，股权的来源是风险控制的源头。因此，为保证股权激励的顺利开展，企业需要严格控制股权激励的来源，尽量选择安全系数比较高的股权。那么，在本节中将介绍比较常见的股权来源。

原始股东转让股权的风险低

股权转让是指公司股东依法将自己的股份让渡给他人，使他人成为公司股东的民事法律行为。股权转让是股东行使股权时比较普遍的方式，根据《公司法》的相关规定，股东有权通过法定方式转让其全部出资或者部分出资。

企业原始股东转让股权主要以私营企业为主，且股权的转让主要发生在公司股份制改革过程中。通常情况下，私营企业的大股东所持股票不存在制约其低价转让的制度障碍。而且公司大股东希望通过股权激励，将公司经营管理层的自身利益同公司的长期利益和股东利益相统一，以确保公司长期稳定的发展。

股权转让后，股东基于股东地位而对公司所发生的权利义务关系全部且同时移转于受让人，受让人因此成为公司的股东，取得股东权。同时，股东合同即时生效。

股权自由转让是现代公司制度最为成功的表现之一。近年来，随着中国市场经济体制的建立，股权转让成为企业募集资本、产权流动重组和资源优化配置的重要形式，由此引发的纠纷在公司纠纷中最为常见。其中，股权转让合同的效力是该类案件审理的难点所在，具体内容如下所示。

◆ 有限责任公司出资转让未履行《公司法》的相关规定。
◆ 股东违反公司章程规定与他人签订股权转让合同。
◆ 股权转让导致一方股东持有公司全部股权。
◆ 股权转让未办理股东变更登记手续。

上述的这些问题是企业在股权转让过程中，比较突出且具有较大争议的问题，严重的情况甚至会涉及到其他纠纷。例如，因涉及国有资产、外商投资管理以及证券市场监管等而由法律法规予以特别限制的情形。

小贴士

股权转让合同的生效并不完全等同于股权转让生效。股权转让合同的生效是指对合同当事人产生法律约束力的问题，而股权转让的生效是指股权何时发生转移，即受让方何时取得股东身份的问题。所以，必须关注股权转让协议签订后的适当履行问题。

向特定对象发行股票

所谓的"向特定对象发行股票"是指上市公司采用非公开方式，向特定对象发行股票的行为。

（1）企业向特定对象发行股票的目的

上市公司的非公开发行股票的实质就是定向增发，企业采取这种方式增发股票的原因有很多，具体内容如图 10-1 所示。

1 上市公司为新建项目融资，解决资金瓶颈，在预案中都会注明"募集资金剩余部分用于补充公司流动资金"，进而达到改善财务的目的。

2 集团控股的上市公司会通过向集团公司定向增发，以实现集团公司的整体上市，整个过程基本上不需要现金支出。

3 企业集团控股的上市公司通过向母公司或控股股东定向增发，以股权换取母公司或控股股东的资产。

4 上市公司通过定向增发以相互持股或吸收合并的方式，并购其他上市公司或非上市公司资产。

5 对于资产质量和业绩极差的上市公司，通过定向增发以认购资产的方式，实现"壳资源"的转移，避免公司退市，实现财务重组。

6 上市公司通过向可能给企业带来先进生产技术、管理理念或其他特殊资源的特定对象增发股票，有利于企业引入战略性投资。

图 10-1　企业向特定对象发行股票的目的

由于企业从战略来考虑，"股权相对集中"和"降低筹资成本"是两个重要因素。企业承诺接受增发的一般只选 10 个以内对象（含基金和母公司），上市公司容易高效率地与股东沟通、协商和决策。

（2）增发股票的定价

根据《上市公司证券发行管理办法》第三十九条规定："发行价格不低于定价基准日前 20 个交易日公司股票均价的 90%。"其中，定价基准日是指计算发行低价的基准日，可以为关于本次非公开发行股票的董事会决议公告日或者是股东大会决议公告日，也可以为发行期的首日。

为了保证企业的利润最大化，企业要找准基准日和公平性之间的平衡点。例如，企业可以采取公告前或者是正式发行前 N 个交易日的平均收盘价来作为发行价。

但是，这种定价方法也并不能确保企业每次都"占便宜"。一旦遇到股市大盘连续下跌的情况，市价跌进拟定发行价的情况也会出现，最终导致定向增发资产流失。

回购股票，捍卫企业管理权

企业通过回购的方式获得本公司的股权，并且将回购的股权用作股权激励。这种方法的股权来源安全系数比较高，比较适合用于股权激励计划。

但是值得注意的是，股权激励过程中也有可能会涉及到相关的法律问题。《公司法》第一百四十三条规定："公司不得收购本公司股份"。但是，有下列情形之一的除外：

◆ 减少公司注册资本。

◆ 与持有本公司股份的其他公司合并。

◆ 将股份奖励给本公司职工。

◆ 股东因对股东大会作出的公司合并、分立决议持异议，要求公司收购其股份的。

公司因前款第一项至第三项的原因收购本公司股份的，应当经股东大会决议。公司依照前款规定收购本公司股份后，属于第一项情形的，应当自收购之日起十日内注销；属于第二项和第四项情形的，应当在 6 个月内转让或者注销。

此外，公司依照第一款第三项规定收购的本公司股份，不得超过本公司已发行股份总额的 5%；用于收购的资金应当从公司的税后利润中支出；所收购的股份应当在一年内转让给职工。

新股需要预留

股份预留是指公司采取授权资本制或者折中资本制，在公司成立以后，董事会有权根据股东（大）会授权，随时增发新股。

这种股权的来源也比较稳定可靠，且能够解决企业资金紧张的窘境。且预留股权对于企业的发展具有极大的贡献和意义，具体如下所示。

- ◆ **解决企业治理矛盾**：预留股权能够通过适当的控制权结构安排及其与剩余索取权的匹配，使委托人和代理人的目标在最大程度上保持一致，使经营者成为剩余权益的拥有者，从而降低代理成本，实现利益的最大化。

- ◆ **操作方式简便**：公司可以先将股权发放给管理层或技术高层，他们利用公司的借款购买股权后只享有分红权，只有少数具有决策权，方便企业的集中管理权。

- ◆ **具有约束效益**：激励对象拿到股权后，股权不得转让、不得抵押和不得买卖，股权所得的分红不能领取。只有股权的股权激励有效期结束后，职工的股权转化为实股。因此，这样具有一定的约束效益。

不过新股预留也存在着一定的问题，因为从《公司法》有关本公司股票回购的规定看，公司持有本公司股票的时间最长不超过一年，超过规定的时间都必须采取相应的处理措施。

但是企业从将发行中的部分新股预留到实施股票激励计划，时间跨度往往会超过一年，甚至多达数年，这也导致以该种方式实施股权激励计划存在着一定的问题。

正向激励与反向激励仅一线之隔

企业开展股权激励计划的目的是提升员工的工作积极性，增强企业的凝聚力，推动企业又好又快发展。从激励的属性来看，股权激励属于正向激励。但是由于股权激励计划是人为设计、修改、实施、监督和反馈的，在此过程中，难免会掺杂一定的人为主观情绪。若股权激励计划没有遵循公平、公开和公正的规则，最终只会导致正向激励变成反向激励，严重影响股权激励的效果。

员工埋头苦干，管理者"不劳而获"

股权激励计划是企业的商业机密之一，为了保护商业机密，股权激励计划往往都是由企业高层、董事会、股东大会以及监事会联合制定的，而股权激励的主要对象又是激励计划的制定者。这种做法无疑就是游戏参与者是游戏规则的制定者，这种极不平等的关系可能会造成员工埋头苦干、管理者"不劳而获"的局面，严重打击员工的工作积极性。

作为企业的最高管理者，必须以大局为重，设计出一套科学的股权激励方案，具体内容如下。

◆ **兼顾普通员工的利益**：股权激励的主要对象是管理层，同时也必须照顾到普通员工的利益。这样才能够提升员工的工作积极性，不至于让股权激励沦为少数人牟利的工具。

◆ **必须贯彻的原则**：企业管理者必须始终坚持"公平"、"公正"和"公开"的原则来设计股权激励计划。

◆ **制定科学的绩效考核方案**：股权激励兑现的前提是激励对象达到了规定的业绩，而科学的绩效考核方案能够激发员工的工作热情。同时，股权激励所获得分红和个人的业绩指标挂钩，也能够避免管理者"不劳而获"。

◆ **员工给管理者打分**：通常情况下，股权激励计划的实施环节都是单向的，管理者负责监督、考核、评估和反馈员工的工作绩效。为了平衡股权激励计划中不对等的关系，员工也可以给管理者打分，包括管理者的工作能力、执行力、团队领导力以及个人素养等多方面。让两股力量相互牵制，确保股权激励计划的公平性。

◆ **监管机制也是不可或缺的**：股权激励计划的实施离不开严格的监管机制，包括董事会、股东大会、监事会以及独立董事。监管机构最主要的作用就是避免管理层弄虚作假，制造虚假繁荣。

综上所述就是企业防范员工埋头苦干、高管"不劳而获"的实用方法，这些方法能够为股权激励计划提供一个良好的实施环境，有效提升员工的工作积极性和管理层的工作效率，增强团队的凝聚力，最后也能够达到预期的股权激励效果。

激励对象认为股权激励完全免费

股权激励作为一种提升员工福利待遇的激励工具，如果没有在股权激励方案中说明相关问题，那么员工很容易误解股权激励完全是免费的，无须付出资金就能够成为企业的股东，从而影响股权激励计划的开展。

案例陈述

魏某在一家电商企业任家电事业部销售经理，工作多年，积累了一定的人脉资源和创业资金，魏某辞职后自创门户，成立了一家小型的家电销售企业。

凭借着多年的运营经验，魏某把公司打理得有条不紊，在销售旺季曾创造出192万元的销售业绩。

随着企业的不断发展，企业需要大量的人才，魏某外聘了3位优秀人才，分别担任不同区域的销售经理，3位得力干将的到来让企业的发展更上一层楼。为了奖励3位销售经理，魏某拿出了9%的股权来作为股权激励，每位销售经理均获得3%的股权。

魏某考虑到公司规模较小，没必要设计复杂繁琐的股权激励文书，因此，魏某只是简单地制作了一份《股权激励计划方案》，在股权激励计划书中也没有明确地说明关于员工支付认购股权的事宜，这就为3位销售经理和魏某关于股权激励方案产生分歧而分道扬镳埋下了伏笔。

当公司要求3位销售经理缴纳20%的股权认购金额时，他们都认为魏某故意和他们玩文字游戏，一怒之下，3位销售经理都辞职走人，最终，股权激励计划也不得不终止。

从上述案例可以看出，3位销售经理之所以离职，最关键的原因在于魏某为了图方便而没有在股权激励计划书中详细地说明关于股权认购的事宜，让3位销售经理误以为股权是完全免费赠送的。当被要求缴纳一定的认购金额时，他们认为是魏某故意玩文字游戏，一怒之下而集体辞职，最后企业终止了股权激励计划。

因此，为避免一些小细节而影响股权激励计划的进行，企业在开展股权激励计划前需要对员工进行系统的培训，其内容如图9-1所示。

1 激励对象误以为股权激励就是奖励，无须任何资金就可以成为企业的股东并享受分红。这种误区的解决方法是在实施股权激励计划前召开系统的培训会，由人事部或者是专业培训人员详细阐述股权激励知识，确保激励对象对股权激励有比较全面的认识。

2 激励对象误以为股权激励是每个人都可以享受的福利。这种误区的处理方法就是在股权激励方案中说明股权激励的"门槛"，只有符合要求的员工才能够参与股权激励计划；若激励对象没有达到规定的要求，也可能面临着一定的惩罚。

3 被激励对象误以为可以一次性获得全部股权。这种误区的处理方法是企业在股权激励计划书中说明股权是分批次授予的，其中包括授予日、生效日、行权日以及失效日，并说明股权激励计划各个阶段的解锁规定和其他事宜。

4 被激励对象误以为股权激励是管理层谋福利的工具，与普通员工无关。这种误区的处理方法就是企业秉持公平、公正、公开的原则来选择股权激励对象，其激励对象包括管理层、技术层以及特殊员工，并且在企业设置监管机构。

图 9-1　股权激励计划实施前的系统培训

企业内部为争夺股权"大打出手"

股权激励的实质就是利用股权来激励员工，但是股权的分配牵涉到股权数量、分配方式以及股权结构等问题。这些因素都是影响股权激励效果的重要因素，若处理方式不科学，则很可能导致企业"内斗"。

案例陈述

2011 年 8 月 31 日，真功夫前董事长蔡 × × 涉嫌职务侵占、挪用资金和抽逃资金等多个民事案件，在广州天河法院开庭，涉案金额超过 1 个亿，蔡 × × 所持有的真功夫股份也全部被冻结。

追根溯源，1994 年，蔡 × × 与潘 × ×（蔡 × × 前妻的弟弟）合伙在东莞市开了一家餐厅——168 蒸品店，主营蒸饭、蒸汤和甜品。两人分工明确，蔡 × × 主外，负责公司总体策划；前妻弟潘 × × 主内，全权负责生产和质量管理。餐厅很快受到消费者的青睐，声名大噪。

2004 年更名为"真功夫"，蔡 × × 与潘 × × 既有共同创业的雄心，又有姻亲关系的联结，双方均"全情投入，用足功夫"，立志将真功夫打造成为"中国的麦当劳"。

2006 年，蔡 ×× 与前妻潘 ×× 办理离婚，其前妻用自己所持真功夫 25% 的股权换取两个孩子的抚养权。此时，蔡 ×× 及前妻弟潘 ×× 所持的股份均衡，蔡 ×× 建议引入风投公司。

2007 年，在蔡 ×× 的主导下，真功夫引入中山市联动创业投资有限公司和今日资本集团两家风投机构注资共计 3 亿元。真功夫的股权结构变为蔡 ××、前妻弟潘 ×× 各控股 41.74%，双种子公司控股 10.52%（其中蔡、潘各占 5.26%），今日资本和中山联动各控股 3%。后来，蔡 ×× 通过控股中山联动，股权略超潘 ××。

2009 年，蔡 ×× 与潘 ×× 在真功夫管理问题上的分歧愈演愈烈；再加上蔡 ×× 与前妻的关系破裂，事态最终演变为蔡、潘两家对真功夫控制权的拉锯战。

2009 年 8 月 11 日，潘 ×× 和妻子闯入位于广州市的真功夫总部财务办公室，要求审计公司财务。随后，潘 ×× 将真功夫告上法庭，要求履行股东知情权。

2011 年 4 月 22 日，蔡 ×× 因涉嫌经济犯罪被捕。2012 年 8 月 31 日，天河区人民法院依法公开审理蔡 ×× 职务侵占罪、挪用资金罪、抽逃注册资本罪一案。

2013 年 12 月 12 日，广州市天河区法院认定蔡 ×× 职务侵占和挪用资金两项罪名成立，判处有期徒刑 14 年，没收个人财产 100 万元。

从上述案例可以看出，曾经一手创办了真功夫的蔡 ×× 与前妻潘 ×× 和妻弟潘 ×× 反目成仇，最后对簿公堂，斗得你死我活。所以，股权激励计划的股权分配是一门技术活，若股东所持有的股份分配不科学，很可能会导致企业内部为了争夺控制权而"大打出手"，严重影响企业的正常化管理。

一般而言，对于初创型企业或者是中小企业，为保证企业最高管理者掌握绝对控股权，股权激励计划不建议采用均分股权的方式。合理的股权结构比例应该符合以下原则。

◆ **创始人绝对控股**：企业创始人是团队中的灵魂人物和精神领袖，要占据绝对控股地位；核心创始人员依照个人贡献、能力、资源、渠道、在职时间以及创造业绩等指标来分配股权。

◆ **原理均股制**：均股制会导致团队中缺乏真正的决策人，可能会错失商机，大部分均股制的案例都以失败告终。

◆ **反对财务投资人控股**：财务投资人作为控股人可能会导致在决策上一直独断专行，控制公司账户，以致财务上存在漏洞。

◆ **深度捆绑上、下游产业投资人**：上、下游产业投资人会带来资源、核心技术和人才，具备资源整合能力和协同能力，这正是初创团队需要的资源。

◆ **投资人在适当时候退出**：若企业需要引入部外投资时，投资人应减少或退出持股，因为早期投资人议价低，后续投资人议价高，如果早期投资人持有过高股份，必将会影响企业的后续融资。

◆ **创业团队要选择有远见的投资人**：对于明智的创始人，所持股不应超过总股权的 51%，创始团队拥有最核心的技术，应该拥有 20% 以上的股权。

一碗水端不平让股权激励失去公信力

股权激励的重点是管理层，而有的企业却错误地理解成股权激励是倾向于管理层。尽管制定了同一套绩效考核标准，但在实际的考核过程中却是不同的考核标准。这种做法就是属于典型的"一碗水端不平"，最终只会导致企业失去公信力。为保证股权激励计划的公平性，企业可以从以下几个方面入手。

（1）同一个企业，同一套标准

首先，股权激励计划是面向全企业员工而推出的激励工具，旨在激励员工奋发工作，提升企业的生产力。所以要求企业有一套股权激励方案适合于所有的员工，所有的员工都不得享受"特权"。

其次，股权激励计划的设计者和执行者不能是同一人，这样做既能避免股权激励设计者为了一己之私而不顾企业的利益，又能保证股权激励计划的执行者在考核员工绩效业绩的过程中始终秉持公平和公正的原则。

最后，股权激励计划的实施不能"走过场"，一定要落到实处。股权激励计划之前召开董事会和股东大会，确定股权来源、数量以及激励工具；企业内部召开员工大会，根据每位员工的综合表现选择最佳的激励对象，并明确地告知激励对象关于股权激励的相关事宜。

（2）股权激励计划的实施必须有"靠山"

企业实施股权激励是有条件的，如果缺乏一套严格的公司管理制度和绩效考核体系做支撑，那么，股权激励计划则无法彰显出公平性，股权激励计划的实施也将寸步难行。因此，企业开展股权激励计划前要对企业治理结构和治理制度做科学鉴定，否则股权激励不仅不能带来预期效果，反而会造成恶果。例如，某皮革企业成立时间不长，但是企业的发展速度非常快。由于企业内部没有形成完善的制度管理体系和绩效考核体系，导致公司管理一片混乱，出现销售部出色地完成了销售任务。但是物流部工作效率低下，导致销售部收到客户投诉的情况或者人事部是薪酬绩效方案的设计者和考核者，在考核过程中"放水"现象严重，导致薪酬绩效考核"水分"过重。

老板凭个人能力已经远不能顾及公司的方方面面。为了规范公司管理，老板决定实施股权激励，其初衷是希望实施股权激励来提升员工的工作效率，加强部门之间的合作能力，不断改善和优化企业内部的管理。

但经过半年的实践，股权激励不但没有达到预期目的，反而增加了企业的财务压力，不同部门之间的矛盾升级，企业内部"斗争"严峻，企业利润急剧下降。最后，企业停止了股权激励计划。

股权激励制度不明确 终成绊脚石

股权激励是一种有效的激励工具，若企业制定了明确的股权激励制度，应让激励对象清晰了解到股权激励的目的、作用、实施流程以及详细的考核方案。这样能够确保激励对象为了同一个目标而奋斗，增强团队凝聚力的同时也提升了企业的战斗力；反之，模棱两可的股权激励制度只会让激励对象"钻漏洞"，挖空心思地为自身谋利，致使股权激励变成企业发展的绊脚石。

企业高管利用职权私自操控

从经济学原理来看，经济活动的主体唯一追求的目标就是自身经济利益最大化。同理，在股权激励计划中，企业高管也希望借助于股权激励计划这个"跳板"来实现收益最大化。

高管通过自身努力带动团队业绩提升属于正常手段，若高管利用职权暗箱操作来实现虚假繁荣则属于非正常的投机手段。显然，这些投机手段违背了股权激励的初衷，严重损害了股东及公司其他利益相关者的利益。一般来说，高管的投机手段主要如图 9-2 所示。

设置较低的业绩条件	由于企业法人治理结构的不完善。例如，薪酬委员会独立性不强；董事会和股东会形成了利益共同体，缺失监督作用。最后导致经营管理者的激励对象从自身利益最大化出发，设置易于实现的业绩条件，顺利获得行权或解锁从而实现自身利益，并损害了股东与投资者利益。
压低授予价 / 行权价	对于授予价格没有明确量化规定的限制性股票来说，一般由薪酬委员会拟定授予价格。如果公司治理结构不完善，激励对象可能通过列席薪酬委员会会议，最终在董事会审议股权激励计划草案时压低限制性股票的授予价格，以低廉价格获授公司股票，使股权激励对自身效益最大化。
抬高解锁价 / 行权价	在股权激励计划开始实施后，作为经营管理层的激励对象，可能通过操纵利空、利好等信息的披露时间或内容，提高股票的市场价格，特别是在临近行权或解锁期。若当年度业绩指标未达标，则可能压低公司股价以为今后股价的增长留出空间，以实现股权激励收益最大化。
盈余管理 / 会计造假	激励对象为满足授予、行权或解锁的业绩指标，通过盈余管理或者是会计造假等方式来"抬升"公司的业绩。例如，奖金上限的公司在达到上限时，高管往往在编制财务报告时采用递延收益的会计方法，间接地影响公司股价，进而确保实现激励计划中个人收益。

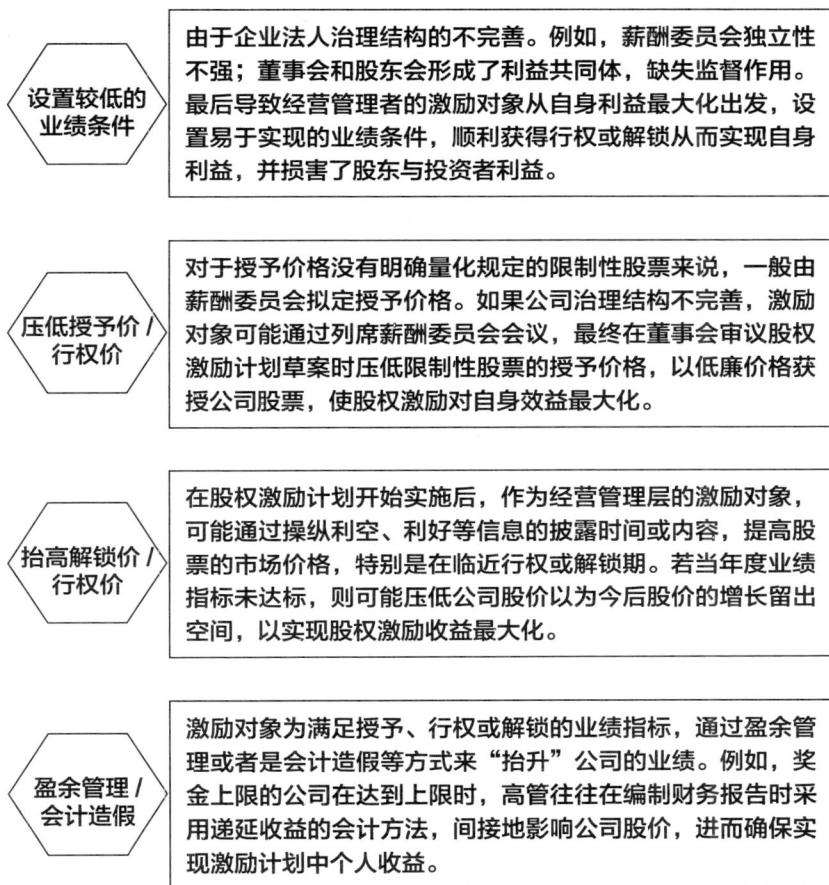

图 9-2　企业高管常见的投机方法

综上所述就是高管常使用的投机方法。为了有效地解决这些问题，企业管理者可以从以下 3 方面作为问题的切入口。

◆ **铁律的根本保障**：铁律是指企业的规章制度，通过不断完善企业的治理结构，树立企业管理的权威性。同时，在实施股权激励过程中，严格界定股权激励的各项硬性指标，包括业绩指标、行权价、锁定期以及解锁期等，加强企业规章制度建设来"扼杀"一切投机行为。

◆ **引导是主要方法**：引导是指企业对高管进行培训，鼓励高管通过努力提升业绩来获得股权收益而并非投机取巧。对业绩优秀、能力突出的高管适当地进行奖励，这样可以给其他激励对象树立一个良好的榜样，起到精神激励的作用。

◆ **惩罚是辅助手段**：惩罚是增加高管的投机成本，让高管意识到投机手段容易触碰到股权激励的"红线"，最终得不偿失。这样也能够对其他激励对象达到警示的作用，减少激励对象投机行为。

股权沦为员工套现的工具

企业在实施股权激励过程中可能会遇到这样的问题，例如如何在有效激励员工的同时，避免股权沦为员工套现的工具。企业内部监管机制不完善，可能会导致员工追求个人利益而辞职套现的现象，最终，股权成为了员工套现的工具。

案例陈述

三花控股集团有限公司创业于 1984 年（以下简称"三花股份"），经过多年发展，已经成为享誉海内外的制冷空调控制部件王国。自从企业实施股权激励计划以来，激励对象利用股权套现就从来没有间断过。

2007 年，三花股份原副总裁任某和董事王某辞职，两人分别减持88.83 万股和 50.10 万股。按照三花股份 120 日均价 21.77 元 / 股计算，两位高管套现金额分别为 1 933.83 万元和 1 090.67 万元。

2007 年 4 月，三花股份原董事长张某辞职，以"高管股份"形式锁定的 565 万股股份于 2007 年 11 月 9 日自动解除锁定，获得上市流通权。

2012 年 1 月 17 日，三花股份发布公告称，企业 3 位股东通过深交所大宗交易系统出售公司股票 1 040 万股，其每股 21.57 元的减持价格较当日收盘价 24 元折价逾 10%，减持套现金额高达 2.24 亿元。

......

激励对象辞职套现愈演愈烈，甚至出现了"多米诺骨牌"效应。一个激励对象离职套现后，紧接着一众激励对象也纷纷效仿这种做法，严重影响到股权激励计划的进行。

许多企业管理者都表示："若激励对象是高管，他们在辞职后也可能去其他企业继续担任高管，获取股权后又可以故伎重演，通过辞职套现来获取收益。"

此外，最让企业管理者困扰的是根本没有完善的法律法规来约束这一行为，这就导致许多的中小企业根本不敢实施股权激励计划。

从上述案例可以看出，三花股份的股权激励计划开始实施后，激励对象辞职套现的行为从来没有间断，而且企业缺乏强有力的法律法规来约束激励对象。这就导致股权激励出现"多米诺骨牌"效应，给企业的财务带来巨大的压力。

为何激励对象都通过辞职来抛售股权呢？根据《公司法》第 142 条规定："公司董事、监事和高级管理人员应当向公司申报所持有的本公司的股份及其变动情况，在任职期间每年转让的股份不得超过其所持有本公司股份总数的 25%。所持本公司股份自公司股票上市交易之日起 1 年内不得转让。"

这条法律就为激励对象辞职套现提供了一个完美的"漏洞"，激励对象辞职 1 年后即可实现大规模抛售股票，相关的法律就不再具有任何约束力。

由于法律法规不完善，激励对象容易"钻室子"，若不及时堵住漏洞，只会让激励对象辞职套现的事件不断出现。严重情况下，甚至会引起法律纠纷，影响企业的声誉和形象。

一般而言，企业可以采取一定的手段来避免或降低这种现象的发生，具体如图 9-3 所示。

企业内部制度的完善

企业通过设置股权激励制度，严格限制激励对象股票的抛售。例如，降低激励对象抛售股票的比例，一次性抛售股票不得超过持股总数 5%，在规定的期限内达到上限则不能抛售股票；延长激励对象的股票锁定期，从 1 年延长至 2 年。这些手段都能够防止激励对象辞职而抛售股票的投机行为。

企业加强激励对象的培训

企业必须加强对激励对象的培训，包括股权激励的基础知识、激励对象的行为规范、股权激励的法律法规和企业的规章制度。这些培训都是非常有必要的，能够帮助激励对象意识到股权激励是有法律和制度规范的，辞职套现可能会触碰到法律的红线。

企业健全信息披露制度

企业应该健全信息披露制度，如企业增股、董事会信息、股东信息、股权变动情况和企业年度报告。这些信息都能够让激励对象清楚企业的发展具体情况，因为激励对象对企业发展没信心也可能会辞职套现。因此，健全而完善的信息披露制度无疑是给激励对象吃了一颗"定心丸"。

图 9-3　企业防止激励对象辞职套现的常用手段

股权易放难收，离职员工引发股权纠纷

股权激励计划旨在调动企业高管的积极性，强化高级管理人员和公司股东之间的共同利益基础，提高公司经营业绩。若股权激励方案中没有说明股权的发放和回购事宜，只会导致股权易放难收，很容易产生股权的法律纠纷，致使股权激励效果大打折扣。

案例陈述

某化工企业成立于 2009 年 3 月，为提升企业的市场竞争力，2010 年开始实施股权激励。黄某于 2010 年入职，作为销售部员工，工作业绩非常突出，于 2011 年被选拔为销售部主管，享受股权激励计划，持股 1.5%，认购资金由企业代付。

公司章程中对于股权转让做出了明确规定："与公司建立正式劳动关系是成为股东的前提，与公司中止劳动关系的股东必须转让其管理股；公

司内部实行"股随岗变"的原则，股东离职必须将其股权转让给公司指定的人员。"

2016年1月11日，黄某向公司提交了辞职申请书；企业当天就解除了黄某的劳动合同关系。

2016年1月18日，公司召开股东大会并做出股东大会决议，将黄某持有的1.5%股权转让给制定人选。公司将股东大会的决议通知黄某，并要求他在3日之内协助办理变更登记；但是，黄某却予以拒绝。

2016年3月1日，公司将黄某起诉到法院，要求黄某将其持有的1.5%股份转让给新任销售主管。

法院认为：公司章程仅规定了"与公司建立正式劳动关系是成为股东的前提，和公司中止劳动关系的股东必须转让其管理股"。但离职股东的股权如何转让，以什么价格转让并没有约定，且无"股东资格自然丧失"或"不再享有股东权利"等类似的约定。所以，仅凭公司章程并不能构成一个完整的股权转让合同，不足以确定股东自离职之日起即已丧失了股东资格。

《公司法》第138条规定："股东持有的股份可以依法转让"，而对于股权的管理，尤其是股权的处分管理，这不属于公司自治的范畴，除非股东自己有转让的意思。

尽管股东要受到"股随岗变"规定的约束，但股东仍享有议价权和股权转让方式的决定权。在该两项内容双方未能协商一致或通过诉讼以公允方式予以明确的情况下，该股权的强制转让无法实际履行，即不当然产生权利变动的法律效益，其对应的权利仍应属于原权利人。所以，法院最终驳回了公司的诉讼请求。

从上述案例可以看出，该企业由于没有在《股权激励计划协议书》中明确地说明离职股东的股权转让方式、转让的价格和股东资格是否还存在等关键性问题，尽管黄某会受到《股权激励管理办法》的约束，但是仍享受股权的议价权和转让方式决定权，最后导致企业败诉。

由此可见，企业发放股权很容易，但是要回收股权却是难上加难，那么，企业该如何收回企业股权呢？公司"强制"离职员工交出股权，只能依据员工的处分行为，而非其他。而员工处分行为有两种载体，分别是公司章程和协议。

（1）签署公司章程来约定退股条件

股权的自由转让虽然属于股东的固有权利，但固有权利属性并不包括股权持有者基于公司自治而进行的处分行为。

例如，公司的章程就有此类规定，公司按照章程收回离职员工的股权属于正常化的法律程序。若离职员工不予以配合，法院通常会认为离职员工签章认可了公司章程，全体股东之间的意见已经达成了一致，公司实施收购的行为是具有合法性的。所以，法院会认定章程规定是有效的，驳回离职员工要求确认决议无效的诉讼请求。

（2）通过协议来约定退股条件

企业通过签署协议来约定退股条件也是具有法律效应的，因为公司章程具有合同的性质，有全体股东签署，而在公司范围内具有宪章效力。

股权激励与风投起冲突，管理权被四分五裂

当企业发展到一定阶段后，为了获得更广阔的发展空间，可能会引入风投。一般而言，企业引入风投这一举动是一把双刃剑，一方面风投的资金让企业能够把握住商机，优先抢占市场资源，促进企业发展；另一方面，随着风投成为企业的股东，很可能导致企业管理权被稀释，严重时甚至导致管理权被四分五裂。

案例陈述

2010 年 6 月 12 日，太子奶创始人李某，因涉嫌非法吸收公众存款被

警方采取刑事拘留。

从豪赌央视标王的成功到对赌三大投行的失败，业内人士评价称，李某的"赌"性既成就了太子奶也毁掉了太子奶。

1996年，李某在在湖南株洲建立了太子牛奶厂。

1997年，李某决心把太子奶推广到到全国去。当年，李某以8 888万元拿下央视黄金广告时段投标，夺得日用消费品标王。但是该阶段太子奶的资产总额还没有竞标价格高，甚至半年多太子奶都发不起工资，此次豪赌的结果是：李某拿到了8亿元的订单。

豪赌成功后，太子奶推行了"零风险"的销售战略：首先，以零加盟费壮大了经销商团队；其次，以控制现金流模式缩短了资金周转周期，避免了企业的财务危机；最后，以主动承担滞销商品的态度使得企业与经销商的关系更加紧密。

这种零风险的营销战略短短几个月间在250多个大中城市构建起了营销网络，并就此确立了太子奶在乳酸菌饮料行业的领军地位。2001—2007年，太子奶的销售额从5 000万元跃升到了30亿元，连续6年业绩翻番。

但是在2005年以后，随着蒙牛、伊利、新希望等大型乳品企业的崛起，在渠道上严重打击了太子奶的发展。

2007年，太子奶引进英联、摩根士丹利和高盛3家风投，共为企业注入7 300万美元风投，占股31.3%。此举是李某的又一次豪赌，赌注是他对太子奶的控制权。

李某与三大投行签署对赌协议，协议中规定："太子奶未来3年预期净利润增长率要达到50%，如果达不到该增长率，大股东要给予投行不同数量的补偿；如果太子奶产生亏损，大股东将丧失控股权；如果大股东不愿意出让股权，可以用支付现金方式代替出让股权。"

在签署了对赌协议后，李某开启了扩张之路，先后在服装行业、超市行业和食品行业扩张，但是这样不但没有换来太子奶的蒸蒸日上，大量的资金缺口导致资金吃紧。

2008 年 11 月 21 日，在四处筹款、引进战略投资者无果的情况下，按照对赌协议，李某不得不将太子奶 61.6% 的股权转让给三大投行，但投行们允诺的注资却没有兑现。

当日晚，太子奶集团股东达成协议，决定共同向太子奶集团增加投资，化解资金危机。此举意味着太子奶创始人、原董事长李某失去了绝对控股权，退出企业的权力核心，外资已实际接手股权。

2008 年，爆发了金融危机和三聚氰胺危机，太子奶出现停产、裁员、断货、经销商集体逼债、员工讨薪等状况。在三大投行的压力下，李某被迫签订了"不可撤销协议"，双方约定，在 1 个月时间内，李某找到战略投资人接受三大投行股权或者李某执行股权转让协议交出股权。而此时，没有新的战略投资者愿意接盘。一代乳制品帝国从此陨落。

从上述案例可以看出，太子奶从成立到破产的过程可谓大起大落。第一次豪赌夺得标王让太子奶声名鹊起，但是第二次豪赌却将一代乳制品帝国推向了毁灭的深渊。李某被迫交出太子奶的绝对控股权，经过金融危机和三聚氰胺等事件的影响，太子奶逐步开始走向破产。

所以，当企业面临融资瓶颈时，可以通过引进风投来缓解融资压力。但是引进风投意味着企业管理者的股权被稀释，如果不谨慎处理，可能面临着创业成果被其他人"剽窃"。

一般而言，企业在引进风投需要考虑两方面问题：一是风投的背景。如果需要增加短期债务融资，国有背景的风投更有优势；如果要改善外部融资环境，那么高持股比例、联合投资和高声誉的风投则是首选；如果要改善公司治理，提高盈利能力，外资背景的风投比较适合。二是风投企业的历史。企业必须认真调查风投曾经的投资企业的情况，考核风投企业能否带来实质性的的帮助；也要考核风投投资期限的长短，对于经常性提早退出、耐心不足的风投要慎重考虑。

股权激励
也会涉及法律问题

尽管股权激励计划是企业用于提升员工工作积极性的激励工具，但是也会涉及到一系列的法律问题，包括税务问题、证监会对于股权激励的硬性规定、股份的支付风险、劳动合同纠纷以及创始股东未履行出资义务等。这些问题都会影响到股权激励计划实施，因此，企业必须要对这些问题引起重视，否则很容易触碰到法律的红线，严重时甚至会产生股权官司纠纷，影响到企业的经营和形象。

股权激励牵涉到的税务问题

税务风险是股权激励计划中比较常见的法律问题。为了避免股权激励牵扯到税务风险，企业在实施股权激励前必须透彻地研究国家税务总局最新颁布的政策，按照国家的法律法规行事，否则只会惹麻烦上身。

案例陈述

某化妆品科技公司为了留住人才，在公司章程中规定："对于高管、骨干员工以及突出贡献员工给予股权激励。若员工在股权激励开展期间出现离职的情况，公司有权对发放的股权进行回购。"由于公司的财务总监没有及时研读国家税务总局颁布的最新政策，差点导致回购股权事宜一直没进展。

2014 年，公司对离职的激励对象持有的股权进行回购。由于股权转让过程中会产生个人所得税，但是公司预算的个人所得税和实际缴纳情况产生了较大出入，导致离职激励对象的股权激励没有任何进展。

追根溯源，原来该公司的高管、骨干员工以及突出贡献员工以 2 元 /股的价格够买公司的股权，持有期间享有一切分红权利，员工退休后也可以继续持股。若员工离职，公司有权以 2 元 / 股的买入价将股权回购；企业再次以 2 元 / 股价格转让给新激励对象。

当企业离职的激励对象得知：由国家税务机关对其转让所得的计算，不是按公司规定的回购价来计算个人所得税，且不能低于每股份额净资产。

目前，公司的股资产账面净值已超过 10 元，扣除元购入 2 元 / 股的成本和相关税费后，还需要申报个税金额。这些税务额加起来可能会超过在职期间所获得股权收益，因此，离职的激励对象都不愿意办理股份转让手续。

公司的财务总监根据《国家税务总局关于加强股权转让所得征收个人所得税管理的通知》（国税函〔2009〕285 号）、《国家税务总局关于股权转让所得个人所得税计税依据核定问题的公告》（2010 年第 27 号）的规定："股权转让行为不符合独立交易原则，申报的计税依据明显偏低且无正当理由的，税务机关可参照每股净资产或个人股东享有的股权比例所对应的净资产份额核定。"简而言之，公司若以 2元 / 股回购离职激励对象，必定会被税务机关纳税调整，个人所得税额将是一个不小的数字。

该企业的财务总监会存在这一误区，归根结底在于没有及时研读国家最新颁布的政策。国家税务总局公告 2014 年第 67 号发布《股权转让所得个人所得税管理办法（试行）》，第 13 条规定："相关法律、政府文件或企业章程规定，并有相关资料充分证明转让价格合理且真实的本企业员工持有的不能对外转让股权的内部转让；且股权转让双方能够提供有效证据证明其合理性的其他合理情形。出现股权转让收入明显偏低的情形时，视为有正当理由。"

换而言之，该企业只需要向税务机关提供公司章程修正稿，充分证明公司此部分股权的转让与回购是建立在股权不外流的基础上，且为对公司关键岗位员工产生足够的吸引力，才在价格上给予了足够的优惠。这样回购离职激励对象的股权就不用缴纳个人所得税。

从上述案例可以看出，该企业财务总监没有及时研读国家税务总局颁布的最新税法，导致回购离职激励对象的股权事宜一直没进展。一般而言，企业以低于每股净值的价格从企业购入股权，当员工离职后，企业再进行回购。从本质上来讲，这属于企业增减资行为，不会涉及到个人所得税。但如果是由企业原股东进行转让，不增加企业实收资本的情况可能会缴纳个人所得税。若企业出现这种情况，要提前策划好股权变更的形式与渠道。

小贴士

根据国家税务总局发布的《股权转让所得个人所得税管理办法（试行）》第十三条，符合下列条件之一的股权转让收入明显偏低，视为有正当理由：（1）能出具有效文件，证明被投资企业因国家政策调整，生产经营受到重大影响，导致低价转让股权；（2）继承或将股权转让给其能提供具有法律效力身份关系证明的配偶、父母、子女、祖父母、外祖父母、孙子女、外孙子女、兄弟姐妹以及对转让人承担直接抚养或者赡养义务的抚养人或者赡养人；（3）相关法律、政府文件或企业章程规定，并有相关资料充分证明转让价格合理且真实的本企业员工持有的不能对外转让股权的内部转让；（4）股权转让双方能够提供有效证据证明其合理性的其他合理情形。

证监会明确规定不能成为激励对象的人

当前，越来越多的企业开始实施股权激励计划。但是由于没有关注相关法律法规，导致股权激励计划的开展举步维艰，其中不乏许多企业将不适合的人作为激励对象。为了给企业的股权激励计划提供一个公平的实施环境，证监会明确规定以下几种人不能成为激励对象。

（1）独立董事不能成为激励对象

股权激励计划的激励对象不包括独立董事。独立董事是指独立于公司股东，且不在公司中内部任职，与公司没有重要的业务联系，对公司事务做出独立判断的董事。

一般情况下，企业的独立董事都是由学者、专家、离任总裁或者商界成功人士来担任。因为他们眼界开阔、经验丰富、形象良好，能够为企业提出实用而中肯的建议。同时，他们也是企业的形象代言人，无形中提升了企业的形象。当企业需要政策扶持时，可以聘请有从政经历或者是律师背景的人担任独立董事，来帮助企业分析、预测政策和市场趋势，以便企业能审时度势，有效利用良好的的政策环境。

因此，企业不能将独立董事作为激励对象，否则会让企业员工认为股权激励计划"水很深"，让无关紧要的人享受他们奋斗的成果，这样难以服众，不能保证股权激励顺利开展。

（2）最近3年内被证券交易所公开谴责或宣布为不适当人选的

一般而言，证券交易所针对上市公司的纪律处分和监管措施有监管关注、通报批评和公开谴责3种，其中监管关注是以关注函的形式向违规公司送达；通报批评是将上市公司违规行为在全体上市公司范围内通报；公开谴责则是以公开谴责决定书和新闻稿的方式对全市场发布。

公开谴责是交易所对上市公司纪律处分中最为严厉的一种方式。由于受到公开谴责后，企业的股权激励计划将受到影响，根据《上市公司证券发行管理办法》第 39 条中规定："现任董事、高级管理人员最近 36 个月内受到过中国证监会的行政处罚，或者最近 12 个月内受到过证券交易所公开谴责。"

（3）最近 3 年内因重大违法违规行为被中国证监会予以行政处罚的

由于该项规定涉及到法律知识，那么，企业该如何界定重大违法违规呢和行政处罚呢？一般而言，其条文要件构成如下。

◆ 凡是违反国家法律、行政法规，且受到行政处罚、情节严重的行为都属于重大违法违规。

◆ 凡被行政处罚的实施机关给予罚款以上行政处罚的行为都视为重大违法行为。

◆ 行政处罚主要是指财政、税务、审计、海关、工商等部门实施的，涉及公司经营活动的行政处罚决定。

◆ 近 3 年重大违法行为的起算时点，法律、行政法规和规章有明确规定的，根据规定来计算；如果没有明确规定的，从违法行为的发生之日起计算，违法行为有连续或者继续状态的，从行为终止之日起计算。

◆ 行政处罚主要包括警告、罚款、没收违法所得、没收非法财物、责令停产停业、行政拘留和法律和行政法规规定的其他行政处罚。

（4）《公司法》规定的不得担任公司董事、监事和高级管理人员

公司法对于公司董事、监事以及高级管理人员的任职提出了明确的规定，具体如表 9-1 所示。

表 9-1　《公司法》规定不得担任公司董事、监事、高级管理人员的情形

项目	情形
1	无民事行为能力或者限制民事行为能力
2	因贪污、贿赂、侵占财产、挪用财产或者破坏社会主义市场经济秩序，被判处刑罚，执行期满未逾 5 年，或者因犯罪被剥夺政治权利，执行期满未逾 5 年

续表

项目	情形
3	担任破产清算的公司、企业的董事或者厂长、经理，对该公司、企业的破产负有个人责任的，自该公司、企业破产清算完结之日起未逾 3 年
4	担任因违法被吊销营业执照、责令关闭的公司、企业的法定代表人，并负有个人责任的，自该公司、企业被吊销营业执照之日起未逾 3 年
5	个人所负数额较大的债务到期未清偿

公司违反上述规定选举、委派董事、监事或者聘任高级管理人员的，该选举、委派或者聘任无效。董事、监事或高级管理人员在任职期间出现上表所列情形之一时，公司应当解除其职务。

（5）其他 4 类人也不能成为激励对象

2015 年 12 月 18 日，证监会对外发布修订完善后的《上市公司股权激励管理办法 (征求意见稿)》(以下简称《办法》，《办法》提出 4 类人不在激励对象范围，具体如下。

◆ 持股 5% 以上的主要股东或实际控制人原则上不得成为激励对象。

◆ 激励对象不能同时参加两个或以上上市公司的股权激励计划。

◆ 其他法律法规规定不得参与公司股权激励的。

◆ 中国证监会认定的其他情形。

综上所述即证监会规定不能成为激励对象的人员，企业在实施股权激励计划过程中必须先考核激励对象的背景，这样才能保证股权激励计划不触碰到法律的红线；若激励对象已获授但尚未行使的权益应当终止行使。

股份支付的风险

股份支付指企业为获取职工和其他方提供服务而授予权益工具或者承担以权益工具为基础确定的负债的交易。股份支付主要分为权益结算的股份支付和以现金结算的股份支付，具体如表 9-2 所示。

表 9-2　股权支付的分类

分类	含义	例子
以权益性结算的股份支付	企业为获取服务以股份或其他权益工具作为对价进行结算的交易	限制性股票
		股票期权
以现金结算的股份支付	企业为获取服务承担以股份或其他权益工具为基础计算确定的交付现金或其他资产义务的交易	模拟股票
		现金股票增值权

　　股份支付是一种创新型的支付方式，能够帮助企业快速解决融资的问题，但在实际应用时存在很大风险。

　　若企业有上市的计划，则可能会牵涉到股份支付的风险。如果企业满足股份支付的条件，应将企业实施激励的股权公允价值与受让成本间差额部分费用化处理，减少股权激励当年度的利润总额。但是企业该如何判断企业是否具备支付能力呢？

　　企业应该把握两个条件：一是发行人是否换取了职工和其他方提供的服务，企业向高管、普通员工和特定供应商等低价发行股份以换取服务，作为股份支付来进行会计交易；二是公允价值与受让成本之间是否存在差额，尽量将差额部分进行费用化处理。

　　股份支付的会计处理有利于减少公司当期损益，增加资本积累。尽管对公司的净资产没有影响，但对未分配利润等指标却有重大影响。若公司净盈利较低，又将公允价值与激励对象受让成本间差额一次性计入管理费用，很可能导致公司当期亏损。

　　因此，股权支付可能为企业带来巨大的财务压力，进而影响企业的正常化运作和管理，这是拟上市企业不容忽视的问题。企业应该正确看待股份支付的利弊，完善相关准则制度，营造良好的实施环境是充分发挥其积极作用的重要条件。

劳动合同纠纷

股权激励计划的落地必须要签订具有法律效益的《股权激励协议书》，绝不能以口头约定或以劳动合同替代股权激励合同。这样做能够防止员工背信弃义，一旦拿到股权就和企业"分道扬镳"，也避免离职员工给企业造成不可挽回的损失。

案例陈述

2015 年 1 月 19 日晚，持续两年多的"富安娜天价股权激励索赔案"落槌，在这宗堪称史上"最贵"的股权激励索赔案中，作为原告的深圳市富安娜家居用品股份有限公司（以下简称"富安娜"）胜诉。

深圳市中级人民法院做出终审判决，以常某为首的 16 名离职骨干员工将赔偿富安娜 3 230.52054 万元及相应利息。

股权激励为何出现员工与企业对簿公堂的结局？归根结底，激励对象为追求短期利益而忘记自己已和企业签订了具有法律效应的合同和文件。

2005 年 7 月，常某入职富安娜，双方签订了《劳动合同》，合同约定期限自 2005 年 7 月 10 日—2010 年 7 月 9 日。

2007 年 6 月 20 日，富安娜召开第一次临时股东大会，会议决定对高级及骨干发行 700 万股限制性股票。限制性股票激励计划的期限为 4.5 年，包括禁售期 1.5 年、限售期 3 年。

2007 年 6 月底，常某以 1.45 元 / 股的价格向富安娜公司支付了 2.9 万元，认购富安娜的股票 2 万股，并且双方办理了工商变更登记。

2008 年 3 月，富安娜决定对 700 万股限制性股票进行调整：激励对象回售给公司或全部转换为同股数的无限制性的公司普通股。

2008 年 3 月 20 日，常某选择转为普通股，同时签署《承诺函》，承诺："在签署承诺函至公司首次公开发行 A 股并上市之日起 3 年内，不与公司解除劳动关系，否则将向公司承担违约金。"但是在同年 10 月，常某离职。

2009 年 12 月 30 日，富安娜发布首次公开发行股票上市公告书。富安娜于 2012 年 12 月 26 日向法院提起诉讼，要求常某支付违约金。

本案经过一审、二审，最终法院支持了富安娜的诉讼请求，判决常某按照约定向公司支付违约金。

从上述案例可以看出，富安娜为激励员工授予员工股权，初衷是希望提升员工福利，刺激鼓励员工的工作热情，结果却变成企业与激励员工对簿公堂。这就为其他企业提了个醒，一定要和激励对象签订具有法律效应的文件和合同，这样才能够保证企业的根本利益。

若股权激励力度较大，持股员工数量较多，这无疑增加了企业的管理难度。一般来说，企业管理者可以通过《公司章程》、《股权激励协议》、《竞业协议》和《商业保密协议书》等文件中做出限制性规定，以便更加轻松地管理股权激励的开展，包括股权授予的相关事宜和激励对象的行为规范等，以加强公司对于激励对象的控制，保证激励对象的稳定性。

创始股东未履行出资义务

创始股东未履行出资义务的情况在股权激励计划中比较常见，违反出资义务的情形如表 9-3 所示。

表 9-3　创始股东违反出资义务的情形以释义

分类	释义
虚假出资	宣称其已经出资而事实上并未出资，其性质为欺诈行为，如以无实际货币的虚假银行进帐单、对帐单或者以虚假的实物投资手续骗取验资报告和公司登记
抽逃出资	在公司成立后或资本验资之后，将缴纳的出资抽回，其性质亦属欺诈
迟延出资	股东不按章程规定的期限交付出资或办理实物等财产权的转移手续
出资不足	在章程规定期限内，股东仅仅部分履行了其所承诺的其出资义务，且至今未能补足出资
瑕疵出资	股东交付的非货币财产实际价值显著低于评估价值，造成财产实际价值降低的

如果股东违反了出资义务，可能导致公司某些因资金短缺而暂停，进而影响公司的正常经营活动，给公司造成巨大的损失。那么，企业该如何解决创始股东未履行出资义务这个棘手的问题呢？

（1）对公司应承担的出资义务

《公司法》第 28 条规定："股东应当按期足额缴纳公司章程中规定的各自所认缴的出资额。股东以货币出资的，应当将货币出资足额存入有限责任公司在银行开设的账户；以非货币财产出资的，应当依法办理其财产权的转移手续。股东不按照前款规定缴纳出资的，除应当向公司足额缴纳外，还应当向已按期足额缴纳出资的股东承担违约责任"。

例如，张某与和王某约定，每人各出资 100 万元成立一个有限责任公司，王某担任董事长。若存在违约的情况，王某须承担违约金 20 万元。但是实际上，王某未出资，这时张某可以作为原告，将王某起诉至法院，要求股东王某履行出资义务，并要求王某赔偿延期出资所造成的损失。

（2）对已出资股东承担的违约赔偿责任

若股东未履行出资义务致使公司利益遭受侵害时，已出资股东可以依据章程及《公司法》的规定，以自己名义代表公司向法院起诉，要求未出资股东履行出资义务，并赔偿公司相应的损失。

例如，曹某是公司总经理，但是未履行出资义务，夏某是已出资股东。那么夏某可以公司名义要求曹某履行出资义务，诉讼请求为请求法院判令被告履行出资义务，向公司出资 25 万元；请求法官判令被告（曹某）支付原告（夏某）违约金 10 万元；本案的诉讼费用由被告承担。

（3）行政处罚或者是刑事责任

公司股东履行出资义务以保障公司资本之真实和充实，没有履行法定的出资义务的股东，有关主管部门可以责令其改正，并予以适当的行政处罚；严重的情况下需要承担刑事责任。

第十章 ○ 股权拓展，组合工具彰显激励效果

由于各个企业的特性存在差异，即使同一种股权激励工具在不同企业中也会显示出不同的特色，这也就是股权激励在实践中不断得以创新的根源。为了更加充分发挥股权激励的功效，企业往往会对股权激励工具进行拓展和组合，以更加新颖的形式来吸引员工的参与热情，进而保证股权激励的效果。

股权组合，
为企业创造更多利润

企业始终处于一个变化的环境中，主要分为内在环境和外在环境。其中，内在环境是指企业的发展阶段、团队的整体能力和企业盈利能力；而外在环境则是指市场竞争程度、行业的发展趋势以及产品的饱和率。综合内、外在环境因素，企业的股权激励应该灵活地进行组合来实施，适应企业的发展，为企业创造更多利润。

让员工以企业发展为重：股票期权 + 超额利润分红

股票期权激励计划是以股票作为手段对经营者进行激励，股权激励的实施依据是股东价值最大化，分离所有权和经营权。超额利润分红是企业给员工设定既定的目标，若激励对象完成了规定的业绩则可以按照一定比例来分红。如果将这两种激励工具组合起来，则能够保证激励对象以企业发展为大局。

案例陈述

某销售企业为了丰富股权激励形式，对内实行了股票期权 + 超额利润分红型股权激励。下面将详细介绍股票期权的激励方案和超额利润分红激励方案。

一、股票期权方案

1. 公司总股本为 1 000 000 股，股票期权占总股本的 10%，行权价为 2 股／元，股票期权的分配如下表所示。

×× 企业的股票期权的分配表

职务	分配比重	股票期权	目标分配人员	计划人均分配股票期权
董事长	5%	5 000 股	1	5 000 股
总经理	10%	10 000 股	3	3 333 股
副总经理	10%	10 000 股	5	2 000 股
销售总监	15%	15 000 股	8	1 875 股
区域经理	15%	15 000 股	15	1 000 股
销售主管	20%	20 000 股	25	800 股
销售骨干	25%	25 000 股	80	312 股

2. 股票期权按照岗位、工作业绩的不同，按考核分数比例进行浮动分配，主要依据"以岗定股、股随岗走"的原则。

3. 股票期权的授予时机根据受聘、升职和每年的业绩考核，根据公司当年整体业绩来决定股票期权的数量，具体事宜由股票期权薪酬委员会决定。

4. 股票期权的授予，公司应当与被授予人签署《股票期权协议》。股票期权计划的具体方案，均需在股票期权契约中明确约定。为了保障股票期权计划参与各方的利益，减少争议，公司应在有证券业从业资格的律师协助和公证机关的见证下与所有参与者分别签订股票期权协议。

二、超额利润分红激励方案

1. 超额利润分红激励

超额利润分红激励是以年底销售额的为基准，超出规定业绩则可获得相应的利润提成，下表所示为销售部门员工的超额分红激励方案。

×× 企业超额利润分红型股权激励方案

岗位	年度销售额（X/ 万元）	利润分配比例
销售总监	$X \geqslant 1\,000$	奖励超额部分 10%
	$800 \leqslant X < 1\,000$	奖励超额部分 8%
	$500 \leqslant X < 800$	奖励超额部分 5%
	$500 < X$	无任何激励
区域经理	$X \geqslant 800$	奖励超额部分 20%
	$500 \leqslant X < 800$	奖励超额部分 18%
	$300 \leqslant X < 500$	奖励超额部分 10%
	$300 < X$	无任何激励
销售主管	$X \geqslant 500$	奖励超额部分 25%
	$300 \leqslant X < 500$	奖励超额部分 20%
	$100 \leqslant X < 300$	奖励超额部分 10%
	$100 < X$	无任何激励
销售骨干	$X \geqslant 300$	奖励超额部分 25%
	$100 \leqslant X < 300$	奖励超额部分 20%
	$50 \leqslant X < 100$	奖励超额部分 15%
	$50 < X$	无任何激励

2. 销售冠军奖

（1）销售人员在当月度中成为个人销售记录最高者，即可获月度销售冠军奖项。奖励以工资形式发放，并在当月直营信息平台上通告表扬，奖金为 1 000 元。

（2）销售人员在当季度中成为个人销售记录最高者，即可获季度销售冠军奖项。奖励以工资形式发放，并在当季度直营信息平台上通告表扬，奖金为 1 500 元。

（3）销售人员在当年度中成为个人销售记录最高者，即可获年度销售冠军奖项。奖励以工资形式发放，并在每年的年度大会上行进行表彰，奖金为 3 000 元。

（4）销售人员在工作期间能够热心真诚服务于顾客并得到顾客的认可，同时得到顾客来电、来函、来访的表扬，即可获得服务明星奖项。奖励以工资形式发放，并在当月直营信息平台上通告表扬，奖金为 2 000 元。

3. 培训奖励

为了大力培养内部人才，销售主管及以上岗位员工具备培训公司新进员工的职责及资格，员工在考核通过后，给予培训负责人 500 元 / 人的培训奖励。

从上述案例可以看出，该企业的激励计划比较多元化，能够最大程度吸引到员工参与激励计划的热情。首先，股票期权激励计划捆绑了员工和企业的利益，降低了员工的短期行为，促使员工以企业发展为大局；其次，超额利润分红激励则是销售部门的专享福利，这也表明了销售部是此次股权激励的重点部门。在这样双重的激励作用下，可以极大地刺激到员工的工作积极性。

一般而言，超额分红激励具有弹性激励的特性，可以制定出符合不同岗位的绩效考核目标；即使是企业处于不同的发展阶段，企业管理者也能够根据自身实际情况来制定激励方案。

股权带给员工额外的收益：干股 + 实股

企业在实施股权激励过程中，可能会遇到这样一个让人头疼的问题：如果只分给员工收益而不让员工获得管理权，会增加企业管理者的负担，各种琐事都必须亲力亲为；如果只分给员工管理权但是不让员工获得收益，可能又会造成企业的绝对控股权被稀释，影响企业的正常化发展。

如果将收益和管理权相结合，就可碰撞出不一样的火花。所谓收益就是指干股，而管理权则是指实股，"干股 + 实股"的模式在股权激励计划中的运用是比较广泛的，如图 10-1 所示。

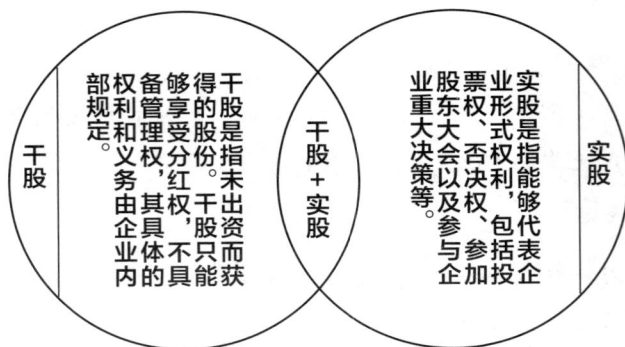

图 10-1 "干股＋实股"的组合激励

案例陈述

某信息技术企业成立于 2014 年，其主要业务是为各大企业提供移动运营服务，公司发展迅猛，其年度销售额增长率高达 200%，属于典型的成长型企业。

企业在 2016 年开始实施股权激励，企业分给员工干股，尽管提高了员工的工作积极性，但是企业管理者的负担明显加重，所有的事情都必须总经理一个人去完成。

2018 年，企业调整了股权激励计划，为了减轻管理者的负担，企业索性将管理权交给员工，但是在此期间又频频出现了手握管理权的员工利用权力为自己谋福利的现象。

虽然企业通过股权激励计划引进了大量优秀的管理人才和技术人才，但是困扰企业的问题在于：只给干股，企业负担重；只给实股，员工会利用私权谋福利，最终企业陷入了进退维谷的地步。

为了解决股权激励道路上的困难，企业管理者特意咨询了某知名的股权激励机构，该咨询机构结合企业的现状，为企业量身打造出了一套全新的股权激励方案，具体如下。

××企业实施"干股＋实股"激励方案（草案）

一、股权激励的目的

为了适应企业的战略规划和发展，构建和巩固企业的核心团队，实施股权激励的目的不仅仅是为分配当前的股权收益，而是使员工共享企业的成长收益，增强公司股权结构的包容性，使企业的核心团队更具凝聚力和战斗力。故制定本激励方案。

二、"干股＋实股"激励计划方案分解

1. 明确股权激励的授予对象

高级管理者、中级管理层、核心技术层以及突出贡献者。

2. 限定股权激励的授予对象的比例和数量

以各个岗位层级对于企业的重要性和贡献值为维度，进而确定各个岗位所持有股权的比例和数量，具体分配方案如下表所示。

××企业各个岗位的股权分配方案

岗位级别	岗位总人数	拟定激励人数	岗位贡献值判别	分配比重
高级管理层	12人	3人	大	10%
中级管理层	30人	10人	大	15%
核心技术层	106人	30人	中	20%
突出贡献者	——	视具体情况而定	中	3%

3. 持股形式

（1）捆绑员工与企业的利益

企业在增资扩股过程中鼓励高级管理层、中级管理层和核心技术员工自掏腰包来出资购股，这样就能捆绑绝大部分激励对象的利益。

（2）干股激励方案

1）干股激励的目的

干股激励重点考虑激励对象的历史贡献和现实业绩表现，保证股权激励的公平性。

2）干股激励的落地办法

干股激励的分配依据是根据岗位对企业贡献值和业绩表现，在每年度的考评之后进行重新调整。

a. 以个人为单位进行考核，对于业绩退步较大的员工，收回部分股权；对于业绩上升较大的员工，增加股权激励力度。

b. 以部门为单位进行考核，对于业绩超额完成的部门，给予部门主管一定的股权。

c. 以企业净盈利为考核指标，若企业净盈利超过规定的指标，企业适当地给予所有激励对象一定的激励，例如，薄酬激励、物质激励和精神激励。

（3）实股激励方案

1）实股激励的目的

实股激励的侧重点在于将管理权分给员工，减轻企业管理者的负担。

2）实股激励的落地办法

企业通过对员工的考核，以工作能力、组织能力以及团队协作能力为考核标准，为综合表现优秀的员工发放实股。

a. 工作能力是基础，以员工的个人业绩为考核标准，选择能力强的员工作为实股激励的目标。

b. 组织能力是保证，考核员工是否能够对工作任务进行合理的分配，同时控制、激励和协调工作的开展，从而达到股权激励的目标。

c. 团队协作能力是发力点，员工是否能够在团队的基础之上，发挥团队精神、互补互助以达到团队最大工作效率。

企业决策层对于该激励方案进行全方位的考核，充分了解了方案的可行性、实施环境以及实施风险，借鉴了前两次股权激励的失败经验，开始了第三次股权激励。

在"干股 + 实股"这两驾马车的带领下，企业的年度销售业绩突破千万，内部大量的优秀人才被挖掘出来，企业的管理负担减轻，员工也得到了锻炼。

从上述案例可以看出，该企业正处于成长期，可以借助于股权激励计划来推动企业的发展。但是前两次的股权激励都失败了，企业急需一种适合企业现阶段的股权激励方案，而"干股 + 实股"这种模式恰好解决了企业燃眉之急。因此，企业管理者可以从该案例中学习到一定的经验。

◆ 首先，构建一个稳定、科学的股权激励架构能，确保股权激励计划的顺利实施。干股激励满足员工追求分红的意愿，实股激励挖掘企业未来的管理层人才，两种股权激励相辅相成，组合发挥最大的功效。

◆ 其次，企业尊重员工的选择权是股权激励计划顺利开展的前提。企业为员工提供两种不同的股权激励方案，员工可自愿选择一种激励方案或者是同时选择两种激励方案，这样更加能够体现企业的人性化管理制度。

小贴士

干股的取得和存在以一个有效的赠股协议为前提。赠股协议的效力属于股东之间的协议，对股东具有约束作用。若赠股协议撤销、无效解除，干股股东就失去了股东资格。实股必须通过工商注册的股权，激励对象需要实际出资，实股的激励对象，一般是企业的元老级人物。

解决股权激励量化的问题：海氏岗位价值评估

为了保证股权激励的公平性，企业需要精准地评估激励对象的工作绩效。因此，股权激励的量化就成了令企业管理者烦恼的问题。在具体的工作绩效考核中，海氏岗位价值评估法运用得比较广泛。

海氏岗位价值评估法又称"指导图表－形状构成法"，是1951年美国工资设计专家艾德华·海研究出来的。其有效地解决了不同职能部门不同职务之间相对价值的相互比较和量化难题。在全球各大企业得到大面积推广应用并获得成功，被企业界广泛接受。

（1）海氏岗位价值评估法职务构成形态

在海氏岗位价值评估法方法中，所有职务包含3种最主要的付酬因素，每一个付酬因素又分别由数量不等的子因素构成，其逻辑关系如图10-2所示。

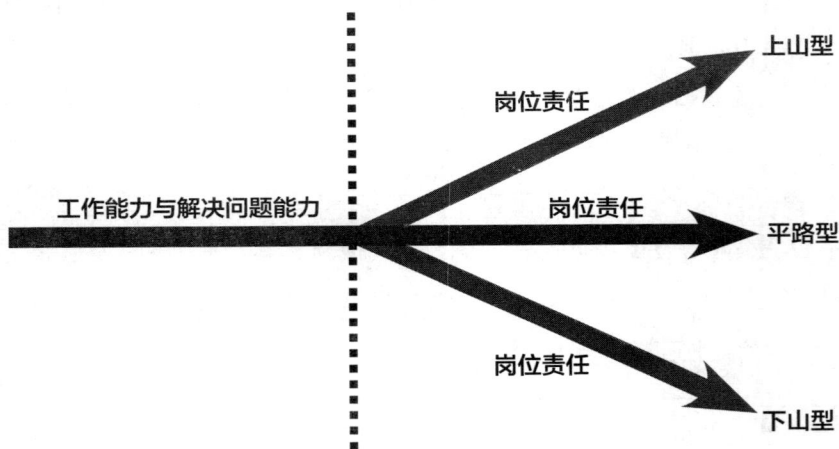

图10-2　企业岗位职务构成形态

◆ **工作能力**：员工使绩效达到可接受程度所必须具备的专门业务知识及其相应的实际操作技能。

◆ **解决问题能力**：员工工作职位要求承担者对环境的应变力和处理突变性问题的能力，包括实时变化的环境和不同问题的复杂程度。

◆ **岗位责任**：员工工作职位承担者的行动自由度、行为后果影响及职位责任大小。

◆ **上山型**：上山型比较适合于董事、总经理和财务总监等高管岗位的考核，因为此岗位看中员工的岗位胜任能力。

◆ **平路型**：平路型适合于职能岗位的考核，如财务专员、行政专员、后勤专员以及人事专员，因为此岗位责任和工作能力和解决问题能力并重，平分秋色。

◆ **下山型**：下山型侧重于技术部门的考核，包括研发部、技术部、工程部以及市场部等部门，此岗位重视工作能力和解决问题能力。

（2）海氏岗位价值评估法的权重分配

通常情况下，企业的岗位必须由岗位薪酬设计专家分析各类岗位的特性，并据此给工作能力、解决问题的能力与岗位责任因素分配相应的权重，3个百分数之和应为100%。如表10-1所示为某企业设置得岗位评价因素权重分配方案。

表 10-1　××企业岗位评价因素权证分配表

权重等级	α		β	权重总计
	工作能力	解决问题能力	岗位责任	
1	30%		70%	100%
2	40%		60%	100%
3	50%		50%	100%
4	60%		40%	100%
5	70%		30%	100%

一般而言，第一等级权重和第二等级权重比较适合于高管岗位的价值评估；第三等级权重适合于职能型岗位的价值评估；第四等级权重和第五等级权重则更适合于技术型岗位的价值评估。此外，海氏岗位价值评估法也制定了岗位价值评估公式，具体如下：

职位的评价得分 ＝α× 工作能力 ×（1 ＋解决问题能力）＋ β × 岗位责任

由此可见，海氏岗位价值评估法是一种非常有效、实用的岗位测评方法。企业可以借助于海氏岗位价值评估法来精准地评估各个岗位的工作绩效和价值，确保股权激励的公平性。

用股权激励来培养人才：虚拟股权 + 延迟支付

随着企业招聘成本的上升，企业要想招聘到一个理想人才的难度逐渐加大。与其投入大量的金钱去招聘，不如通过实施股权激励计划在内部培养人才。

案例陈述

某企业为了降低人力资源成本，争取从企业内部挖掘和培养优秀人才。在捍卫企业绝对控股权的前提下，最大限度地降低企业的激励成本，企业实施了虚拟股权和延迟支付激励方案，其方案具体如下。

×× 企业的股权激励方案（初稿）

一、激励目的

为提高经济效益水平和市场竞争能力，倡导以业绩为导向的文化，鼓励员工为公司长期服务，并分享公司发展和成长的收益，特制定本股权激励方案。

二、股权激励的说明

虚拟股权激励：公司授予激励对象一定数额的虚拟股份，被激励对象不需出资而可以享受公司价值的增长。激励对象没有表决权、转让权和继承权。

延迟支付：激励对象的部分薪酬按公司股票市场价格折算成股票，存入公司为激励对象设立的帐户。在既定的期限后，再以期满时的股票市场价格以现金方式支付给激励对象。

三、股权激励的有效期限

本计划的有效期限为 3 年，即 2015—2017 年，在计划有效期内，激励对象享有分红权；在计划有效期结束后，公司根据实际情况决定是否继续授予该等比例的分红权。

四、股权激励的组织实施流程

1. 公司董事会负责虚拟股权的组织管理工作。

2. 董事会负责审核虚拟股权授予方案。

3. 董事会负责批准授予人选，制定年终分红方案，批准虚拟股权的授予方案。

……

五、授予对象确定的范围

授予范围包括公司高级管理人员、中层管理人员、技术骨干以及对公司有卓越贡献的新老员工等。

六、虚拟股权持有数量

虚拟股权的初始授予数量 ＝ 基准职位股数 × 能力系数 × 本司工龄系数

虚拟股权的最终授予数量 ＝ 虚拟股权的初始授予数量 × 绩效考核系数

七、股权级别及职位股数确定

×× 企业股权级别（职位股数）评定表

股权等级	基准职位股数（股）	评定标准
1	1 000	按规定业绩能基本完成本岗位的工作任务
2	1 500	能够独立、合格地完成本岗位的工作
3	2 000	凭借自己的技术专长或团队管理能较好地完成本岗位工作
4	2 500	能够管理团队管理能完成工作目标，业绩卓越且能保持团队稳定

×× 企业个人能力系数评定表

能力等级	能力系数评定	能力评定标准
初级	0.5	1. 熟练运用所掌握知识、技能完成一般复杂程度的工作 2. 对工作相关风险或潜在问题具有一般的认识与把控能力 3. 能够将岗位相关经验应用于工作实际
中级	1.0	1. 精通某一方面知识或技能的工作应用 2. 能够独立处理富有挑战性和复杂的事项 3. 能够带领一定规模的团队开展相关工作
高级	1.5	1. 能够征询意见，解决本职工作领域相关的复杂技术问题 2. 能对其掌握的知识、技能提出战略性建议或做出合理调整 3. 对公司业务及工作有敏锐的洞察力并提出解决方案

×× 企业工龄系数表评定表

本司工龄	本司工龄系数
3 年（含）以下	1.0
3 ~ 5 年（含）	1.2
5 年以上	1.5

八、延迟支付激励

此次股权激励共授予 100 000 股，分为 5 年支付，每年可行权 20 000 股。

从上述案例可以看出，该企业采用了虚拟股权激励和延迟支付激励。一方面，虚拟股权让激励对象在享受分红的同时，企业管理者也能够掌握绝对控股权；另一方面，延迟支付激励对于员工而言，可避免集中收入过高导致的高纳税税率，对企业来说，可以起到长期激励作用，被激励者能否得到分红的依据是其工作绩效，也降低了企业的股权激励成本。

股权入道，
无限放大股权激励效果

股权激励计划在落地之前仅仅是理论知识，为了无限放大股权激励的效果，企业可以采取一定的科学改善手段。例如，股权激励的治理架构、精准地判别企业的岗位价值以及制定科学的考核办法等手段。这样能够从根本上解决股权激励的困扰因素，为股权激励计划提供一个良好的实施环境。

让激励更加具有长期性：完善股权激励治理架构

股权架构的最大作用是为了明确合伙人的权、责、利，帮助企业稳定发展，有助于企业进行融资。

此外，股权结构既是影响企业控制权的一大因素，也是企业进入资本市场的必要条件。通常情况下，股权架构要掌握 3 种形式，如图 10-3 所示。

概括而言，可以将股权架构的 3 种形式分为绝对控股和相对控股，当占有股份为 51% 及其以上就是绝对控股；占有股份为 30% 及其以下就是相对控股。

企业管理者只要拥有 2/3 的股份，也就意味着掌握了企业的绝对控制权，防止管理者被四分五裂。而另外的 1/3 就是股份就是用于股权激励计划。

企业管理者拥有 30% 的股份，让自己在公司董事占有一席之地，具有话语权、表决权和决策权，也决定了在企业中的身份地位。

企业管理者只要控股达到 51%，就能决定薪酬绩效方案的设计、领导层的选聘以及经营战略的制定，也包括企业重要决策的定夺，如企业合并、重组、修改公司章程以及融资。

占有 2/3 股份及其以下

占有 30% 股份及其以下

占有 51% 股份及其以上

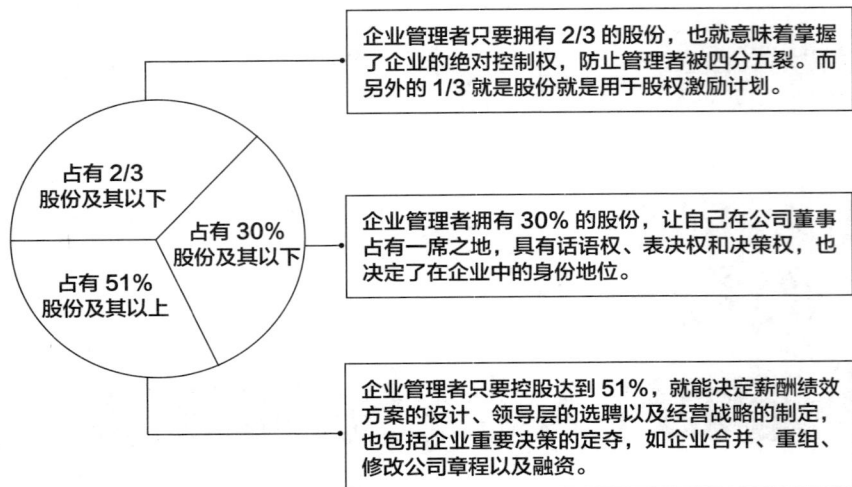

图 10-3　股权架构的 3 种形式

例如，陈某独自一个人筹资 100 万元创建了一家物流企业，其拥有 100% 的控股权。随着企业发展，企业需要优秀的人才，陈某将好友蔡某招入旗下，陈某分 20% 股权给蔡某。当企业处于高速发展期，企业的股东增长至 8 人，为避免股权平均化导致公司缺乏拍板人，陈某持股 60%，蔡某持股 10%，剩下 6 名股东平均持股 5%。自始至终，陈某一直都牢牢地掌握了企业的绝对控股权。

在绝对控股和相对控股这两种股权架构的基础上，股权架构类型演变出一元股权结构、二元股权结构和 4×4 股权结构 3 种常见类型。

（1）一元股权机构

一元股权结构是基于传统投资模型，股东出资，按照现有公司出资比例进行股权分配。一元股权结构具有股权比例、表决权、投票权和分红权，在股权比例、表决权和分红权上都是一一对应的关系，股东之间权利的差别都是根据各自所占的股权比例而定。

一元股权架构是一种最简单、最传统的股权架构类型，适合于中小型企业，但是在实施过程中为避免企业持股僵局，如下所示为股权分配的绝招。

- ◆ 一方股东持有出资比例达到 33.4% 以上。

- ◆ 只有两位股东且双方出资比例分别为 51% 和 49%。

- ◆ 一方出资比例超过 66.7%。

- ◆ 有两股东且各方出资比例均为 50%。

（2）二元股权架构

二元股权架构是指股权在股权比例、表决权、投票权和分红权之间做出不等比例的安排，将股东权利进行分离设计。对于有限责任公司而言，可以在公司章程中约定同股不同权。在股份公司中，只有不同类别的股东才可以设置同股不同权。

二元股权架构比较适合将分红权给合伙人，但将决策权给创始人。这种股权架构在国外非常普遍，例如社交巨头 Facebook 在 IPO 的招股书中，已明确将股权分为 A 股和 B 股，扎克伯格通过大量持有具有高表决权的B 类股来维系对公司的绝对掌控。

（3）4×4 股权架构

4×4 股权架构是在二元股权架构的基础上，将公司的股东分为 4 个类型：创始人、合伙人、员工和投资人。针对他们的权利进行整体性安排，以实现维护创始人绝对控股、激发团队工作热情以及引进投资者等目标。

一般而言，4×4 股权架构设计的思路主要有四大步骤，具体内容如图 10-4 所示。

图 10-4　4×4 股权架构的设计步骤

综合以上 3 种股权架构，4×4 架构充分考虑企业各类主体间的利益关系、各类主体对企业本身的贡献以及检查股权激励不合理之处，在多方面的指导下来设置股权架构有利于公司整体的快速发展，而不是个别股东利益最大化。

岗位价值价值判断：因人而异制定考核标准

股权的分配标准之一就是岗位价值，一般来说，岗位价值越高，所分配的股权就越多。但是在实际考核过程中，考核者很容易掺杂个人主观情感，导致岗位考核的失真。

科学的岗位价值考核是因人而异的，岗位贡献的考核指标包括岗位职责、职责范围、工作强度、任职条件、岗位工作条件以及岗位学习能力等。通常情况下，为保证岗位价值考核的精准性，岗位价值考核都是从大到小、从上到下进行的。

（1）高管的岗位价值考核

股权激励的主要对象是企业高管，由于企业高管是决策层，他们掌握着企业的最高商业机密，因此高管在很大程度上决定了企业在未来的发展方向。为了精准地衡量高管的岗位价值，企业需要制定一套科学的岗位考核方案。如表 10-2 所示为某企业制定的总经理岗位价值考核表。

表 10-2　企业总经理的岗位价值考评表

岗位价值考核指标	权重 A	分值 A	二级子考核指标	权重 B
岗位职责	25%	100	1. 向执行董事、股东会和董事长报告工作	30%
			2. 负责公司的生产、经营、行政和其他活动	40%
			3. 制定和组织实施公司业务发展规划，负责完成责任目标和年度计划	30%

续表

岗位价值考核指标	权重 A	分值 A	二级子考核指标	权重 B
工作能力	25%	100	1. 利润与成本控制能力	30%
			2. 团队领导能力	30%
			3. 制度建设能力	20%
			4. 授权与激励能力	20%
任职条件	20%	100	1. 企业管理相关专业，本科以上学历	25%
			2. 熟悉国家有关法规政策	25%
			3. 具备有效的市场营销理念和广告策划能力	25%
			4. 能够合理布置人员，建立一支高效的队伍	25%
学习能力	20%	100	1. 敢于改革创新，有魄力	30%
			2. 学习财务管理，组织开源节流，提高企业创收水平	40%
			3. 具备随机应变的能力，娴熟的公关外交开拓能力	30%
工作环境	10%	100	1. 工作环境风险	50%
			2. 环境条件	50%

企业高管的岗位价值考核就是通过市场岗位职责、工作能力、任职条件、学习能力以及工作环境等指标来进行全方位的考核。此外，每一考核指标由二级子考核指标组成，二级子考核指标又由部分子指标组成，并且根据各个分子指标的权重标定相应的分值。这样能够精准地评价高管岗位价值，使公司获得最大限度的回报。

（2）技术员工的岗位价值考核

即使是传统企业，也应该注重技术层的力量，因为企业的技术员工掌握了核心技术或者是核心业务，决定了企业的发展和命运。但是由于这类人才最容易流失，因此企业必须对其岗位价值进行精准地评估。

例如，某企业为了留住研发部门的核心技术人才，在实施股权激励时对各个岗位价值制定了科学的评估方案，如表 10-3 所示。

表 10-3　研发部员工岗位价值考评表

岗位层次	权重 A	分值 A	绩效指标	考核目标值
研发人员	20%	100	新产品开发周期	阅读实际开发周期比计划周期提前___天
	25%	100	项目计划完成率	月度项目计划完成率达到___
	20%	100	设计的可生产性	季度成果不能投入生产的次数少于___
	15%	100	技术评审合格率	月度技术评审合格率达到___
	20%	100	研发成本降低率	月度研发成本降低率达到___
技术人员	20%	100	技术设计完成及时率	月度技术设计完成及时率达到___
	30%	100	技术方案采用率	季度技术方案采用率达到___
	15%	100	技术改造费用控制率	季度技术改造费用控制率达到___
	15%	100	技术服务满意度	相关部门对技术服务满意度在___分以上
	20%	100	技术资料归档及时率	阅读技术资料归档及时率达到___

该企业将技术部门划细分为研发人员和技术人员，不同岗位的员工对应相应的考核指标，这样能够确保岗位价值考核的精准性。

增强股权激励的科学性：五步连贯激励法

股权激励的方法非常多，其中五步连贯股权激励法被众多企业所采用，其应用范围非常广，如图 10-5 所示为五步连贯股权激励法。

企业现阶段应选择哪种
激励工具，这种激励工
具的优缺点是什么？

定人的三原则是什么，
经邦三层面理论的具体
内容是什么？

股权激励的有效期是多
久，如何设置行权期、
禁售期和解锁期？

定股 → 定人 → 定时

定价 ← 定量 ←

股价定为多少最合适，
股价限制要求是什么，
股价定价有哪些原则？

股票发放量数量怎么确
定，企业发放多少股权
最合适？

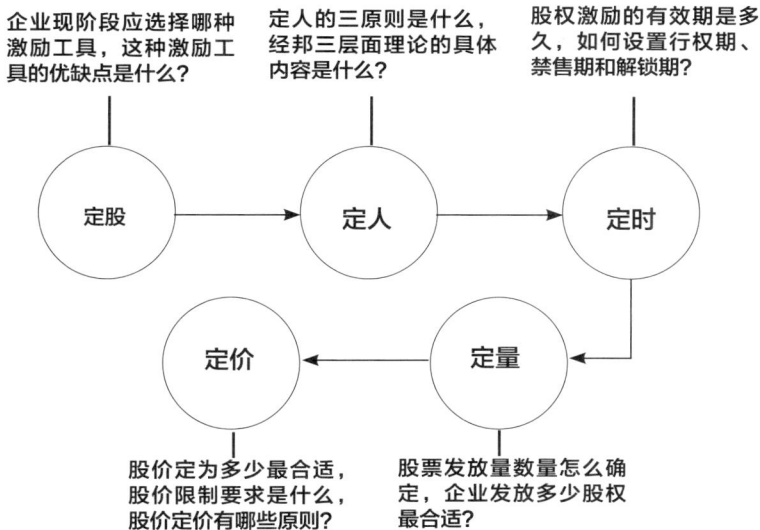

图 10-5　五步连贯股权激励法

（1）定股

定股是五步连贯法中的第一个操作步骤，会影响到股权激励的效果。一般而言，企业主要是根据自身的发展阶段来选择股权激励工具。

1. 种子期的股权激励

企业初创期，企业最需要的是稳定优秀人才。该阶段采用虚拟股权激励工具是吸纳核心人才是一个好方法。

在企业成立初期，企业核心合伙人按出资来分配股权，并且挪出一部分股权用作虚拟股权激励计划，激励对象只享受分红权，但是不具备表决权，能够达到有效管理激励对象的效果。

例如，偏技术型的企业可以采用技术入股方式，吸引外部优秀人才加入。一般而言，这种股份一般是内部协议，为了避免不必要的股权激励纠纷，企业必须明确规定和说明激励对象的权利和责任，并签订具有法律效益的股权激励计划书。

2. 成长期的股权激励

成长型企业一般是指公司稍具规模、存在间接管理的公司。为了抓起公司的整体运营效率，稳定中坚力量，股权激励是越来越多企业的选择。从晋商的发展来看，将身股与银股结合的股权激励方式是当今家族企业优先选择的一种激励方式。

身股激励是因能力而设置、不可继承和转让的企业分红权。从晋商内部激励机制来看，身股核心是激励伙计，东家聘请伙计干活，一方面付给其薪资待遇，另一方面为其满足条件的人员配备身股。因此，身股能够使企业上下一条心，员工把企业当成自己家，尽心竭力为企业创造利益。

银股激励即东家出资所占的股份，是真正意义上的企业股份。所以，银股激励可以在特定的时期来实施，利用未来资本杠杆为员工谋福利，同时通过实施银股改造，可以为企业找到优秀接班人，真正实现用制度化的方式实现企业传承。

3. 成熟期的股权激励

当企业在成熟期时，可采用的股权激励工具非常多，如限制性股票、业绩股票、虚拟股权以及员工持股计划等。因为该阶段中，企业具备较强的资金周转能力，企业组织架构完善，抗风险能力较强，可以根据自身的实际需求来选择适合的股权激励工具。

（2）定人

企业选择选择股权激励对象也是至关重要的环节，选择最合适的人才能够确保股权激励的效果。企业可按照"定人三原则"来进行筛选。

◆ 选择具有潜在人力资源价值但是尚未开发的员工，适合于技术部、研发部以及市场部等部门。

◆ 对于自身工作信息保密工作非常到位的员工也是激励对象，因为这部分员工的保密性高，不易泄露公司机密。

◆ 积累了大量可利用的人力资源、物力资源以及财力资源的高级管
理人员。这类人员对于公司发展具有突出的贡献，如人事总监、
财务主管、公关总监以及售后总监。

此外，从经邦三层面来分析，激励对象可以分为核心层、骨干层和操
作层，具体如图 10-6 所示。

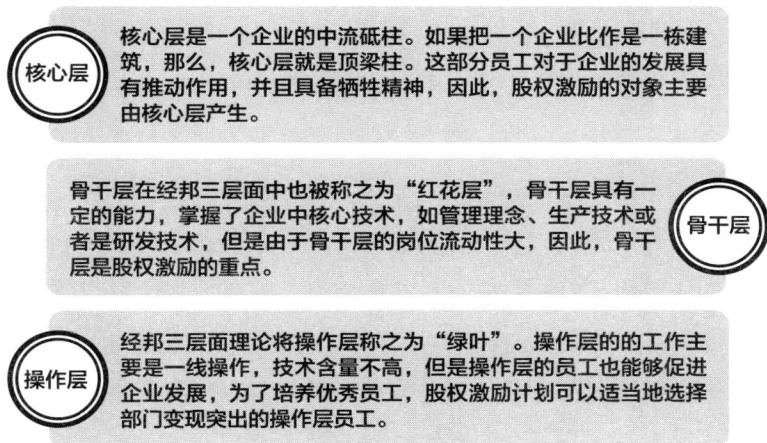

核心层 核心层是一个企业的中流砥柱。如果把一个企业比作是一栋建筑，那么，核心层就是顶梁柱。这部分员工对于企业的发展具有推动作用，并且具备牺牲精神，因此，股权激励的对象主要由核心层产生。

骨干层在经邦三层面中也被称之为"红花层"，骨干层具有一定的能力，掌握了企业中核心技术，如管理理念、生产技术或者是研发技术，但是由于骨干层的岗位流动性大，因此，骨干层是股权激励的重点。 **骨干层**

操作层 经邦三层面理论将操作层称之为"绿叶"。操作层的工作主要是一线操作，技术含量不高，但是操作层的员工也能够促进企业发展，为了培养优秀员工，股权激励计划可以适当地选择部门变现突出的操作层员工。

图 10-6 经邦三层面理论

因此，企业在选择股权激励对象时需要根据不同层面的人来执行。核
心层是股权激励的核心对象；骨干层则是股权激励的重点；而操作层则是
用于内部培养人才，可以带动整个企业的工作氛围。

（3）定时

股权激励计划的时间包括有效期、等待期、窗口期和禁售期。下面将
详细讲解股权激励计划的时间。

1. 有效期

股权激励的有效期是指从授予时间算起股票期权可以执行的期间，即
股票期权的寿命期间。

一般而言，股票期权的有效期越长，受益人从中获得的收益越大，因为随着时间的推移，股票通常会增值。股权激励最长期限为 10 年。

2. 等待期

等待期是指期权可以执行之前需要等待的时间。公司决定等待期时，一般涉及两个方面：等待期的类型和等待期的时间长度。

1）等待期的类型

◆ **一次性等待期**：受益人所持有的股票期权在某日的某个时间一次全部获得执行权利。例如，4 年等待期的股票期权，从获权日开始至 4 年后的某一日全部行权。

◆ **直线等待期**：受益人所持有的股票期权每年等比例地获得执行权利。例如，4 年直线分布的等待期，每年按 25% 的股票期权获得股权激励的分红。

◆ **梯级等待期**：受益人所持有的股票期权每年按不同的比例获得执行权利。例如，4 年的等待期前 3 年分别执行 20%，最后 1 年获得 40% 股权激励的分红。

◆ **业绩等待期**：当公司达到某一个具体目标时，受益人所有的股票期权就可以全部执行。例如，公司的股价、利润或销售等指标达到某一个目标，受益人的股票期权即获得执行权利。

2）等待期的时间长度

等待期的时间长度是指股票期权可以执行之前必须等待的时间长度，其与等待期的类型有关。等待期的时间长度较短，一次性等待期也许是最好的。如果一次性等待期太长，由于股价大幅度向下波动，经营者也许会无法执行。

3. 窗口期

窗口期，是指受益人选择行权的具体时机，其与股票期权的等待期、有效期紧密联系在一起。

非上市公司行权时间段没有法律上的限制，但是非上市公司的激励对象获得股权需要到工商登记部门办理注册登记。

如果激励对象不能集中在某个时间段行权，激励对象就会频繁地让企业办理工商股权登记。所以，公司应在可行权日期内集中设立一个时间段为每年的行权窗口期。

例如，行权期内每年 1 月 1 日—10 日为行权窗口期，1 月 11 日—3 月 31 日，公司则可以根据激励对象行权情况集中办理工商股权登记。

4. 禁售期

禁售期又称"强制持有期"，是指行权人在行权后必须在一定时期内持有该股票，不得转让、出售。禁售期的设定主要是为了防止行权人以损害公司利益为代价的短期套利行为。

《公司法》对于股权激励禁售期做出了明确规定："激励对象为公司董事、监事和高级管理人员的，其在任职期间每年转让的股份不得超过其所持有本公司股份总数的 25%；在离职后半年内，不得转让其所持有的本公司股份。激励对象在任职期间不得将其所持有的公司股份在买入后 6 个月内卖出或者卖出后 6 个月内又买入，由此所得收益归公司所有，公司董事会应当收回其所得收益。"

因此，企业管理者必须深谙国家的相关法规法律，用来维护企业的最基本的利益。

（4）定价

股权激励方案中，定价也是一个影响激励效果的关键性因素。定价过高，可能会给企业财务带来巨大的压力，甚至会引发财政赤字危机；定价过低，无法吸引员工的参与热情，又达不到激励的效果。对于非上市企业而言，可采用如表 10-4 所示的定价方法。

表 10-4　非上市企业的定价方法

定价方法		具体实施方法
资产价值评估定价法	净资产定价法	1. 算出公司净资产 2. 设定公司总股本 3. 公司股份价值 = 净资产 ÷ 总股本
	综合定价法	1. 综合考虑销售收入、净利润与净资产定价，对它们赋予不同的权重，从而计算出公司的总价值 2. 设定公司的总股本 3. 公司股份价值 = 总资产 ÷ 总股本
	有形 + 无型资产定价法	1. 对公司有形、无形资产分别赋予不同的权重，计算公司总价值 2. 设定公司的总股本 3. 公司股份价值 = 总资产 ÷ 总股本
净现金流量折现法		1. 贴现率 = 利率 ÷（1 + 利率 × 时期） 2. 根据贴现率计算公司净现值，并按照一定的折扣率计算，以此确定公司的股份价格
市盈率定价法		1. 股票价格 = 每股收益 × 市盈率 2. 每股收益 = 净利润 ÷ 年末普通股股份总数 3. 市盈率 = 普通股每股的市场价格 ÷ 普通股每年每股的盈利（即股票每股税后收益）
市场评估定价法		1. 选择几家规模、发展阶段和本公司相近的公司作为参考公司 2. 根据参考公司的净利润、净资产或现金流量等股价指标算出参考公司相关指标的价值比例
组合定价法		将资产价值评估定价法、净现金流量折现定价法和市场评估定价法组合起来确定股权激励的股价

（5）定量

　　企业中各层级岗位的重要性和价值贡献度不同，因此必须根据公司特点对激励对象所任职岗位进行分类分层级，然后初步确定各层级的预期激励水平，从而大致确定该层级应分配的激励总量。如下所示为各层级岗位的股权分配公式。

1）高管个量分配方式

个人激励额度 = 岗位层级激励总量 × 个人分配系数 ÷ 总分配系数

个人分配系数 = 工龄系数 ×30％ + 工资系数 ×70％

总分配系数 = Σ个人分配系数（工资系数反映激励对象的相对工资水平，工资系数标准化为1。）

2）中层个量分配方式

个人激励额度 = 岗位层级激励总量 × 个人分配系数 ÷ 总分配系数

个人分配系数 = 工龄系数 ×15％ + 工资系数 ×85％（总监级个人调整分配系数为 2.8，部门经理级个人调整分配系数为为 2，主管级个人调整分配系数为 1）

3）基层员工个量分配方式

基层员工主要是以岗位业绩和个人贡献来分配股权，其他基层员工则根据司龄实行定量分配。

事实上，因为激励对象个性化因素多且复杂，股权激励分配计算过程中实际上难以用一种方法来保证分配的合理性。因此，必须将从上而下与从下而上两种方法相结合。

防御型股权激励：股票增值权是不二选择

股票增值权仅是股票期权的另一种表现形式，如果被激励者在规定的期限内完成业绩指标，被激励者就可以按一定比例获得由股价上扬或业绩提升所带来的收益。

增值股票权的收益是行权价与行权日二级市场股价之间的差价或净资产的增值，如图 10-7 所示为增值股票权激励的原理。

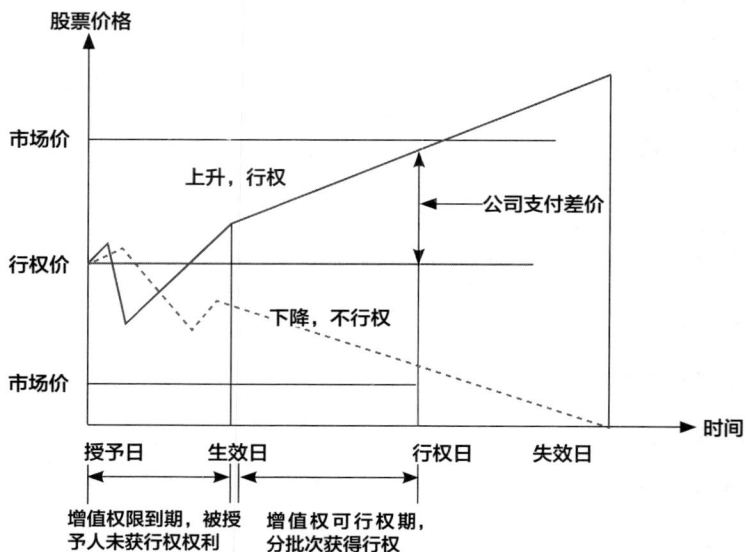

图 10-7　增值股票权激励原理

案例陈述

　　某网络公司创建于 2013 年，注册资金为 300 万元，合计 100 万股，2017 年税前利润为 400 万元，净资产为 1 500 万元，每股净资产为 3 元，预计每股净资产年增长率为 180%。

　　企业为实现公司长期战略规划，充分激励人才，公司董事会决定于 2018 年开始实施股票增值权计划，采用五步连贯股权激励法来指导股权激励方案的实施，其具体实施方案如下。

　　一、定股

　　股权增值权不影响公司股本结构，原有股东股权比例不会造成稀释，其持有者不实际拥有股权，也不拥有股东表决权、配股权和分红权。股权增值权不能转让和用于担保、偿还债务等。

　　二、定人

激励对象主要包括董事会成员、高层管理人员以及核心技术型员工等60人被授予股票增值权。

三、定价

按照2017年度每股净资产确定行权价格，即每股股票的净资产为3元。

四、定量

按照总股本的10%，即10万股用于股权激励计划，授予60名激励对象。

五、定时

采取滚动的方式授予股权，即每年分批次授予的方式，企业规定股权激励计划的有效期为3年。股权增值权授予后满1年即可获得首期行权权力，行权权力将分3年获得，比例分别为3:3:4。

从上述案例可以看出，该企业属于成长型企业，急需大量的人才作为后备力量，而股权激励则是不二法宝。该企业的股权激励方案中也有值得其他企业借鉴之处。

首先，企业使用每股净资产的增加值来激励员工，解决了股票来源问题，避开了法律"雷区"；其二是股权激励方案的有效期为3年，降低了激励对象的短期行为。

读 者 意 见 反 馈 表

亲爱的读者：

感谢您对中国铁道出版社有限公司的支持，您的建议是我们不断改进工作的信息来源，您的需求是我们不断开拓创新的基础。为了更好地服务读者，出版更多的精品图书，希望您能在百忙之中抽出时间填写这份意见反馈表发给我们。随书纸制表格请在填好后剪下寄到：北京市西城区右安门西街8号中国铁道出版社有限公司大众出版中心 张亚慧 收（邮编：100054）。或者采用传真（010-63549458）方式发送。此外，读者也可以直接通过电子邮件把意见反馈给我们，E-mail地址是：lampard@vip.163.com。我们将选出意见中肯的热心读者，赠送本社的其他图书作为奖励。同时，我们将充分考虑您的意见和建议，并尽可能地给您满意的答复。谢谢！

- -

所购书名：＿＿＿＿＿＿＿＿＿＿＿＿＿＿＿＿＿

个人资料：

姓名：＿＿＿＿＿＿＿＿性别：＿＿＿＿＿＿年龄：＿＿＿＿＿＿文化程度：＿＿＿＿＿＿

职业：＿＿＿＿＿＿＿＿电话：＿＿＿＿＿＿E-mail：＿＿＿＿＿＿＿

通信地址：＿＿＿＿＿＿＿＿＿＿＿＿＿＿邮编：＿＿＿＿＿＿

- -

您是如何得知本书的：

□书店宣传 □网络宣传 □展会促销 □出版社图书目录 □老师指定 □杂志、报纸等的介绍 □别人推荐
□其他（请指明）＿＿＿＿＿＿＿＿＿＿＿＿＿＿＿＿＿

您从何处得到本书的：

□书店 □邮购 □商场、超市等卖场 □图书销售的网站 □培训学校 □其他

影响您购买本书的因素（可多选）：

□内容实用 □价格合理 □装帧设计精美 □带多媒体教学光盘 □优惠促销 □书评广告 □出版社知名度
□作者名气 □工作、生活和学习的需要 □其他

您对本书封面设计的满意程度：

□很满意 □比较满意 □一般 □不满意 □改进建议

您对本书的总体满意程度：

从文字的角度 □很满意 □比较满意 □一般 □不满意
从技术的角度 □很满意 □比较满意 □一般 □不满意

您希望书中图的比例是多少：

□少量的图片辅以大量的文字 □图文比例相当 □大量的图片辅以少量的文字

您希望本书的定价是多少：

本书最令您满意的是：

1.
2.

您在使用本书时遇到哪些困难：

1.
2.

您希望本书在哪些方面进行改进：

1.
2.

您需要购买哪些方面的图书？对我社现有图书有什么好的建议？

您更喜欢阅读哪些类型和层次的理财类书籍（可多选）？

□入门类 □精通类 □综合类 □问答类 □图解类 □查询手册类

您在学习计算机的过程中有什么困难？

您的其他要求：